本书的出版，得到了上海地方本科院校“十二五”内涵建设项目“高水平特色法学学科建设与人才培养工程”（085工程）的支持。

高等院校经济学管理学系列教材

会计学

Accounting

主编　熊玉莲
参编　汪建平　杨　勇　任　明
周　洋　沈吟秋

北京大学出版社
PEKING UNIVERSITY PRESS

图书在版编目(CIP)数据

会计学/熊玉莲主编. —北京:北京大学出版社,2013.8
(高等院校经济学管理学系列教材)
ISBN 978-7-301-22966-8

Ⅰ. ①会… Ⅱ. ①熊… Ⅲ. ①会计学-高等学校-教材 Ⅳ. ①F230

中国版本图书馆 CIP 数据核字(2013)第 179648 号

书　　名: 会计学
著作责任者: 熊玉莲　主编
责 任 编 辑: 尹　璐　朱梅全　徐　音　王业龙
标 准 书 号: ISBN 978-7-301-22966-8/F·3702
出 版 发 行: 北京大学出版社
地　　址: 北京市海淀区成府路 205 号　100871
网　　址: http://www.pup.cn
新 浪 微 博: @北京大学出版社
电 子 信 箱: law@pup.pku.edu.cn
电　　话: 邮购部 62752015　发行部 62750672　编辑部 62752027
出版部 62754962
印　刷　者: 北京飞达印刷有限责任公司
经　销　者: 新华书店
730 毫米×980 毫米　16 开本　16.5 印张　314 千字
2013 年 8 月第 1 版　2013 年 8 月第 1 次印刷
定　　价: 34.00 元

目　录

第一章 总 论

学习要点

- 会计的概念与职能
- 会计要素
- 会计基本假设与会计基础
- 会计计量属性
- 会计信息质量要求

第一节 会计概述

一、会计的发展

人类社会的生存和发展离不开物质资料的生产，而伴随社会生产活动的是对劳动耗费和劳动成果的比较，对物质资料的计算和分配问题。会计作为一项记录、计算和考核收支的活动，其产生顺应了人类生产实践和经营活动的客观需要，是社会发展的必然要求。

远在原始社会，人们就开始使用“结绳记事”、“绘图记事”、“刻契记事”等最初的会计手段，以满足持续不断的生产活动和产品的分配与交换活动，这是会计的萌芽。但这时的会计并没有成为一项专门的工作，而只是生产职能的附带部分。进入奴隶社会，随着社会剩余产品的增多和生产社会化程度的提高，会计逐步从生产职能中分离出来，形成了专门的独立职能。

我国在西周时期已经出现了“会计”的命名和较为完备的会计机构。根据清代焦循在《孟子正义》中的阐述，“零星算之为计，总合算之为会”，即会计既有日常的零星核算，又有岁终的综合核算。在记账方法上，我国唐宋时代创立了“四柱结算法”，通过“旧管＋新收－开除＝实在”即“期初结存＋本期收入－本期支出＝期末结存”的基本公式进行结账。“四柱结算法”的运用为我国单式簿记发展到复式簿记奠定了基础。明末清初，随着手工业和商业的发展，我国出现了以四柱为基础的“龙门账”。“龙门账”把全部账目划分为“进”、“缴”、“存”、“该”四大类，以“进－缴＝存－该”作为会计平衡等式，并通过编制“进缴表”和

“存该表”实行双轨盈亏计算。到了清代，我国会计记账有了新的突破，产生了对每一笔账项既登记“来账”又登记“去账”的“四脚账”（也称“天地合账”）。“龙门账”和“四脚账”是我国复式簿记的最初形式，体现了传统严谨的中式特色。

在西式簿记方面，随着14、15世纪欧洲资本主义的萌芽，较为成熟的复式簿记方法开始形成于商业经济发达的西方国家。1494年，意大利修道士卢卡·帕乔利（Luca Paciolo）在其著作《算术·几何·比与比例概要》中系统介绍了流行于意大利佛罗伦萨、热那亚、威尼斯等地的借贷复式簿记。借贷复式簿记的产生是会计发展史上的一个里程碑，是近代会计发展的重要标志。

其后，股份公司的出现，资本所有权和经营权的分离，促使复式簿记制度进一步完善，形成了以提供对外财务信息为主要任务的财务会计。进入20世纪，企业竞争的加剧使大量科学管理方法和技术引入会计领域，形成了为企业内部经营管理提供信息的管理会计。管理会计的产生与发展是会计发展史上的又一次伟大变革，从此，现代会计形成了财务会计和管理会计两大分支。

二、会计的含义与特点

会计是以货币为主要计量单位，以凭证为依据，运用专门方法对特定主体的经济活动进行完整、连续、系统的反映和监督，为有关方面提供会计信息的一种经济管理活动。

会计作为一种经济管理活动有其自身的特点。这些特点主要表现在以下几方面：

1. 以货币为主要计量单位

现实的经济活动中存在三种单位量度，即实物单位量度、劳动单位量度和货币单位量度。其中，货币量度始终是会计最基本的、统一的、主要的计量尺度。只有这样，会计才能全面、综合地反映企业的财务状况和经营成果。会计以货币形式进行综合计量的同时，并不排斥实物计量和劳动计量。实物计量和劳动计量是会计的辅助量度，借助实物计量和劳动计量的辅助和注释性记录，经济活动才能得到更有效的具体的反映。

2. 以凭证为依据

会计的任何记录和计量都必须以会计凭证为依据。这一特征也是其他经济管理活动所不具备的。以凭证为依据使会计信息具有真实性和可验证性。

3. 具有一整套系统、完整的专门方法

会计方法由会计核算方法、会计检查方法和会计分析方法等方法组成。其中，会计核算方法是会计方法中最基本的方法，是会计信息生成的基础。会计核算方法包括设置账户、复式记账、填制和审核凭证、登记会计账簿、成本计算、财产清查和编制会计报表等。这些方法相互联系,相互依存,彼此制约,构成了一个完整的方法体系。

4. 具有连续性、系统性、全面性和综合性

所谓连续性,是指按经济业务发生时间的先后顺序不间断地进行记录;系统性,是指对各项经济业务既相互联系地进行记录,又进行必要的科学分类;全面性,是指对所有会计事项进行记载和反映,不遗漏或任意取舍;综合性,是指对发生的经济业务均以货币单位进行统一计量,为经营管理提供所需要的总括性价值指标。这种连续性、系统性、全面性和综合性特征体现了会计核算的严密性和科学性。

三、会计的职能

会计的职能是指会计在经济管理中所具有的功能。会计的基本职能是核算和监督。

会计核算职能又称为反映职能,是指会计以货币为主要计量单位,通过确认、计量、记录和报告等环节,对特定主体的经济活动进行记账、算账、报账,为各有关方面提供会计信息的功能。会计核算职能是会计的最基本的职能。会计在执行核算职能过程的同时,还应该对经济活动的合法性、合理性和有效性进行监督,保证会计资料真实、完整。

会计的核算职能和监督职能是不可分、辩证统一的。没有会计核算,会计监督就会失去存在的基础;没有会计监督,会计核算也会失去存在的意义。正确的核算能为监督提供可靠的材料,严格的监督才能保证核算的正确。

除了具有核算和监督两项基本职能外,会计还具有预测经济前景、参与经济决策、计划组织以及绩效评价等职能。

四、会计的分类

会计种类很多,按不同的标准可以分为不同的类别。

(一) 按侧重点和报告对象分类

会计按其侧重点和报告对象的不同可分为财务会计和管理会计。

财务会计是以企业会计准则为主要依据,对企业已发生的交易或事项,运用专门的方法进行确认、计量,并以财务会计报告为主要形式,定期向各经济利益相关者提供会计信息的经济管理活动。财务会计受企业会计准则和会计制度的制约,侧重于为投资者、债权人、政府机构等企业外部关系人提供信息,以对外提供财务报告为主要目标,因此也称“对外报告会计”。

管理会计是从传统会计中分离出来与财务会计并列的、着重为企业改善经营管理、提高经济效益服务的一个企业会计分支。与财务会计重在回顾过去,履

行反映和报告职能不同,管理会计重在面向未来,履行预测、决策、规划、控制和考核的职能。管理会计信息的加工和输出,只服从管理人员的需要,不受法定会计规范和固有会计程序的束缚,其主要任务是向企业管理者提供内部经营管理和经营决策的会计信息,因此又称“对内报告会计”。

(二) 按会计所服务的领域分类

会计按其所服务的领域不同,可分为企业会计和政府及非营利组织会计。

企业会计是指服务于企业单位的会计。企业是营利性的经济组织,企业的创立和存在,是以获取利润为基本目的,因此企业会计主要反映企业的财务状况和经营者的经营业绩。企业会计按照企业组织形式的不同,可分为独资企业会计、合伙企业会计与公司企业会计;企业会计按照企业性质的不同,可分为商业企业会计、工业企业会计、农业企业会计、施工企业会计和交通运输企业会计等。

政府及非营利组织包括政府机关单位、行政事业单位或民间非营利组织等。政府及非营利组织不以营利为目的,其会计核算无论是在核算基础、会计要素和会计报表等方面都与企业会计不同。

第二节 会计对象与会计要素

一、会计对象

会计对象是指会计核算和监督的内容,即特定主体能够以货币表现的经济活动或称资金运动。

任何企业要从事生产经营活动,首先必须拥有一定数量的资产物资,所谓资金就是资产物资的货币表现。随着企业生产经营活动的进行,企业资金的实物形态和价值形态的不断变换,就形成了企业的资金运动。会计正是利用货币为主要计量尺度,以企业的资金运动为对象,对企业生产经营活动进行核算和监督。

由于不同企业资金运动的形式和内容有差异,会计核算和监督的对象也有所不同。工业企业的资金运动,具体表现为资金的投入、资金的运用和资金的退出三个阶段。资金的投入包括所有者和债权人投入货币等;资金的运用包括供应、生产、销售的循环周转;资金的退出包括上交税金、偿还债务、向投资者分配利润等。

二、会计要素

会计要素是指对会计对象按经济性质所作的基本分类。会计要素是会计核算对象的具体化,是组成会计报表的基本单位。

我国《企业会计准则——基本准则》将会计要素分为资产、负债、所有者权益、收入、费用和利润六项。其中,资产、负债和所有者权益反映企业的财务状况,是组成资产负债表的基本单位,也称为资产负债表要素;收入、费用和利润反映企业的经营成果,是组成利润表的基本单位,也称为利润表要素。

(一) 反映企业财务状况的会计要素

1. 资产

资产是指企业过去的交易或者事项形成的、由企业拥有或者控制的、预期会给企业带来经济利益的资源。资产是企业从事生产经营活动的物质基础,包括财产、债权和其他权利等。资产具有以下几方面特征:

(1) 资产是由过去的交易或者事项形成的。也就是说,资产必须是过去的交易或者事项形成的结果,是现实的资产。预期在未来发生的交易或者事项不形成现时的资产。例如,企业通过购买取得的原材料,形成企业的资产。但企业只是签订了购买原材料合同,尚未购买时,原材料就不能确认为企业的资产。

(2) 资产必须由企业拥有或控制。由企业拥有或者控制,是指企业享有某项资产的所有权,或者虽然不享有某项资产的所有权,但该资源能被企业所控制。一般来说,一项资源要作为企业的资产予以确认,企业要拥有其所有权,并能按照自己的意愿使用或处置。对于一些特定方式形成的资源,如融资租入的机器设备,企业虽然不拥有所有权,但能对其实施控制,因此按照实质重于形式的要求,也应将其作为企业资产予以确认。

(3) 资产预期会给企业带来经济利益。预期会给企业带来经济利益,是指资产必须具有交换价值和使用价值,能直接或间接导致现金和现金等价物等流入企业。没有交换价值和使用价值、不能给企业带来未来经济利益的资源不能确认为企业的资产,如坏账损失、已毁损的存货等。

资产按其流动性分为流动资产和非流动资产。流动资产是指企业可以在一年或者越过一年的一个营业周期内变现、出售或者耗用的资产。流动资产包括库存现金、银行存款、应收票据、应收账款、预付账款、其他应收款和存货等。非流动资产是指流动资产以外的资产,主要包括长期应收款、长期股权投资、投资性房地产、固定资产、在建工程、无形资产等。

企业将一项资源确认为资产,需要符合资产的定义,同时还应满足两个条件,即与该资源有关的经济利益很可能流入企业;该资源的成本或价值能够可靠计量。仅符合资产定义但不符合资产确认条件的项目,不应当列入资产负债表,而应在附注中作相关披露。

2. 负债

负债是指企业过去的交易或事项形成的、预期会导致经济利益流出企业的现时义务。负债具有以下特征:

(1) 负债是基于过去的交易或事项而产生的。也就是说,导致负债的交易或事项必须已经发生。只有源于发生的交易或事项,会计上才有可能确认为负债,谈判中的交易或事项,或计划中的业务等,不会产生负债。

(2) 负债是企业承担的现时义务。这里的现时义务区别于潜在义务,是指企业在现行条件下已承担的义务。例如,企业购买原材料形成应付账款,企业按照税法规定应当交纳的税款等,均属于企业承担的现时义务。

(3) 负债预期会导致经济利益流出企业。负债是企业承担的现时义务,负债意味着企业的偿债责任和债权人对资产的求索权。企业履行义务,清偿债务时,不论采用现金偿还,还是以实物资产或以提供劳务等形式偿还,最终会导致经济利益的流出。因此,预期会导致经济利益流出企业是负债的一个本质特征。

负债一般按其偿还速度或偿还时间的长短可分为流动负债和非流动负债两类。流动负债,是指将在一年或超过一年的一个营业周期内偿还的债务,主要包括短期借款、应付票据、应付账款、预收货款、应付职工薪酬、应交税费、应付利润、其他应付款等。非流动负债是指偿还期在一年或超过一年的一个营业周期以上的债务。非流动负债可以分为长期借款、应付债券、长期应付款等。

企业将一项现时义务确认为负债,除应符合负债的定义外,还要同时满足两个条件:第一,与该义务有关的经济利益很可能流出企业;第二,未来流出的经济利益的金额能够可靠计量。符合负债定义和负债确认条件的项目,应当列入资产负债表;符合负债定义,但不符合负债确认条件的项目,不应当列入资产负债表。

3. 所有者权益

所有者权益是指企业资产扣除负债后由所有者享有的剩余权益,是所有者对企业净资产的所有权。股份公司的所有者权益也称为股东权益。

所有者权益是企业的主要资金来源,其最初体现为投资者的投入资本。随着企业生产经营活动的展开和利润的形成,留存在企业中的利润也归所有者所有,与投入资本一起构成所有者权益。所有者权益具体包括四个部分:一是所有者投资的部分;二是资本公积;三是盈余公积;四是未分配利润。

(二) 反映企业经营成果的要素

1. 收入

收入是指企业在日常活动中形成的、会导致所有者权益增加的、与所有者投入资本无关的经济利益的总流入。收入有广义和狭义两种理解,广义的收入将企业日常活动及日常活动之外的活动形成的经济利益流入均视为收入;狭义的收入则专指企业日常活动所形成的经济利益的总流入。

我国现行制度采用的是狭义的收入概念,即收入是从企业的日常经营活动中产生的,而不是从企业偶发的交易或事项中产生的。如工业企业制造并销售产品、商品流通企业销售商品等产生的经济利益的总流入构成收入,而出售固定资产,出售无形资产等交易或事项不属于企业的日常经营活动,其流入的经济利益就不构成收入。

收入会导致企业所有者权益的增加,具体可能表现为企业资产的增加,如增加银行存款、应收账款等,也可能表现为企业负债的减少,如以商品或劳务抵偿债务,或者二者兼而有之。不符合这一特征的经济利益的总流入,如代为第三方或代为客户收取的款项、代收的利息等不是企业的收入。经济利益的总流入如果是由所有者增加投入资本所导致的,也不属于收入。

根据我国企业会计准则的规定,收入只有在经济利益很可能流入从而导致企业资产增加或者负债减少且经济利益的流入额能够可靠计量时才能予以确认。

2. 费用

费用是指企业在日常活动中发生的、会导致所有者权益减少的、与向所有者分配利润无关的经济利益的总流出。

费用是与收入相对的概念,是为了取得收入而发生的耗费。与资源流入企业所形成的收入相反,费用的发生会导致资源流出企业,使所有者权益减少。其形式可能表现为资产的减少或负债的增加,或二者兼而有之。但企业生产经营过程中发生的支出并非都列入费用,如企业偿债性支出和向投资者分配利润等,就不能归入费用。

费用也有广义和狭义之分。狭义的费用是企业在某一期间为生产和销售产品、提供劳务或从事其他经济业务所发生的耗费。广义的费用还包括损失。我国现行制度采用的是狭义的费用概念。因此,企业因违约支付罚款、因自然灾害造成财产毁损等形成的经济利益的总流出,属于企业的损失而不是费用。

根据我国企业会计准则——基本准则的规定,费用只有在经济利益很可能流出从而导致企业资产减少或者负债增加且经济利益的流出额能够可靠计量时才能予以确认。

3. 利润

利润是指企业在一定会计期间的经营成果。利润包括收入减去费用后的净额、直接计入当期利润的利得和损失等。

利得是指由企业非日常活动所形成的、会导致所有者权益增加的、与所有者投入资本无关的经济利益的流入;损失是指由企业非日常活动所发生的、会导致所有者权益减少的、与向所有者分配利润无关的经济利益的流出。收入减去费用后的净额反映的是企业日常活动的业绩,直接计入当期利润的利得和损失反映的是企业非日常活动的业绩。

利润是净额概念,反映的是收入减去费用、利得减去损失后的净额。因此,利润的确认主要依赖于收入和费用以及利得和损失的确认,其金额的确定也主要取决于收入、费用、利得、损失金额的计量。

三、会计等式

会计各要素之间具有内在关联,揭示会计要素之间互相关系的代数表达式称为会计等式,也称会计恒等式或会计方程式。在资产、负债、所有者权益、收入、费用和利润六个会计要素中,存在两个基本的恒等关系。反映资产负债表要素之间的数量关系的等式是:资产 = 负债 + 所有者权益;反映利润表要素之间的数量关系的等式是:收入 - 费用 = 利润。

(一) 资产 = 负债 + 所有者权益

任何企业生产经营活动必须拥有一定数量的资产,这些资产来源于企业经济资源的提供者。在资产、负债、所有者权益三个要素中,资产反映的是资金的占用形态,是企业价值自然属性的体现;负债和所有者权益反映的是资金的来源,是企业价值社会属性的体现。有一定数额的资产,必定有对应资金的来源;反之,有一定数额的负债和所有者权益,必定有对应资金的占用形态。一个企业的资产、负债和所有者权益实际上是从资金的占用形式和来源两个不同角度观察和分析的结果,反映了同一价值运动的两个方面,两者在数量上是相等的。这一平衡关系用公式表示就是:资产 = 负债 + 所有者权益。

由于企业资产的提供者对企业的资产都有相应的要求权,属于所有人的称为所有者权益,属于债权人的称为债权人权益,两者总称为权益。因此,上述公式又可表达为:资产 = 权益。

资产 = 负债 + 所有者权益,揭示了企业的财务状况,表明了企业在某一特定时点所拥有的各种资产以及债权人和投资者对企业资产要求权的基本状况,是反映资金运动的静态公式,称为静态会计等式或存量会计等式。这一等式是设置账户、复式记账、试算平衡和编制资产负债表的理论依据,因而是会计的基本等式。

(二) 收入 - 费用 = 利润

随着企业业务活动的开展,企业一方面会不断地取得各项收入,另一方面也必然发生与此相关的各项费用,企业一定时期的收入扣除相关费用后形成企业的利润。收入、费用和利润三要素之间的恒等关系表现为:收入 - 费用 = 利润。

这一等式反映了企业资金运动的动态过程,揭示了企业的经营过程和经营结果之间的关系,称为动态会计等式或增量会计等式。收入、费用和利润三要素之间的恒等关系是编制利润表的理论依据。

(三) 会计等式间的关系

反映企业财务状况的会计要素与反映企业经营成果的要素之间具有内在的

关联。如收入的增加会引起企业资产的增加或负债的减少，费用的产生会引起企业资产的减少或负债的增加等，而企业的利润最终归属于所有者，利润在会计期末按规定程序分配后，其余部分则表现为企业所有者权益的增加。因此，企业经营过程中收入的增加和费用的产生会导致企业财务状况发生相应的变化，企业的经营结果最终会影响企业的财务状况。但变化后的资产、负债和所有者权益之间会产生新的平衡关系，企业的资产恒等于其负债加所有者权益。

第三节 会计基本假设与会计处理基础

一、会计基本假设

会计基本假设也称会计核算的基本前提，是根据客观的正常情况或趋势，对会计核算所处的时间、空间环境等所作的合理设定。这种设定并不是毫无根据的设想，而是根据会计的社会经济环境和长期的会计实践进行的合乎事理的推断。会计基本假设规定了会计核算工作赖以存在的一些基本条件，是企业会计确认、计量和报告的前提。

根据我国《企业会计准则——基本准则》的规定，会计基本假设包括会计主体、持续经营、会计分期和货币计量四个方面的内容。

（一）会计主体

会计主体是指企业会计确认、计量和报告的空间范围。在会计主体假设下，企业应当对其本身发生的交易或者事项进行会计确认、计量和报告，反映企业本身所从事的各项经济业务。即只有那些影响企业本身经济利益的交易或者事项才能加以确认、计量和报告，而那些不影响企业本身经济利益的交易或者事项则不能加以确认、计量和报告。明确界定会计主体是开展会计确认、计量和报告工作的重要前提。只有明确会计主体，才能划定会计所要处理的各项交易或事项的范围，才能将特定企业的经营活动与其他企业或个人的经营活动区分开来。

需要指出的是，会计主体不同于法律主体，即作为会计主体的经济实体与作为法律主体的企业是有区别的。

一般而言，法律主体必然是一个会计主体，而会计主体则不一定是法律主体。如企业作为一个法律主体，以自己名义享有民事权利，承担民事义务，具有财产上的独立性，是会计主体；而在企业集团的情况下，为了全面反映企业集团的财务状况、经营成果和现金流量，可以将企业集团作为一个会计主体，编制合并会计报表，但集团本身并不是法律主体。

（二）持续经营

在市场竞争条件下，每个企业都有面临停业清理的可能，会计核算是立足于持续经营还是可能的停业清理将直接决定着不同会计方法的运用。

持续经营假设是指在可以预见的将来，企业将会按当前的规模和状态持续经营下去，不会停业，也不会大规模削减业务。由于假定企业是持续不断地经营下去，企业所拥有的资产，将在正常的经营过程中被耗用、出售或转换，而其所承担的债务，也将在正常经营过程中按期清偿，因此企业资产的计价、负债清偿和收益确认才有了稳定的基础。持续经营保证了会计信息处理的一致性和稳定性。

在持续经营假设下，会计确认、计量和报告应当以企业持续的、正常的生产经营活动为前提。但如果有证据表明一个企业正常的生产经营活动无法持续下去，那么，以持续经营为前提所规定的各种会计方法和程序也就不再适用。

（三）会计分期

会计分期，是指将一个企业持续经营的生产经营活动划分为一个个连续的、长短相同的期间。

在持续经营前提下，如果等到单位的经营和业务活动全部结束后才核算财务状况和经营成果，既不利于单位外部利益关系方了解单位的经营情况，也不能满足企业自身经营管理的需要。会计分期的目的，在于通过会计期间的划分，将持续经营的生产经营活动划分成连续、相等的期间，据以结算盈亏，按期编报财务报告，从而及时向财务报告使用者提供有关企业财务状况、经营成果和现金流量等信息。

在会计分期假设下，企业应当划分会计期间，分期结算账目和编制财务报告。会计期间通常分为年度和中期。我国会计年度自公历 1 月 1 日起至 12 月 31 日止；会计中期是指短于一个完整的会计年度的报告期间，半年度、季度和月度，均称为会计中期。

（四）货币计量

货币计量，是指会计主体在财务会计确认、计量和报告时以货币作为计量尺度，反映会计主体的生产经营活动。

会计主体的经济活动是多种多样、错综复杂的，这就要求有一个统一的计量尺度。货币是商品的一般等价物，是衡量一般商品价值的共同尺度，具有价值尺度、流通手段、支付手段和贮藏手段等特点。只有选择货币计量，才能克服实物量度的差异性和劳动量度的复杂性，才能在总量上进行汇总和比较，综合反映会计主体的各项经济活动。

我国《会计法》规定，会计核算以人民币为记账本位币。业务收支以人民币以外的货币为主的单位，可以选定其中一种货币作为记账本位币，但是编报的财务会计报告应当折算为人民币。

二、会计处理基础

在企业经济活动中,经济业务的发生和货币的收支不是完全一致的,即存在着现金流动与经济活动发生分属不同会计期间的情况。会计处理基础是指在确认和处理一定会计期间收入和费用时选择的处理原则和标准,其目的是对收入和支出进行合理配比,进而作为确认当期损益的依据。

会计处理基础有两种,一种是权责发生制,另一种是收付实现制。

(一) 权责发生制

权责发生制又称应收应付制,是指以权利和责任的发生来决定收入和费用归属期的一种会计处理基础。权责发生制基础要求,凡是当期已经实现的收入和已经发生或应当负担的费用,无论款项是否已经收进或付出,都应当作为当期的收入和费用,计入利润表;凡是不属于当期的收入和费用,即使款项已经在当期收进或付出,都不应当作为当期的收入和费用。例如,本月赊销产品,即使货款本月不能收到,在权责发生制下也应当将该销售确认为本月收入;而本月收到的上月销售产品的货款,则不能确认为本月收入,因为它不是本月获得的。

(二) 收付实现制

收付实现制是与权责发生制相对应的一种会计处理基础,它是以收到或支付现金作为确认收入和费用等的依据。在收付实现制基础下,不论款项是否属于本期,只要在本期实际发生收付,即应作为本期的收入和费用确认。

不同的会计处理基础会导致不同的会计核算结果。为了更加真实、公允地反映特定会计期间的财务状况和经营成果,我国会计准则明确规定,企业应当以权责发生制为基础进行会计确认、计量和报告。

第四节 会计计量属性

会计计量是为了将符合确认条件的会计要素登记入账并列报于财务报表而确定其金额的过程。会计计量的基本构成要素包括计量单位和计量属性。

一、会计计量属性

会计计量属性反映的是会计要素金额的确定基础。我国《企业会计准则——基本准则》规定,会计计量属性主要包括历史成本、重置成本、可变现净值、现值和公允价值。

(一) 历史成本

历史成本又称为实际成本,是指企业取得或制造某项财产物资时所实际支付的现金或其他等价物。在历史成本计量下,资产按照购置时支付的现金或者现金等价物的金额,或者按照购置资产时所付出的对价的公允价值计量。负债按照因承担现时义务而实际收到的款项或者资产的金额,或者承担现时义务的合同金额,或者按照日常活动中为偿还负债预期需要支付的现金或者现金等价物的金额计量。

（二）重置成本

重置成本又称现行成本,是指按照当前市场条件,企业重新取得与其所拥有的某项资产相同或与其功能相当的资产需要支付的现金或现金等价物。在重置成本计量下,资产按照现在购买相同或者相似资产所需支付的现金或者现金等价物的金额计量。负债按照现在偿付该项债务所需支付的现金或者现金等价物的金额计量。

（三）可变现净值

可变现净值,是指在正常生产经营过程中,以资产预计售价减去进一步加工成本和预计销售费用以及相关税费后的净值。在可变现净值计量下,资产按照其正常对外销售所能收到现金或者现金等价物的金额扣减该资产至完工时估计将要发生的成本、估计的销售费用以及相关税费后的金额计量。

（四）现值

现值是考虑货币时间价值的一种计量属性,指对未来现金流量以恰当的折现率进行折现后的价值。在现值计量下,资产按照预计从其持续使用和最终处置中所产生的未来净现金流入量的折现金额计量。负债按照预计期限内需要偿还的未来净现金流出量的折现金额计量。

（五）公允价值

公允价值,是指在公平交易中,熟悉情况的交易双方自愿进行资产交换或者债务清偿的金额。在公允价值计量下,资产和负债按照公平交易中熟悉情况的交易双方自愿进行资产交换或者债务清偿的金额计量。

二、计量属性的应用原则

在各种会计要素计量属性中,历史成本通常反映的是资产或者负债过去的价值。历史成本要求资产和负债按其取得或交换时的实际交易价格入账,具有客观性、可靠性和可验证性。重置成本、可变现净值、现值以及公允价值通常反映的是资产或者负债的现时成本或者现时价值,是与历史成本相对应的计量属性。

企业在对会计要素进行计量时,一般应当采用历史成本。采用重置成本、可变现净值、现值、公允价值计量的,应当保证所确定的会计要素金额能够取得并可靠计量。

第五节　会计信息质量要求

会计信息是指会计数据经过加工处理后产生的、为会计管理和企业管理所需要的经济信息。

一、会计信息的使用者

会计信息的使用者包括内部使用者和外部使用者。其中,会计信息的外部使用者主要包括投资者、债权人和政府职能部门等。这些使用者的利益目标不同,其对会计信息的关注和要求也不一样。

(一) 投资者

投资者最关心企业的经营活动。在所有权与经营权分离的情况下,投资者需要利用会计信息对经营者受托责任的履行情况进行评价,并对企业经营中的重大事项作出决策。投资者包括现有投资者和潜在的投资者。现有投资者需要利用会计信息分析企业的盈利状况和发展前景,以作出维持、追加或转让投资的决定;潜在的投资者也需要会计信息来比较各企业经营的好坏,了解企业的风险与报酬,从而决定其投资方向。

(二) 债权人

债权人是企业信贷资金的提供者。债权人提供信贷资金的目的是按约定的条件收回本金并获取利息收入,他们最为关心的问题就是借款企业是否有足够的能力按约履行其还本付息的义务。债权人需要会计信息来评价企业的偿债能力,从而为其贷款决策提供依据。

(三) 政府部门

国家作为宏观经济的管理者与决策者,其宏观管理职能是由各政府职能部门共同实施的。许多政府部门在行使其职能时需要企业会计信息,如国家统计部门进行国民经济核算的重要资料来源是企业会计核算资料;国家税务部门进行的税收征管是以财务会计数据为基础的;真实可靠的会计信息还是证券管理部门对证券市场实施监管的重要依据。

(四) 其他外部使用者

会计信息的其他外部使用者包括供应商、客户、企业员工、社会咨询服务机构、社会公众等。其中,企业员工、供应商和客户在许多方面与企业存在着利益关系。供应商需要通过会计信息来了解企业的偿债能力、确认企业的资信度;客户需要通过会计信息了解企业的长期供货能力;企业员工需要通过会计信息来评估企业可能提供的工作报酬等。

二、会计信息质量要求

会计信息必须达到一定的质量才能满足信息使用者进行经济决策的需要。会计信息质量要求是对企业财务报告中所提供会计信息质量的基本要求,是使财务报告中所提供的会计信息对投资者等使用者决策有用应具备的质量特征。

根据我国《企业会计准则——基本准则》的规定,会计信息质量要求包括可靠性、相关性、可理解性、可比性、实质重于形式、重要性、谨慎性和及时性等。其中,可靠性、相关性、可理解性和可比性是会计信息的首要质量要求,是企业财务报告中所提供的会计信息对投资者等使用者决策有用应具备的基本质量特征。实质重于形式、重要性、谨慎性和及时性是会计信息的次要质量要求,是对可靠性、相关性、可理解性和可比性等首要质量要求的补充和完善。

(一)可靠性

可靠性要求企业应当以实际发生的交易或者事项为依据进行会计确认、计量和报告,如实反映符合确认和计量要求的各项会计要素及其他相关信息,保证会计信息真实可靠、内容完整。

会计信息要有用,必须以可靠为基础,如果财务报告所提供的会计信息是不可靠的,就会给投资者等使用者的决策产生误导甚至损失。为了贯彻可靠性要求,企业应当做到以实际发生的交易或者事项为依据进行会计确认、计量和报告,将符合会计要素定义及其确认条件的资产、负债、所有者权益、收入、费用和利润等如实反映在财务报表中,不得根据虚构的、没有发生的或者尚未发生的交易或者事项进行确认、计量和报告;企业应当保证会计信息的完整性和客观中立,不能随意遗漏或者减少应予披露的信息,也不能对会计信息作特殊安排,通过选择或列示有关会计信息来影响决策和判断。

(二)相关性

相关性要求企业提供的会计信息应当与投资者等财务报告使用者的经济决策需要相关,有助于投资者等财务报告使用者对企业过去、现在或者未来的情况作出评价或者预测。

相关性的核心是对决策有用。会计信息是否相关,关键是看其与使用者的决策需要是否相关,是否有助于决策或者提高决策水平。相关的会计信息应当有助于决策者验证或修正过去的决策和实施方案,具有反馈价值;相关的会计信息还应当有助于决策者对过去、现在或者未来事项的可能结果进行预测,具有预测价值。企业在收集、加工、处理和提供会计信息过程中,要充分考虑会计信息使用者的决策模式,满足各方面会计信息使用者的决策需要。

(三)可理解性

可理解性要求企业提供的会计信息应当清晰明了,能清楚地反映企业经济活动的来龙去脉及其财务状况和经营成果，便于投资者等财务报告使用者理解和使用。因为提供会计信息的目的在于使用，如果信息不能被使用者理解，即使质量再好，也体现不出其价值。

（四）可比性

可比性要求企业提供的会计信息应当互相可比。这里的可比性既指同一企业不同时期的会计信息具有纵向可比，也指不同企业的会计信息具有横向可比。纵向可比要求同一企业不同时期发生的相同或者相似的交易或者事项，应当采用一致的会计政策，不得随意变更，确需变更的，应当在附注中说明；横向可比要求不同企业发生的相同或者相似的交易或者事项，应当采用规定的会计政策，确保会计信息口径一致、相互可比。

会计信息只有具备可比性，才能便于投资者等财务报告使用者比较企业在不同时期的财务报告信息，评价不同企业的财务状况、经营成果和现金流量及其变动情况，从而作出决策。

（五）实质重于形式

企业发生的交易或事项在多数情况下其经济实质和法律形式是一致的。但在有些情况下也会出现不一致。实质重于形式要求企业应当按照交易或者事项的经济实质进行会计确认、计量和报告，不应仅以交易或者事项的法律形式为依据。例如，以融资租赁方式租入的资产虽然从法律形式来讲企业并不拥有其所有权，但从其经济实质看，企业能够控制融资租入资产所创造的未来经济利益，因此，遵循实质重于形式的要求，企业在会计确认、计量和报告上就应当将以融资租赁方式租入的资产视为企业的资产管理。

实质重于形式体现了对经济实质的尊重，能够保证会计核算与客观经济事实相符。

（六）重要性

重要性要求企业提供的会计信息应当反映与企业财务状况、经营成果和现金流量等有关的所有重要交易或者事项。

重要性是一个相对概念，它与企业规模大小、企业性质都有一定的关系。在实务中，如果会计信息的省略或者错报会影响投资者等财务报告使用者据此作出决策，该信息就具有重要性。企业对于那些重要的经济业务应分别核算，单独反映，并在财务报告中作重点说明。对于次要的会计事项则可适当简化处理。

（七）谨慎性

谨慎性要求企业对交易或者事项进行会计确认、计量和报告时应当保持应有的谨慎，不应高估资产或者收益、低估负债或者费用。

在市场经济环境下，企业的生产经营活动面临着风险和不确定性。会计信息质量的谨慎性要求，需要企业在面临风险和不确定性因素情况下作出职业判断时，应当保持应有的职业谨慎，充分估计各种风险和损失，既不高估资产或收益，也不低估负债或费用。但谨慎性要求的运用并不意味着企业可以故意低估资产或收益，或高估负债或费用，这将有违会计信息的可靠性和相关性要求。

（八）及时性

及时性要求企业对于已经发生的交易或者事项，应当及时进行会计确认、计量和报告，不得提前或者延后。

会计信息的价值在于帮助所有者或其他方作出经济决策，具有时效性。企业只有及时进行会计核算，才能确保会计信息的时效性。及时性要求具体有三方面的含义：一是要求企业及时收集会计信息，即在经济业务发生（或完成）时，及时收集各种原始单据或凭证；二是要求及时处理会计信息，即按照会计准则和其他有关规定，及时对经济交易或事项进行确认、计量，并编制财务报告；三是要求及时传递会计信息，即在国家规定的有关时限内，及时地将编制的财务报告传递给财务报告使用者。

课 后 练 习

一、单项选择题

1. 会计以（　　）为主要计量单位。

A. 工时　　B. 劳动耗费　　C. 货币　　D. 实物

2. 下列不属于会计要素的是（　　）。

A. 所有者权益　　B. 成本　　C. 资产　　D. 负债

3. 下列属于反映企业财务状况的会计要素是（　　）。

A. 收入　　B. 资产　　C. 费用　　D. 利润

4. 负债是企业过去的交易或事项形成的（　　）。

A. 现时义务　　B. 将来义务　　C. 过去义务　　D. 永久义务

5. 下列属于企业资产的是（　　）。

A. 应付账款　　B. 购入的设备

C. 预收账款　　D. 即将购入的原材料

6. 企业资产总额为 100 万元，负债为 20 万元，在将 10 万元负债转作投入资本后，资产总额为（　　）万元。

A. 130　　B. 100　　C. 90　　D. 80

7. 企业月初资产合计为 90 000 元，负债为 72 000 元，则所有者权益为（　　）元。

A. 72 000　　B. 16 200　　C. 90 000　　D. 18 000

8. 企业 8 月初的资产总额为 50 000 元，负债总额为 20 000 元，8 月份取得收入共计 24 000 元,发生费用共计 15 000 元。假定没有进行利润分配,则 8 月末该企业的所有者权益总额为(　　)元。

A. 50 000　　B. 45 000　　C. 39 000　　D. 31 000

9. 在会计核算的基本前提中,确定会计核算空间范围的是(　　)。

A. 会计主体　　B. 持续经营　　C. 会计分期　　D. 货币计量

10. 形成权责发生制和收付实现制不同的记账基础,进而出现应收、应付、预收、预付等会计处理方法所依据的会计基本假设是(　　)。

A. 货币计量　　B. 会计年度　　C. 持续经营　　D. 会计分期

二、业务题

(一) 资料:A 公司 2012 年期初及期末资产负债表列示的资产总额和负债总额如下:

期初资产:860 000 元,期初负债:340 000 元;

期末资产:950 000 元,期末负债:360 000 元

要求:根据以下情况,计算公司 2012 年度的有关数据:

(1) 计算公司本年度期初和期末所有者权益。

(2) 假定公司 2012 年度实现的各项收入为 275 000 元,投资者投入金额未发生变化,计算公司本年度实现的利润和发生的费用。

(3) 假定公司 2012 年度有投资者追加投资 50 000 元,发生费用 43 000 元,计算公司本年度利润和收入。

(二) 资料:某企业 2011 年 10 月有关资料如下:

1. 销售商品 40 000 元,款项已存入银行。

2. 销售商品 10 000 元,款项 8 000 元已存入银行,其余暂欠。

3. 预付下年度仓库租金 6 000 元,款项已支付。

4. 收到上月客户所欠货款 4 000 元,存入银行。

5. 计提本月短期借款利息 1 000 元。

6. 预收货款 8 000 元已收妥入账,下月发货。

7. 用银行存款支付广告费 2 000 元。

8. 以银行存款支付材料款 5 000 元。

要求:计算权责发生制下该企业 10 月份的收入与费用金额。

第二章　账户与借贷记账法

学习要点

- 会计科目及其分类
- 会计账户的概念及其基本结构
- 借贷记账法下账户的具体结构
- 记账规则与试算平衡
- 会计分录的编制

第一节　会计科目

一、会计科目的概念

会计要素是对会计对象的初次分类，这种分类对企业经济业务的反映是粗略的。为了更加全面、系统地反映和监督会计要素的变动情况，为信息使用者提供更为详细的会计信息，有必要在初次分类的基础上进一步细化。

会计科目是按照经济业务的内容和经济管理的要求，对会计要素的具体内容进行分类核算的项目。在会计核算中，会计科目发挥着重要的作用，它是设置账户的依据，也是编制记账凭证和会计报表的基础。

二、会计科目的设置原则

会计科目作为分类信息的项目或标志，在设置过程中应努力做到科学、合理、适用。会计科目设置应遵循以下几项原则。

（一）合法性原则

合法性原则要求所设置的会计科目应当符合国家统一的会计制度规定，以保证会计信息的可比性。我国现行的统一会计制度对企业设置的总分类科目作了规定，企业设置的会计科目不得违反现行会计制度的规定。但在不影响统一会计核算要求以及对外提供统一的财务报表的前提下，企业可以根据自身的生产经营特点，自行增设、减少或合并某些会计科目。

（二）相关性原则

相关性原则要求所设置的会计科目应当满足对外报告与对内管理的要求。

企业设置会计科目必须服务于会计信息的提供,必须与财务报告的编制相协调、相关联。

（三）实用性原则

实用性原则要求在合法性的基础上,企业应根据自身特点,设置符合需要的会计科目。企业的组织形式、所处行业、经营内容及业务种类等不同,在会计科目的设置上亦应有所区别。例如,对于工业企业,由于主要的经营活动是制造产品,因而需要设置反映生产耗费的科目,如"生产成本";而商品流通企业主要的经营活动是购进和销售商品,不进行产品生产,因而一般不需要设置"生产成本"科目。

另外,会计科目要简明、适用,并要分类、编号。在设置会计科目时,会计科目名称应与其核算的内容相一致,每一会计科目的核算内容必须严格、明确界定,不能混淆。

三、会计科目的分类

（一）会计科目按所提供信息的详细程度及其统驭关系分类

会计科目按所提供信息的详细程度及其统驭关系分为总分类科目和明细分类科目。

总分类科目是对会计要素具体内容进行总括分类,提供总括信息的会计科目,如"应收账款"、"原材料"、"应付债券"等科目。明细分类科目是对总分类科目进一步分类、提供更详细更具体会计信息的科目,如"应收账款"科目按债务人名称设置明细科目,"应交税费"科目按应交的税收种类设置明细科目,"原材料"科目按类别、品种设置明细科目等。对于核算复杂、分类较多的项目,还可以在总分类科目与明细分类科目之间设置二级或多级科目。

（二）会计科目按其所归属的会计要素分类

会计科目按其所归属的会计要素不同,分为资产类、负债类、所有者权益类、成本类和损益类五大类。

资产类、负债类、所有者权益类科目分别用于核算资产、负债和所有者权益的增减变化。成本类科目是用于核算成本的发生和归集情况,提供成本相关会计信息的会计科目。损益类科目则是用于核算收入、费用的发生或归集,提供一定期间损益相关的会计信息的会计科目。

我国企业常用的会计科目如表2-1:

表 2-1 会计科目表

序号	编号	会计科目名称	序号	编号	会计科目名称
一、资产类			二、负债类		
1	1 001	库存现金	42	2 001	短期借款
2	1 002	银行存款	43	2 101	交易性金融负债
3	1 012	其他货币资金	44	2 201	应付票据
4	1 101	交易性金融资产	45	2 202	应付账款
5	1 121	应收票据	46	2 203	预收账款
6	1 122	应收账款	47	2 211	应付职工薪酬
7	1 123	预付账款	48	2 221	应交税费
8	1 131	应收股利	49	2 231	应付利息
9	1 132	应收利息	50	2 232	应付股利
10	1 221	其他应收款	51	2 241	其他应付款
11	1 231	坏账准备	52	2 401	递延收益
12	1 401	材料采购	53	2 501	长期借款
13	1 402	在途物资	54	2 502	应付债券
14	1 403	原材料	55	2 701	长期应付款
15	1 404	材料成本差异	56	2 801	预计负债
16	1 405	库存商品	57	2 901	递延所得税负债
17	1 406	发出商品	三、所有者权益类		
18	1 407	商品进销差价	58	4 001	实收资本(或股本)
19	1 408	委托加工物资	59	4 002	资本公积
20	1 411	周转材料	60	4 101	盈余公积
21	1 461	融资租赁资产	61	4 103	本年利润
22	1 471	存货跌价准备	62	4 104	利润分配
23	1 501	持有至到期投资	四、成本类		
24	1 502	持有至到期投资减值准备	63	5 001	生产成本
25	1 503	可供出售金融资产	64	5 101	制造费用
26	1 511	长期股权投资	65	5 201	劳务成本
27	1 512	长期股权投资减值准备	五、损益类		
28	1 521	投资性房地产	66	6 001	主营业务收入
29	1 531	长期应收款	67	6 051	其他业务收入
30	1 601	固定资产	68	6 101	公允价值变动损益
31	1 602	累计折旧	69	6 111	投资收益
32	1 603	固定资产减值准备	70	6 301	营业外收入
33	1 604	在建工程	71	6 401	主营业务成本

（续表）

序号	编号	会计科目名称	序号	编号	会计科目名称
34	1 605	工程物资	72	6 402	其他业务成本
35	1 606	固定资产清理	73	6 403	营业税金及附加
36	1 701	无形资产	74	6 601	销售费用
37	1 702	累计摊销	75	6 602	管理费用
38	1 703	无形资产减值准备	76	6 603	财务费用
39	1 801	长期待摊费用	77	6 701	资产减值损失
40	1 811	递延所得税资产	78	6 711	营业外支出
41	1 901	待处理财产损溢	79	6 801	所得税费用

第二节　会计账户

一、账户的概念

上述会计科目只是规定了对会计要素进行进一步分类的项目。为了记录和反映各项经济业务所引起的会计要素的增减变动，还必须在分类的基础上开设和运用账户。

所谓账户，就是根据规定的会计科目开设的、具有一定的格式和结构、能分类地反映会计要素的增减变动及其结果的核算工具。

与会计科目的分类相适应，账户按经济内容也分为资产类账户、负债类账户、所有者权益类账户、成本类账户和损益类账户五类。账户按其提供核算指标的详细程度分为总分类账户和明细分类账户。

总分类账户是根据总分类科目开设的，是对会计要素的具体内容进行总括反映的账户，又称"总账账户"或"一级账户"；明细分类账户是根据明细分类科目开设的，是对会计要素的具体内容进行明细分类核算的账户，简称明细账。总分类账户提供综合资料，明细分类账户提供某一总分类账户所属的较为详细的经济信息。总分类账户与明细分类账户密切相关，共同构成了完整的账户应用体系。

二、账户的基本结构

经济业务发生所引起的各项会计要素的变动，从数量上看不外乎两种情况，要么增加，要么减少。因此，用来记录会计要素变动的账户也相应地分为两方：左方和右方，一方登记增加额，另一方登记减少额。账户的基本结构就是指账户的这种基本构成部分，以及各部分所要反映的内容。至于在账户左右两方中，哪一方登记增加额、哪一方登记减少额，则取决于所采用的记账方法和所记录的经济业务的内容。

在账户的左右两方中,登记为本期增加的金额称为本期增加发生额;登记为本期减少的金额,称为本期减少发生额;增加额和减少额相抵后的差额称为账户的余额。余额按其表示的时间不同,分为期初余额和期末余额。这样,账户中记录的金额就有期初余额、期末余额、本期增加发生额和本期减少发生额四项。这四项金额的基本关系如下:

期末余额 = 期初余额 + 本期增加发生额 - 本期减少发生额

除四项金额要素外,一个完整的账户还包括:(1) 账户名称,即会计科目;(2) 日期和摘要,即记录经济业务发生的时间和内容;(3) 凭证编号,即账户记录的来源和依据。

具体格式如表 2-2 所示:

表 2-2 账户名称

年		凭证编号	摘要	金额
月	日			

为了方便教学,会计账户结构可以简化为"T"字形,称为"T 形账户"或"丁字账户",如图 2-1 所示:

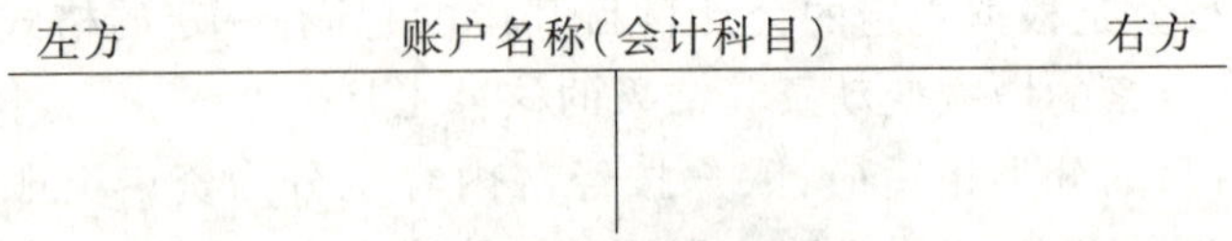

图 2-1 T 形账户格式

第三节 借贷记账法

一、复式记账法

经济业务的发生会引起会计要素的增减变动,将这些变动情况记录到有关账户中需要运用特定的方法。记账方法,就是在账簿中登记经济业务的方法。按其记录经济业务方式的不同,记账方法分为单式记账法和复式记账法两大类。

单式记账法,是指对发生的每一项经济业务只在一个账户中加以登记的记账方法。单式记账法是一种比较简单的记账方法,通常只登记现金和银行存款的收付业务,以及应收和应付的结算业务。由于各账户之间没有严密的对应关系,单式记账法不能全面反映资金运动的来龙去脉,也不便于检查账户记录的正确性和完整性。

复式记账法,是指对每一笔经济业务都以相等的金额,同时在两个或两个以上相互联系的账户中进行登记的记账方法。以赊购材料为例,复式记账法一方面要在“原材料”账户中进行登记,反映原材料的增加;另一方面要在“应付账款”账户中进行登记,反映负债的增加。复式记账法较好地体现了资金运动的内在规律,与单式记账法相比,具有不可比拟的优越性,具体体现为:

1. 复式记账对于每一项经济业务,都在两个或两个以上相互关联的账户中进行记录。各账户间有严密的对应关系,能清晰地反映经济业务的来龙去脉。在全部经济业务都登记入账以后,可以通过账户记录全面、系统地反映经济活动的过程和结果。

2. 由于每项经济业务发生后,复式记账都是以相等的金额在有关账户中进行记录,因而可据以进行试算平衡,检查账户记录的完整性和正确性。

复式记账按记账符号、记账规则、试算平衡方法的不同,可分为借贷记账法、增减记账法和收付记账法等。其中,借贷记账法是当今运用最广泛的复式记账法,也是目前我国企业法定的记账方法。

二、借贷记账法

借贷记账法是以“借”、“贷”为记账符号,以“资产 = 负债 + 所有者权益”的会计等式为理论依据,以“有借必有贷,借贷必相等”为记账规则的一种复式记账法。

(一) 记账符号

借贷记账法是以“借”和“贷”作为记账符号。

“借”、“贷”两个字的含义,最初来源于借贷资本家,表示债权和债务的变化。随着商品经济的发展,借贷记账法得到广泛运用,记账对象不再局限于债权、债务关系,而是扩大到财产物资增减变化和经营损益。“借”、“贷”便逐步失去其原来的字面含义,成为纯粹的记账符号。

在借贷记账法下,每一个账户都分为“借方”和“贷方”,通常账户的左方为“借方”,账户的右方为“贷方”,如图 2-2 所示:

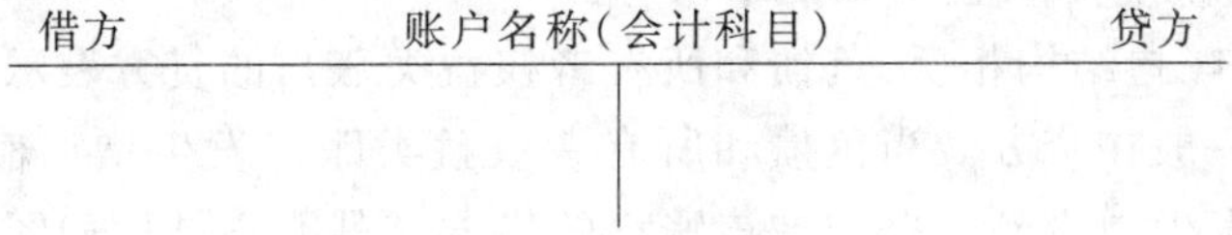

图 2-2　账户格式

具体格式如表 2-3 所示:

表 2-3　账户名称

年		凭证编号	摘要	借方	贷方	借或贷	余额
月	日						

(二) 账户的具体结构

借贷记账法下,就某一特定账户而言,账户的借贷两方反映的是相反记录。即如果该账户借方用来记录经济业务的增加额,那么其贷方一定是用来记录减少额;如果贷方用来记录经济业务的增加额,那么该账户的借方一定是用来记录减少额。至于账户是在借方还是在贷方登记增加额,则要依据账户所反映的内容而定。

1. 资产类账户结构

在资产类账户中,借方表示增加,贷方表示减少。即当资产类账户发生增加额时登记在该账户的借方,发生减少额时登记在该账户的贷方。在一个会计期间内(年、月),借方记录的合计数额称为借方发生额,贷方记录的合计数额称为贷方发生额,在每一会计期间的期末将借贷方发生额相比较,其差额称为期末余额。资产类账户的期末余额一般在借方。其账户结构如图 2-3 所示:

借方　　　资产类账户	贷方
期初余额 本期增加额	本期减少额
本期发生额合计 期末余额	本期发生额合计

图 2-3　资产类账户结构

由于资产类账户借方表示增加,贷方表示减少,因此账户的期末余额等于期初余额加上本期借方发生额减去本期贷方发生额。用公式表示为:

期末余额 = 期初余额 + 本期借方发生额 - 本期贷方发生额

【例 2-1】 某企业的原材料账户期初余额为 200 000 元,本期借方发生额 130 000 元,本期贷方发生额 180 000 元,则原材料账户的期末余额为:

200 000 + 130 000 - 180 000 = 150 000(元)

2. 负债和所有者权益类账户结构

与资产类账户结构相反,负债和所有者权益类账户的贷方表示增加,借方表示减少,余额一般在贷方。当负债和所有者权益类账户发生增加额时登记在该账户的贷方,发生减少额时登记在该账户的借方。其账户结构如图 2-4 所示:

借方　　　负债和所有者权益类账户	贷方
本期减少额	期初余额 本期增加额
本期发生额合计	本期发生额合计 期末余额

图 2-4 负债和所有者权益类账户结构

由于负债和所有者权益类账户的贷方表示增加，借方表示减少，因此账户的期末余额等于期初余额加上本期贷方发生额减去本期借方发生额。用公式表示为：

期末余额 = 期初余额 + 本期贷方发生额 - 本期借方发生额

【例 2-2】　某企业的应付账款账户期初余额为 500 000 元，本期借方发生额 33 000 元，本期贷方发生额 27 000 元，则应付账款账户的期末余额为：

$$500\,000 + 270\,000 - 330\,000 = 440\,000(\text{元})$$

3．收入类账户的结构

企业的收入最终将导致所有者权益的增加，因此其账户结构与所有者权益类账户相同。收入的增加额记在贷方，收入的减少额记在借方。由于各种收入和费用在会计期末都要转入利润类账户，以计算本期的经营成果，因此，收入、费用类账户一般都无期末余额。如图 2-5 所示：

借方　　收入类账户	贷方
本期减少或转销额	本期增加额
本期发生额合计	本期发生额合计 （一般无期末余额）

图 2-5　收入类账户结构

4．费用（成本）类账户结构

企业在生产经营中会发生各种耗费，形成企业的费用（成本）。这些费用（成本）抵消收入之前，可以将其看做是一种资产。因此，费用（成本）类账户的结构与资产类账户的结构基本相同，与收入类账户相反。即账户的借方记录费用（成本）的增加额，账户的贷方记录费用（成本）的减少额。费用（成本）类账户期末转销后一般无余额，如果有余额，则期末余额在借方。其账户结构如图 2-6 所示：

借方　　费用（成本）类账户	贷方
本期增加额	本期减少或转销额
本期发生额合计 （一般无期末余额）	本期发生额合计

图 2-6　费用（成本）类账户结构

5．利润类账户结构

企业实现的利润最终归所有者拥有，利润使企业的所有者权益增加。因此，利润类账户结构应与所有者权益类账户结构相同,即增加额记在贷方,减少额记在借方。利润类账户余额可能出现在贷方,也可能出现在借方。如在贷方,表示为企业实现的利润;如在借方,表示为企业发生的亏损。如图 2-7 所示:

借方　　　　利润类账户	贷方
本期减少额(费用转入额)	本期增加额(收入转入额)
本期发生额合计 期末余额(亏损)	本期发生额合计 期末余额(利润)

图 2-7　利润类账户结构

综上所述,借贷记账法下账户的具体结构大致可分为两大类:一是资产、费用类账户,其增加额记在借方,减少额记在贷方;另一是负债、所有者权益、收入、利润类账户,其增加额记在贷方,减少额记在借方。

(三) 记账规则

借贷记账法的理论基础是会计恒等式,即无论发生何种资金运动,在运用借贷记账法进行会计核算时,都不会破坏"资产 = 权益"或"资产 = 负债 + 所有者权益"这一平衡关系。

基于"资产 = 权益"的平衡关系,企业发生的经济业务不外乎以下四种类型:

(1) 资产增加,同时权益增加相等金额的经济业务。

(2) 资产减少,同时权益减少相等金额的经济业务。

(3) 资产内部一增一减相等金额的经济业务。

(4) 权益内部一增一减相等金额的经济业务。

如果用符号"借"和"贷"表示上述会计要素的增减变动,则对每项经济业务而言,在登记某一账户借方的同时,必然登记另一账户的贷方。如对于资产增加,同时权益增加相等金额的经济业务,资产增加记入有关账户的"借方",权益增加记入有关账户的"贷方";对于资产减少,同时权益减少相等金额的经济业务,资产减少记入有关账户的"贷方",权益减少记入有关账户的"借方";对于资产内部一增一减相等金额的经济业务,增加资产记入有关账户的"借方",减少资产记入有关账户的"贷方";对于权益内部一增一减相等金额的经济业务,增加权益记入有关账户的"贷方",减少权益记入有关账户的"借方"。

由于就某一具体业务而言,记入借方的金额和计入贷方的金额总是相等的,因此,借贷记账法的记账规则可以简单归纳为:有借必有贷,借贷必相等。

(四) 试算平衡

借贷记账法在处理每一笔经济业务时都遵循"有借必有贷,借贷必相等"的记账规则,一定时期内,全部经济业务都记入有关账户后,所有账户的本期借方发生额合计必然和本期贷方发生额合计相等。根据“资产 = 负债 + 所有者权益”的恒等关系,所有账户的期末借方余额合计数,必然等于期末贷方余额合计数。其试算平衡公式为:

全部账户期初借方余额合计 = 全部账户期初贷方余额合计

全部账户本期借方发生额合计 = 全部账户本期贷方发生额合计

全部账户期末借方余额合计 = 全部账户期末贷方余额合计

通过上述发生额合计数之间和余额的平衡关系,能检验记账工作是否正确。一般而言,账户发生额和余额都能保持平衡,说明记账工作基本上是正确的,否则就说明记账工作发生了差错。在实际工作中,这种试算平衡通常是通过编制试算平衡表来进行的。如表 2-4 所示:

表 2-4　试算平衡表

账户名称	期初余额		本期发生额		期末余额	
	借方	贷方	借方	贷方	借方	贷方

第四节　借贷记账法的运用

借贷记账法的记账程序包括:根据经济业务编制会计分录;设置和登记账户,结算账户的本期发生额和期末余额;编制试算平衡表,检查账簿记录的正确性等几个环节。

一、编制会计分录

(一) 会计分录的概念和分类

会计分录是指按照复式记账的要求,对每项经济业务列示出应借、应贷账户及其金额的一种记录。会计分录包含三个构成要素,即账户名称、记账方向和金额。按照所涉及账户的多少,会计分录分为简单分录和复合分录。

简单分录是指只涉及一个账户借方和另一个账户贷方的会计分录,即一借一贷的会计分录。复合分录是指由两个以上(不含两个)对应账户所组成的会计分录,即一借多贷、一贷多借或多借多贷的会计分录。

【例 2-3】 从银行提取现金 5 000 元。会计分录如下：

借：库存现金　　5 000

　贷：银行存款　　5 000

【例 2-4】 销售产品，销售货款 10 000 元及销项税额 1 170 元均存入银行。会计分录如下：

借：银行存款　　11 170

　贷：主营业务收入　　10 000

　　应交税费——应交增值税　　1 170

（二）会计分录的编制

企业编制会计分录时，首先必须明确经济业务发生后受影响账户的名称和类别，其次要分析账户的变动方向和金额，最后根据账户的性质，确定应记入借方还是贷方。

需要指出的是，为了保持账户对应关系的清楚，一般不宜把不同经济业务合并在一起，编制多借多贷的会计分录。

现以甲企业 2012 年 4 月份发生的经济业务为例，说明会计分录的编制。

【例 2-5】 收到 A 公司追加投资 80 000 元，款项已送存银行。

这项业务影响的是“银行存款”和“实收资本”两个账户。款项已送存银行导致“银行存款”增加，记入该账户的借方；所有者对企业追加投资导致“实收资本”增加，记入该账户的贷方。会计分录如下：

借：银行存款　　80 000

　贷：实收资本　　80 000

【例 2-6】 从银行借入半年期款项 30 000 元，存入银行账户。

这项业务影响的是“银行存款”和“短期借款”两个账户。借入的款项使企业“银行存款”增加，记入该账户的借方；同时借入款项导致企业负债增加，记入“短期借款”账户的贷方。会计分录如下：

借：银行存款　　30 000

　贷：短期借款　　30 000

【例 2-7】 从银行提取现金 8 000 元备用。

这项业务影响的是“银行存款”和“库存现金”两个账户。“库存现金”增加，记入该账户的借方；“银行存款”减少，记入该账户的贷方。会计分录如下：

借：库存现金　　8 000

　贷：银行存款　　8 000

【例 2-8】 购进原材料一批，增值税发票注明价款 100 000 元，增值税额 17 000 元，款项未付。

这项业务影响的是“原材料”、“应交税费”和“应付账款”三个账户。购进原材料,记入“原材料”账户的借方;因购买原材料支付的增值税进项税应记入“应交税费”账户的借方;款项未付导致企业负债增加,记入“应付账款”账户的贷方。会计分录如下:

借:原材料　　100 000

　应交税费——应交增值税　　17 000

　贷:应付账款　　117 000

【例 2-9】 以银行存款缴纳税款 8 000 元。

这项业务影响的是“银行存款”和“应交税费”两个账户。以银行存款缴纳税款导致应交税费和银行存款等额减少,分别记入“应交税费”账户的借方和“银行存款”账户的贷方。会计分录如下:

借:应交税费　　8 000

　贷:银行存款　　8 000

【例 2-10】 以银行存款支付前欠货款 117 000 元。

这项业务影响的是“银行存款”和“应付账款”两个账户。支付前欠货款导致企业负债减少,记入“应付账款”账户的借方;偿还款项导致企业银行存款减少,记入“银行存款”账户的贷方。会计分录如下:

借:应付账款　　117 000

　贷:银行存款　　117 000

【例 2-11】 收到购货单位前欠货款 100 000 元,存入银行。

这项业务影响的是“银行存款”和“应收账款”两个账户。收到款项存入银行,记入“银行存款”账户的借方;购货单位欠款减少,记入“应收账款”账户的贷方。会计分录如下:

借:银行存款　　100 000

　贷:应收账款　　100 000

二、登记账户

上述会计分录确定了应借应贷方向、对应账户(科目)名称及应记金额,是会计核算的最初记录。各项经济业务编制会计分录以后,就应记入有关账户,这个记入步骤通常被称为“过账”。

【例 2-12】 接例 2-5 到例 2-11 的资料。假设甲企业 4 月初各账户余额如表 2-5 所示:

表 2-5 甲企业总账账户余额表 单元:元

会计科目	借方余额	贷方余额
银行存款	350 000	
应收账款	110 000	
原材料	130 000	
固定资产	300 000	
短期借款		25 000
应付账款		30 000
应交税费		35 000
实收资本		800 000
合计	890 000	890 000

现将甲企业 4 月份发生的业务登记入账,并结算各账户余额如图 2-8 所示:

库存现金

借方	贷方
③ 8 000	
8 000	

银行存款

借方	贷方
350 000	
① 80 000	③ 8 000
② 30 000	⑤ 8 000
⑦ 100 000	⑥ 117 000
427 000	

应收账款

借方	贷方
110 000	
	⑦ 100 000
10 000	

原材料

借方	贷方
130 000	
④ 100 000	
230 000	

固定资产

借方	贷方
300 000	
300 000	

短期借款

借方	贷方
	25 000
	② 30 000
	55 000

应付账款

借方	贷方
	30 000
⑥ 117 000	④ 117 000
	30 000

应交税费

借方	贷方
④ 17 000	35 000
⑤ 8 000	
	10 000

实收资本

借方	贷方
	800 000
	① 80 000
	880 000

图 2-8　甲企业各账户余额(单位:元)

三、编制试算平衡表

企业的试算平衡工作是通过编制试算平衡表来完成的。试算平衡表可定期或不定期编制,它是企业经营性的会计工作之一。

在编制试算平衡表之前,要检查是否所有的会计分录都已经登记入账,然后要结算出各个总账的借方发生额、贷方发生额和期末余额。在编制试算平衡表时,必须保证所有账户的发生额及余额均已记入试算平衡表,包括只有期初余额没有发生额的账户,以及没有期初余额但有本期发生额的账户。在将数据填入到相应的试算表后,再计算出借方和贷方的金额合计,以检查双方是否平衡。

【例 2-13】　接例 2-12 资料,编制甲企业 4 月份发生额和余额试算平衡表如表 2-6 所示:

表 2-6　试算平衡表

2012 年 4 月 30 日

单元:元

账户名称	期初余额		本期发生额		期末余额	
	借方	贷方	借方	贷方	借方	贷方
库存现金			8 000		8 000	
银行存款	350 000		210 000	133 000	427 000	
应收账款	110 000			100 000	10 000	
原材料	130 000		100 000		230 000	
固定资产	300 000				300 000	
短期借款		25 000		30 000		55 000
应付账款		30 000	117 000	117 000		30 000
应交税费		35 000	25 000			10 000
实收资本		800 000		80 000		880 000
合计	890 000	890 000	460 000	460 000	975 000	975 000

需要指出的是,试算平衡能够核查出账户记录的错误,但不能发现记账过程中的所有错误。因为有些错误的发生不会导致试算平衡表中各账户借方余额合计数与贷方余额合计数的失衡,如漏过会计分录、用错账户、记错方向等。

课后练习

一、单项选择题

1. 总分类会计科目一般按(　　)进行设置。

A. 企业管理的需要　　B. 统一会计制度的规定

C. 会计核算的需要　　D. 经济业务的种类不同

2. 根据借贷记法的账户结构,在账户借方登记的是(　　)。

A. 费用的增加　　B. 收入的增加

C. 费用的减少　　D. 所有者权益的增加

3. 在借贷记账法下,资产类账户的结构特点是(　　)。

A. 借方记增加,贷方记减少,一般无余额

B. 贷方记增加,借方记减少,一般无余额

C. 借方记增加,贷方记减少,余额在借方

D. 贷方记增加,借方记减少,余额在贷方

4. 复式记账法的基本理论依据是(　　)。

A. 资产 = 负债 + 所有者权益

B. 收入 - 费用 = 利润

C. 期初余额 + 本期增加数 - 本期减少额 = 期末余额

D. 借方发生额 = 贷方发生额

5. 有关会计科目与账户的关系,下列说法中不正确的是(　　)。

A. 没有账户,就无法发挥会计科目的作用

B. 两者口径一致,性质相同

C. 账户是设置会计科目的依据

D. 会计科目不存在结构,而账户则具有一定的格式和结构

6. 下列会计分录中,属于简单会计分录的是(　　)。

A. 一借一贷　　B. 一贷多借

C. 一借多贷　　D. 多贷多借

7. 短期借款账户的期初余额为贷方 10 万元,本期偿还借款 2 万元,该账户的期末余额为(　　)。

A. 贷方 8 万元　　B. 借方 8 万元

C. 借方 12 万元　　D. 贷方 12 万元

8. 企业生产的产品完工,应将其制造成本转入(　　)账户。

A. 库存商品　　B. 营业成本

C. 营业外支出　　D. 本年利润

9. 企业以银行存款50万元购买某设备,该项经济业务发生后会引起(　　)。

A. 两个资产项目同时增加　　B. 资产总额不变

C. 资产与权益同时增加　　D. 资产总额减少

10. 下列各项经济业务中,引起资产和负债同时减少的有(　　)。

A. 以银行存款购入一辆车价值6万元

B. 接受投入货币资金10万元

C. 以应付票据抵付应付账款5万元

D. 以银行存款偿还已到期的短期借款8万元

二、业务题

(一) 善达公司2012年相关账户的资料如下:

账户名称	期初余额	本期借方发生额	本期贷方发生额	期末余额
库存现金		5 680	4 370	1 540
银行存款	289 740	101 000		304 000
短期借款	256 000	155 000	586 000	
资本公积		200 000	400 000	650 500
固定资产	622 000		107 000	605 600
实收资本	730 000	0	250 000	
应付账款	150 000		180 200	109 000

要求:计算并填写上述有关空格。

(二) 根据A企业发生的下列经济业务编制会计分录(不考虑增值税):

1. 接受投资者投入资本500 000元,款项已存入银行。

2. 从银行借入3个月期限的借款60 000元,款项存入银行。

3. 赊购原材料一批,价款51 000元,材料已验收入库。

4. 从银行提取现金5 000元。

5. 以现金购买办公用品620元。

6. 以银行存款购入不需要安装的设备一台,价值350 000元。

7. 领用原材料28 000元,用于产品生产。

8. 收到B公司预付货款20 000元,存入银行。

9. 销售商品一批,价款78 000元,存入银行。

10. 开出转账支票,偿付上述材料款51 000元。

11. 以银行存款支付管理部门电话费1 000元。

12. 职工张胜预借差旅费4 000元,以现金支付。

（三）资料：B 公司 2012 年 8 月 1 日各资产、负债及所有者权益账户余额如下：

资产		负债及所有者权益	
库存现金	4 600	短期借款	80 000
银行存款	340 000	应付账款	90 000
应收账款	50 000	应付职工薪酬	21 000
原材料	80 000	应交税费	33 600
固定资产	200 000	实收资本	500 000
库存商品	50 000		
资产合计	724 600	负债及所有者权益合计	724 600

公司 8 月份发生以下经济业务（不考虑增值税）：

1. 以银行存款购入材料 7 000 元。
2. 以银行存款支付上月欠交税费 33 600 元。
3. 收到投资者追加投资 200 000 元，存入银行。
4. 以银行存款偿还短期借款 60 000 元。
5. 从银行提取现金 12 000 元。
6. 以现金发放职工工资 11 000 元。
7. 收到前欠货款 30 000 元，存入银行。
8. 购入运输车一辆，计 200 000 元，款项未付。

要求：

（1）根据上述资料编制会计分录。

（2）编制 B 公司 2012 年 8 月份的发生额与余额试算平衡表。

第三章 会计核算程序

学习要点

- 会计凭证的分类及其填制
- 会计账簿的概念与种类
- 会计账簿的格式与登记方法
- 错账更正
- 账务处理程序
- 财产清查

会计核算需要经过填制会计凭证、登记会计账簿和编制会计报表三个环节。企业会计核算的日常流程是从凭证到账簿再到报表，一般情况下，只有当前一个程序完成以后，后一个程序才能开始。

第一节 会 计 凭 证

会计凭证是记录经济业务事项发生或完成情况、明确经济责任、作为记账依据的书面证明。

企业在进行会计核算时，应当以实际发生的交易或事项为依据，从外部取得或自行填制有关凭证，以书面形式记录和证明所发生经济业务的性质、内容、数量和金额等。填制和审核会计凭证在会计核算中具有重要的意义。一方面，填制和审核会计凭证，可以充分发挥会计的监督作用，检查经济业务是否符合相关政策和财经制度，是否符合企业计划、预算的规定；另一方面，由于会计凭证载明了经济业务发生的时间及内容，并经有关人员或单位签字盖章，填制和审核会计凭证可以明确经济责任，并为会计账簿的登记提供真实、可靠的依据。

会计凭证的填制和审核是会计核算的初始阶段和基本环节，也是会计核算的一种专门方法。会计凭证按其用途和填制的程序不同，可以分为原始凭证和记账凭证两大类。

一、原始凭证

原始凭证亦称单据，是指经办单位或人员在经济业务发生或完成时取得或填制的，用以记录经济业务发生或完成的情况、明确经济责任的会计凭证。原始凭证是组织会计核算的原始资料和重要依据。经济业务发生时，经办单位或人员必须取得或填制原始凭证，并将原始凭证及时送交本单位的会计机构，以保证会计核算工作的顺利进行。

（一）原始凭证的基本内容

企业发生的经济业务纷繁复杂，记录经济业务的各种原始凭证的内容、格式也不相同。一些通用的原始凭证如增值税专用发票、银行结算凭证等，为了便于使用和管理，由有关部门制定统一的凭证格式。有些原始凭证如企业内部使用的借款单、领料等，为了满足经营管理的需要，则需要企业自行设计相关内容。但不论是统一制定还是自行设计的原始凭证，其基本内容都包括以下几个部分：

1. 原始凭证的名称。
2. 填制原始凭证的日期和凭证编号。
3. 填制凭证单位或填制人姓名。
4. 经办人员的签名或盖章。
5. 接受凭证单位的名称。
6. 经济业务内容（含数量、单价、金额等）。
7. 凭证附件。

原始凭证除了必须具备以上基本要素外，还可以根据经济活动的特点和经营管理的需要，补充必要的内容。

（二）原始凭证的种类

1. 按取得来源的不同，原始凭证可以分为外来凭证和自制原始凭证

外来原始凭证是同外单位发生经济业务时，从企业外部有关单位或个人取得的原始凭证，如购货时取得的销货发票、付款时取得的收据、银行转来的各种结算凭证等。

自制原始凭证是指由本单位内部经办业务的人员，在办理经济业务时自行填制的原始凭证，如商品、材料入库时填制的入库单，生产领料时填制的领料单等。

2. 按填制手续的次数不同，原始凭证可以分为一次凭证、累计凭证和汇总凭证

一次凭证是指经济业务发生或完成后，一次填制完毕，记载一项或若干项同类经济业务的原始凭证。外来凭证一般都是一次凭证。自制凭证中，绝大多数

也是一次凭证,如现金收据、收料单、领料单、发货票等都是一次凭证。

累计凭证是指在一定时期内,连续多次记载若干项,不断重复发生的同类经济业务的原始凭证,如常用的限额领料单、费用登记表等。累计凭证是把经常发生的同类经济业务连续登记在一张凭证上,其填制手续不是一次完成的,而是随着经济业务的发生多次完成的。

汇总原始凭证是在实际工作中,为了集中反映某项经济业务的总体情况,简化凭证填制工作,根据一定时期许多项同类经济业务的原始凭证汇总起来而填制的原始凭证,如发出材料汇总表、工资结算汇总表等。

（三）原始凭证的填制

原始凭证是编制记账凭证的依据,是会计核算最为基础的原始资料。原始凭证的填制必须符合下列要求:

1. 记录真实

原始凭证所填列的经济业务内容和数字,必须确保正确真实、客观可靠,符合和反映实际情况。相关人员应根据经济业务的实际执行和完成情况认真、据实填写,不得弄虚作假,不得随意改变经济业务内容或故意增减业务金额。

2. 内容完整、手续完备

原始凭证填制的内容必须完整、齐全。凭证的填制日期,经济业务的内容、数量、金额都必须认真填写,不得遗漏。经办人员及有关单位、人员要签名盖章,做到手续完备。单位自制的原始凭证必须有经办单位领导人或者其他指定的人员签名盖章;对外开出的原始凭证必须加盖本单位公章;从外部取得的原始凭证,必须盖有填制单位的公章;从个人取得的原始凭证,必须有填制人员的签名盖章。

3. 书写清晰、规范

原始凭证要按规定填写,字迹清楚、规范。大小写金额必须相符。小写金额应用阿拉伯数字逐个填写,不得连笔写。金额前应当书写货币符号,如人民币符号"￥",货币符号与金额之间不得留有空白。金额数字一律填写到角分,无角分的,角位和分位可写"00",或者符号"－";有角无分的,分位写"0",不得用符号"－"代替。

大写金额用汉字零、壹、贰、叁、肆、伍、陆、柒、捌、玖、拾、佰、仟、万、亿等,一律用正楷或者行书体书写。大写金额数字到元或者角为止的,在"元"或者"角"字之后应当写"整"字或者"正"字;大写金额有分的,分字后面不写"整"或者"正"字。大写金额数字前未印有货币名称的,应当加填货币名称如"人民币",货币名称与金额数字之间不得留有空白。

4. 编号连续

各种凭证要连续编号,以便于相关人员检查。如果凭证已预先印定编号,如发票、支票等重要凭证，在写坏作废或需要重开时，应加盖“作废”戳记，装订在会计档案中，妥善保管，不得随意撕毁、丢弃。

5. 不得涂改、刮擦、挖补

原始凭证填写如有错误，要使用正确的改错方法更正，不得涂改、刮擦、挖补。对于数字发生错误的原始凭证，必须退回原开出单位重开，不可在原错误处更正。

6. 填制及时

经济业务发生或完成时要及时填制原始凭证，并按规定的程序及时送交会计机构和会计人员进行审核。

（四）原始凭证的审核

为了如实反映经济业务的发生和完成情况，充分发挥会计的监督职能，会计机构和会计人员必须对原始凭证进行严格审核。原始凭证的审核主要包括以下内容：

1. 合法性和真实性审核。审核所发生的经济业务是否符合国家有关规定的要求，有否违反财经制度的现象；审核凭证日期、业务内容、数据等是否真实，有无弄虚作假情况。对于弄虚作假、涂改或经济业务不合法的原始凭证，应拒绝接受，并请上级有关人员处理。

2. 合理性审核。审查原始凭证所记录的经济业务是否符合企业生产经营活动的需要、是否符合有关的计划和预算等。

3. 完整性审核。完整性审核是指对原始凭证的基本内容是否准确、完整、清晰进行审核。如原始凭证的手续是否完备，应填写的项目是否填写齐全，有关经办人员是否都已签章，是否经过主管人员审批同意等。对于记载不准确、手续不完备的原始凭证，应退回经办人补办完整后，才予以受理。

4. 正确性审核。即审核原始凭证各项金额的计算及填写是否正确。如大写金额与小写金额应相符，凭证中书写错误的，应采用正确的方法更正等。

二、记账凭证

记账凭证是指由会计人员根据审核无误的原始凭证或原始凭证汇总表填制的，用以记载经济业务简要内容，明确会计分录，作为记账依据的会计凭证。

原始凭证能证明经济业务是否已经发生或完成，但不能直接反映应记账户的名称和方向。为了明确应记账户的名称、方向以及应记金额，便于登记账簿，必须填制记账凭证。

（一）记账凭证的基本内容

与原始凭证一样，记账凭证也有许多种类，不同种类格式也不一样。但一般而言，记账凭证都必须具备以下内容：

1. 记账凭证的名称,如“收款凭证”、“付款凭证”和“转账凭证”等。

2. 填制记账凭证的日期和凭证的编号。

3. 经济业务所涉及的会计科目(包括一级科目、二级科目或明细科目)、借贷方向和金额。

4. 经济业务的内容摘要。

5. 所附原始凭证的张数。

6. 记账标记。

7. 制单、审核、记账、会计主管等有关人员的签章。

此外,收款和付款凭证还需有出纳人员的签章。

(二) 记账凭证的种类

1. 记账凭证按其适用的经济业务,可以分为专用记账凭证和通用记账凭证两类

通用记账凭证是指以一种格式记录全部经济业务的记账凭证。专用记账凭证是指专门用来记录某一类经济业务的记账凭证。专用记账凭证按其记录的经济业务内容不同,一般可以分为收款凭证、付款凭证和转账凭证。

(1) 收款凭证

收款凭证是指用于记录现金和银行存款收款业务的记账凭证。收款凭证根据库存现金收入业务和银行存款收入业务的原始凭证填制,是登记现金日记账、银行存款日记账以及有关明细分类账和总分类账等账簿的依据。其格式如表3-1所示:

表 3-1

收款凭证　　附件　张

借方科目:______　　年　月　日　　收字第　号

摘要	贷方科目		金额	记账
	总账科目	明细科目		
合计				

会计主管:　　记账:　　出纳:　　审核:　　制单:

(2) 付款凭证

付款凭证是指用于记录现金和银行存款付款业务的记账凭证。付款凭证是根据库存现金和银行存款付出业务的原始凭证填制,也是登记现金日记账、银行存款日记账以及有关明细分类账和总分类账等账簿的依据。其格式如表 3-2 所示:

表 3-2

付款凭证

附件　张

借方科目：________　　年　月　日　　付字第　号

摘要	贷方科目		金额	记账
	总账科目	明细科目		
合计				

会计主管：　记账：　出纳：　审核：　制单：

（3）转账凭证

在经济业务中，凡是不涉及现金和银行存款收付的业务，称之为转账业务，如计提固定资产折旧、车间领用原材料、期末结转成本等。转账凭证是指用于记录转账业务的记账凭证。转账凭证是登记有关明细分类账和总分类账等账簿的依据。其格式如表 3-3 所示：

表 3-3

转账凭证

附件　张

年　月　日　　转字第　号

摘要	会计科目		金额		记账
	总账科目	明细科目	借方	贷方	
合计					

会计主管：　记账：　出纳：　审核：　制单：

将记账凭证划分为收款凭证、付款凭证和转账凭证三种，便于按经济业务对会计人员进行分工，也便于提供分类核算数据，为记账工作带来方便，但工作量较大。这种做法适用于规模较大，收、付款业务较多的单位。为了简化核算，对于规模较小，经济业务简单，收、付款业务较少的单位，可采用通用记账凭证。通用记账凭证的格式与转账凭证基本相同。

2. 记账凭证按其填列方式，可分为复式凭证和单式凭证两种

复式凭证亦称多项记账凭证，是指将每一位经济业务事项所涉及的全部会计科目及其发生额均在同一张记账凭证中反映的一种凭证。复式凭证是实际工作中应用最普遍的记账凭证，上述收款凭证、付款凭证、转账凭证以及通用记账凭证均为复式凭证。复式记账凭证全面反映了经济业务的账户对应关系，有利于检查会计分录的正确性，但不便于会计岗位上的分工记账。

单式凭证亦称单项记账凭证，是指每一张记账凭证只填列经济业务事项所

涉及的一个会计科目及其金额的记账凭证。填列借方科目的称为借项凭证,填列贷方科目的称为贷项凭证。单式记账凭证便于分工记账,但是不能反映某项经济业务的全貌和所涉及的会计科目之间的对应关系。

(三)记账凭证的编制

记账凭证是登记账簿的直接依据,记账凭证的编制除严格以原始凭证为依据外,还应注意以下要求:

1. 凭证摘要简明。记账凭证的摘要栏要用简练、明确的语句概括经济业务内容的要点,这主要是为了便于查阅凭证和登记账簿。

2. 业务记录明确。不能把不同类型的经济业务合并填制在一张记账凭证上,这主要是为了明确经济业务的来龙去脉和科目的对应关系。

3. 科目运用准确。必须按规定的会计科目及其核算内容正确编制会计分录,确保科目的准确运用。

4. 填写内容齐全。记账凭证中的各项内容必须填写齐全,并按规定程序办理签章手续,不得简化。记账凭证填制完经济业务事项后,如有空白,应自最后一笔金额数字下的空白处画线注销。

5. 连续编号。记账凭证应按业务发生顺序按不同种类的记账凭证连续编号。若一笔经济业务,需填制多张凭证的,可以采用分数编号法编号。

6. 附件完整。除结账和更正错账的记账凭证可以不附原始凭证外,其他记账凭证必须附有原始凭证。记账凭证所附的原始凭证必须完整无缺,并在记账凭证上注明原始凭证的张数,以便核对摘要及所编会计分录是否准确无误。

记账凭证编写发生错误时,应视不同情况进行更正。若记账之前发现记账凭证有错误,应当重新编制正确的记账凭证;已经登记入账的记账凭证,在当年内发现填写错误的,应用红字注销法进行更正。如果会计科目没有错误,只是金额错误,也可以将正确数字与错误数字之间的差额,另编制一张调整的记账凭证;发现以前年度的错误,应用规定的方法填制更正的记账凭证。

(四)记账凭证的审核

为了确保账簿记录的准确,在记账之前应由专门人员对记账凭证进行严格的审核。记账凭证的审核内容主要包括:

1. 内容真实。审核记账凭证是否以原始凭证为依据,所附原始凭证的内容与记账凭证的内容是否一致,记账凭证汇总表的内容与其所依据的记账凭证的内容是否一致等。

2. 项目齐全。审核记账凭证的各项填写是否齐全,如日期、凭证编号、摘要、会计科目、金额、所附原始凭证张数及有关人员签章等。

3. 科目准确。审核记账凭证的应借、应贷科目是否正确,是否有明确的账户对应关系,所使用的会计科目是否符合国家统一的会计制度的规定等。

4. 金额正确。审核记账凭证所记录的金额与原始凭证的有关金额是否一致、计算是否正确,记账凭证汇总表的金额与记账凭证的金额合计是否相符等。

5. 书写规范。审核记账凭证的记录中是否文字工整、数字清晰,是否按照规定进行更正等。

此外,出纳人员在办理收款或付款业务后,应在凭证上加盖"收讫"或"付讫"的戳记,以避免重收重付。在审核中如发现记账凭证有记录不全或错误时,应由原填制人重新填制或按规定办理更正手续。只有经过审核无误的记账凭证,才能据以登记账簿。

第二节 会计账簿

一、会计账簿的概念和作用

会计账簿是指由一定格式账页组成的,以经过审核的会计凭证为依据,全面、系统、连续地记录各项经济业务的簿籍。会计账簿的基本构成要素包括封面、扉页和账页。

通过会计凭证的填制与审核,可以将每天发生的经济业务如实地加以记录。但会计凭证数量繁多,不便于会计信息的整理与报告。只有通过账簿的登记,才能把分散在会计凭证上的核算资料进行归类整理,从而提供全面、连续、系统、综合的会计信息。

会计账簿是编制会计报表的基础,是连接会计凭证与会计报表的中间环节。会计账簿的作用主要表现在以下几方面:

1. 会计账簿可以系统地反映经济业务,提供管理上所需要的总括指标和明细指标。通过不同的记录,账簿既能全面、系统地提供关于资金、成本、利润及其他类别经济业务的综合会计信息,又能具体详尽地提供某项经济业务的个别会计信息。企业可以根据账簿提供的会计信息,监督生产经营活动,检查财务计划的执行情况。

2. 会计账簿可以反映企业各项财产物资状况及其变化,有助于保护财产安全、完整,便于监督各项资金的合理使用。例如,账簿记录的财产物资的账面数可以通过实地盘点的方法与实存数进行核对,来检查财产物资是否妥善保管,账实是否相符等。

3. 会计账簿可以为编制会计报表提供资料来源和依据。会计人员对账簿上记载的全面、系统的会计资料按照一定的方法进一步加工整理,就可以编制会计报表。账簿是编制会计报表的直接依据,账簿设置和登记正确、及时与否,直接影响对外提供会计信息的质量和及时性。

4. 会计账簿是重要的经济档案。会计账簿是会计档案的主要资料，也是经济档案的重要组成部分。设置和登记会计账簿有利于对这些重要的经济档案进行保管和查阅。

二、会计账簿的分类

（一）会计账簿按用途不同分为序时账簿、分类账簿和备查账簿

1. 序时账簿

序时账簿也称日记账，是指按照经济业务发生的时间先后顺序，逐日逐笔进行连续登记的账簿。序时账簿按其记录内容的不同，又可分为特殊日记账和普通日记账。特殊日记账是将某一类比较重要的经济业务，按其发生的时间顺序记入账簿中，以反映某个特定项目的详细情况，如现金日记账、银行存款日记账等；普通日记账，是将每天发生的全部经济业务按照业务发生的先后顺序编制会计分录，登入账簿中，因此又称为分录簿。

2、分类账簿

分类账簿是对全部经济业务事项，按照会计要素的具体类别设置账户，进行登记的账簿。分类账簿按照分类的概括程度不同，又分为总分类账和明细分类账两种。总分类账，简称总账，是根据总分类科目开设的，用来分类登记全部经济业务，提供总括资料的分类账簿；明细分类账，简称明细账，是对总分类账的补充和具体化。在账簿组织中，分类账簿占有特别重要的地位，分类账簿提供的核算信息是编制会计报表的主要依据。

3. 备查账簿

备查账簿简称备查簿，是对某些在序时账和分类账簿中都不予登记或登记不够详细的经济业务事项进行补充登记的账簿，如租入固定资产登记簿、受托加工材料登记簿等。备查账簿可以为某项经济业务的内容提供必要的参考资料，有利于企业对其使用和保管的属于他人的财产物资进行监督。

（二）会计账簿按外形特征不同分为订本账、活页账和卡片账

1. 订本账

订本账是指在账簿启用前，将一定数量的印有专门格式的账页，按顺序号固定装订成册的账簿。这种账簿的优点是可以避免账页散失，防止任意抽换账页，保证账簿资料的安全和完整。其缺点是不能根据需要增减账页，在同一时间里，只能由一人负责登记，不便于分工记账。通常情况下，一些重要的账簿，如库存现金日记账、银行存款日记账、总分类账等采用订本式账簿。

2. 活页账

活页账是将一定数量的账页置于活页夹内，可根据记账内容的变化而随时增加或减少部分账页的账簿。活页账的优点是可以根据实际需要增减账页，便

于分工记账,其缺点是如果管理不善,可能会造成账页的散失或故意抽换账页。活页账一般适用于明细分类账。

3. 卡片账

卡片账是由某些专门格式的、分散的卡片作为账页组成的账簿。这种账一般存放于特制的卡片箱中,可以随取随放。最常见的卡片账是固定资产明细账。

(三) 会计账簿按账页格式的不同一般分为三栏式、多栏式和数量金额式账簿

1. 三栏式账簿

三栏式账簿的账页内只设借方、贷方和余额三个金额栏,不设数量栏。三栏式账簿适用于那些只需要进行金额核算,不需要进行数量核算的业务。现金日记账、银行存款日记账、总分类账和有关资本、债权债务结算的明细账等都可以采用三栏式账簿。

2. 多栏式账簿

多栏式账簿是指在账簿的两个基本栏目——"借方"和"贷方"中,按需要分设若干专栏,在一张账页中记录某一科目所属各明细项目内容的账簿。多栏式账簿只设金额栏,不设数量栏,收入、费用明细账一般采用多栏式账簿。

3. 数量金额式账簿

数量金额式账簿的借方、贷方和余额三个栏目内,都分设数量、单价和金额三小栏,以反映财产物资的实物数量和价值量,如原材料、库存商品等明细账一般采用数量金额式账簿。

三、会计账簿的格式和登记方法

(一) 序时账簿的格式和登记方法

这里所说的序时账簿主要指特种日记账。企业常设置的特种日记账主要有现金日记账和银行存款日记账。

(1) 现金日记账的格式和登记方法

现金日记账是用来序时登记库存现金收入、支出和结存情况的账簿。现金日记账的格式有三栏式和多栏式两种。无论采用三栏式还是多栏式,现金日记账都必须使用订本账。

三栏式现金日记账的基本结构为"收入"、"支出"和"结余"三栏。出纳人员在每日业务终了,应根据有关记账凭证,将收付款项逐笔登记,结出余额,并同实存现金相核对,以检查每日现金的收、付及结存情况以及库存现金限额的执行情况。其登记方法如表 3-4 所示:

表 3-4 现金日记账(三栏式) 单元:元

2012 年		凭证		摘要	对方科目	收入	支出	结存
月	日	字	号					
5	1			期初余额				2 350
	4	现收	01	提现	银行存款	5 000		7 350
	5	现付	01	职工预借差旅费	其他应收款		3 600	3 750
	7	现付	02	购买办公用品	管理费用		540	3 210

(2) 银行存款日记账的格式和登记方法

银行存款日记账是用来核算和监督银行存款每日的收入、支出和结余情况的账簿。银行存款日记账应按企业在银行开立的账户和币种分别设置,每个银行账户设置一本日记账。银行存款日记账的格式既可以采用三栏式,也可以采用多栏式。

银行存款日记账由出纳员根据银行存款收款凭证、银行存款付款凭证等与银行存款收、付款业务有关的记账凭证,按时间先后顺序逐笔进行登记,其登记方法与现金日记账的登记方法基本相同。

(二) 总分类账簿的格式和登记方法

总分类账是按照总分类账户分类登记的,一般采用订本式账簿。总分类账的账页按总账科目(一级科目)开设,每个账户应视其经济内容的多少预留出若干空白账页。总分类账簿的格式一般采用三栏式,设置借方、贷方和余额三个基本栏目,其格式如表 3-5 所示。总分类账可以根据记账凭证逐笔登记,也可以根据科目汇总表或汇总记账凭证登记,其登记方法取决于所采用的账务处理程序。

表 3-5 总分类账(三栏式)

账户名称:

年		凭证		摘要	借方	贷方	借或贷	余额
月	日	字	号					

(三) 明细分类账簿的格式和登记方法

明细分类账簿是按明细分类账户进行分类登记的账簿。明细分类账簿的格式有三栏式、多栏式和数量金额式等多种。

1. 三栏式明细分类账

三栏式明细分类账的格式与三栏式总账格式相同,其账页设有借方金额、贷方金额和余额三个栏目。三栏式明细账适用于只要求进行金额核算的账户,如应收账款、应付账款、预收账款等往来结算账户。

2. 多栏式明细分类账

多栏式明细分类账户是根据经济业务内容和经营管理的需要,在一张账页上按有关明细科目或项目分设若干专栏的账簿。多栏式明细账适用于那些要求对金额进行分析的有关费用成本、收入成果类科目的明细分类核算。按照登记经济内容的不同,多栏式明细账又分为借方多栏,如"生产成本明细账";贷方多栏,如"主营业务收入明细账";借贷方均多栏,如"本年利润明细账"。

在实际工作中,成本费用类的借方多栏明细账,可以只在借方设置专栏,也可以在借方设专栏的情况下,贷方设一个总的金额栏,再设一个余额栏,如表3-6所示:

表3-6 制造费用明细分类账(多栏式)

会计科目:制造费用

年		凭证编号	摘要	借方					贷方	余额
月	日			职工薪酬	折旧费	修理费	办公费	水电费		

3. 数量金额式明细分类账

数量金额式明细分类账是在其借方(收入)、贷方(发出)和余额(结存)三栏下面都分别设有数量、单价和金额三个专栏的账簿。数量金额式明细分类账适用于财产物资和库存商品等既要进行金额明细核算,又要进行实物数量核算的科目,其格式如表3-7所示:

表3-7 明细分类账(数量金额式)

会计科目:

年		凭证编号	摘要	收入			发出			结存		
月	日			数量	单价	金额	数量	单价	金额	数量	单价	金额

明细分类账的登记依据是记账凭证、原始凭证或汇总原始凭证。不同类型经济业务的明细分类账,可根据管理需要逐日逐笔登记或定期汇总登记。固定资产、债权、债务等明细账应逐日逐笔登记;库存商品、原材料、产成品收发明细

账以及收入、费用明细账可以逐笔登记,也可定期汇总登记。

四、会计账簿的记账规则

企业的各种账簿都应由记账人员按规定的记账方法进行登记,记账人员登记账簿时应遵循以下基本规则:

1. 记账时必须根据审核无误的会计凭证登记。其方法是将记账凭证的日期、编号、摘要、金额等逐项记入账内,做到摘要简明、数字准确、登记及时。同时,在记账凭证上注明登记账簿的页数,或画"√"号标记,表明已经记账。

2. 为了保证账簿记录清晰、耐用,防止涂改,登记账簿时都必须用钢笔和蓝、黑墨水填写,不能使用铅笔或圆珠笔。红墨水只限于改错、冲账、结账画线时使用。记账的文字和数字必须清晰、整洁。账簿中填写的数字和文字一般约占全格的1/2,以便留有改错的空间。

3. 记账时必须按事先编好的账页顺序连续登记,不得跳行、隔页。如发生隔页或跳行,应在空页、空行里划红线注销,或注明"此行空白"或"此页空白"字样,并由记账人员签名或盖章。

4. 账簿登记时,每一页应留最后一行,结出发生额和余额,并在"摘要"栏内注明"转次页"。同时,在下一页第一行"摘要"栏注明"承前页",并按要求记入相应金额。

5. 登记账簿后,发现错误,应根据错误的具体情况,按规定的方法进行更正,不得刮擦、挖补或涂改。

五、对账和结账

(一) 对账

对账就是核对账目,是为了保证账簿记录的完整和正确,对账簿记录中的有关数据进行检查和核对。对账的内容一般包括账证核对、账账核对和账实核对。

1. 账证核对

账证核对就是指将各种账簿记录与有关的会计凭证进行核对。核对会计账簿记录与原始凭证、记账凭证的时间、凭证字号、内容、金额是否一致,记账方向是否相符。一般来说,日记账、明细分类账应与记账凭证或原始凭证相核对;总分类账应与记账凭证或记账凭证汇总表等相核对。

2. 账账核对

账账核对,是指各种账簿之间的有关核算指标的核对。账账核对包括将总分类账有关账户的余额进行核对;总分类账与日记账进行核对;总分类账与其所属的各明细分类账进行核对;会计部门的各种财产物资明细分类账与财产物资保管和使用部门的有关明细分类账进行核对。

3. 账实核对

账实核对,是指将各种账簿的记录与有关的财产物资的实存数进行核对。账实核对一般是结合财产清查进行的,其主要内容包括:库存现金日记账的账面余额与库存现金实际库存数之间进行核对;银行存款日记账的账面余额与开户银行对账单进行核对;各种财产物资明细分类账的账面数量与清查盘点后的实存数进行核对;各种应收、应付明细分类账的账面余额与有关债权、债务单位或个人进行核对等。

对账工作一般在月末进行,即在记账之后、结账之前进行对账。如遇特殊情况,如有关人员调动或发生非常事件,应随时进行对账。通过对账,做到账证相符、账账相符和账实相符。

(二) 错账更正

在记账过程中,由于种种原因难免出现错误。对于账簿记录错误,必须遵循一定的规则进行更正,不得任意刮擦、挖补、涂改等。更正错账的方法通常有画线更正法、红字更正法和补充登记法。

1. 画线更正法

画线更正法又称红线更正法。在结账前发现账簿记录有文字或数字错误,而记账凭证没有错误,可以采用画线更正法。更正时,可在错误的文字或数字上划一条红线,在红线的上方填写正确的文字或数字,并由记账及相关人员在更正处盖章。对于错误的数字,应全部划红线更正,不得只更正其中的错误数字。对于文字数字,可只划去错误的部分。例如,将 5 300 元错记为 3 500 元,更正时不能只划掉 35,必须将 3 500 元全部用红线划去,并在上方用蓝字写上正确的数字,即 5 300 元。

2. 红字更正法

红字更正法是指用红字注销原记账凭证,或冲销多记的金额的方法。红字更正法适用于记账后在当年内发现记账凭证中的会计科目、记账方向有错误;或记账后在当年内发现记账凭证中金额错误,并且金额大于正确的余额的情形。

记账凭证所记的会计科目名称或方向错误时,其更正方法是用红字填写一张与原记账凭证完全相同的记账凭证,以示注销原记账凭证,然后用蓝字填写一张正确的记账凭证,并据以记账。

会计科目和记账方向无误而所记金额大于应记金额时,其更正方法是按多记的金额用红字编制一张与原始凭证应借、应贷科目完全相同的记账凭证,冲销多记的金额,并据以记账。

【例 3-1】 以银行存款 7 000 元支付广告费。

广告费应记入"销售费用"账户,但编制记账凭证时却误作下列会计分录,并已入账:

借:管理费用　　7 000

　贷:银行存款　　7 000

更正时,首先用红字填写一张与原错误的付款凭证完全一样的付款凭证,并据以用红字登记入账:

借:管理费用　　[7 000]

　贷:银行存款　　[7 000]

然后用蓝字填写正确的付款凭证,并过账:

借:销售费用　　7 000

　贷:银行存款　　7 000

【例 3-2】 生产车间计提 7 月份固定资产折旧费 34 000 元,在填制记账凭证时,误将 34 000 元记为 43 000 元,并已入账。其错误分录为:

借:制造费用　　43 000

　贷:累计折旧　　43 000

发现错误时,应将多记的金额用红字作与上述科目相同会计分录,并据以过账。会计分录如下:

借:制造费用　　[9 000]

　贷:累计折旧　　[9 000]

3. 补充登记法

补充登记法是在记账后发现记账凭证填写的会计科目和记账方向无误,只是所记金额小于应记金额时所采用的一种更正方法。

更正时,按少记的金额用蓝字编制一张与原记账凭证应借、应贷科目完全相同的记账凭证,补充少记的金额,并据以记账。

【例 3-3】 某企业以银行存款 9 000 元偿还所欠购货款。在填制记账凭证时,误将 9 000 元记为 900 元,少记 8 100 元,并已登记入账。其错误分录为:

借:应付账款　　900

　贷:银行存款　　900

更正时用蓝字填制一张金额为 8 100 元的记账凭证,并据以过账:

借:应付账款　　8 100

　贷:银行存款　　8 100

(三) 结账

结账,是指在将本期内所发生的经济业务全部登记入账的基础上,按照规定的方法对该期内的账簿记录进行小结,结算出本期发生额和期末余额的过程。结账工作主要包括以下几个步骤及内容:

1. 将本期发生的经济业务事项全部登记入账,并保证其正确性。

2. 根据权责发生制的要求，调整有关账项，合理确定本期应计的收入和应计的费用。

3. 将各损益类账户余额转入“本年利润”账户，结平所有损益类账户。

4. 结算出资产、负债和所有者权益类账户的本期发生额和余额，并结转下期。

结账时，对于需要结出当月发生额的，应当在摘要栏内注明“本月合计”字样，并在下面通栏划单红线。对于需要结出本年累计额的，应当在摘要栏内注明“本年累计”字样，全年累计发生额下面应当通栏划双红线。

第三节 账务处理程序

账务处理程序又叫会计核算组织程序或会计核算形式，是指会计核算中，会计凭证、会计账簿、会计报表相互结合的方式。我国常用的账务处理程序包括记账凭证账务处理程序、汇总记账凭证账务处理程序、科目汇总表账务处理程序等。

一、记账凭证账务处理程序

记账凭证账务处理程序是指对发生的经济业务，先以原始凭证或汇总原始凭证编制记账凭证，然后根据记账凭证逐笔登记总分类账的一种账务处理程序。记账凭证账务处理程序是会计核算中的最基本的账务处理程序，是其他账务处理程序的基础。

记账凭证账务处理程序的基本步骤：

1. 根据原始凭证编制汇总原始凭证。

2. 根据审核无误的原始凭证或汇总原始凭证编制记账凭证。

3. 根据收款凭证和付款凭证登记现金日记账和银行存款日记账。

4. 根据原始凭证、汇总原始凭证和记账凭证登记各种明细分类账。

5. 根据各种记账凭证逐笔登记总分类账。

6. 期末，现金日记账、银行存款日记账和明细分类账的余额分别与总分类账的有关账户余额核对相符。

7. 期末，根据总分类账和明细分类账的记录编制财务报表。

记账凭证账务处理程序的特点是直接根据记账凭证逐笔登记总分类账。其优点是程序简单，易于理解，总分类账可以较详细地反映经济业务的发生情况。其缺点是登记总分类账的工作量较大。记账凭证账务处理程序一般只适用于规模较小、经济业务较少的企业。

二、汇总记账凭证账务处理程序

汇总记账凭证账务处理程序，是指先定期将全部记账凭证按照种类不同分别归类编制汇总记账凭证，然后根据汇总记账凭证登记总分类账的一种账务处理程序。汇总记账凭证账务处理程序是在记账凭证账务处理程序的基础上发展起来的，它与记账凭证账务处理程序的主要区别是在记账凭证和总分类账之间增加了汇总记账凭证。

汇总记账凭证账务处理程序的基本步骤：

1. 根据原始凭证编制汇总原始凭证。
2. 根据审核无误的原始凭证或汇总原始凭证编制记账凭证。
3. 根据收款凭证和付款凭证登记现金日记账和银行存款日记账。
4. 根据原始凭证、汇总原始凭证和记账凭证登记各种明细分类账。
5. 根据各种记账凭证分类编制汇总记账凭证。
6. 根据各种汇总记账凭证登记总分类账。
7. 期末，现金日记账、银行存款日记账和明细分类账的余额分别与总分类账的有关账户余额核对相符。
8. 期末，根据总分类账和明细分类账的记录编制财务报表。

汇总记账凭证账务处理程序的关键是编制汇总记账凭证。与专用记账凭证相对应，这里的汇总记账凭证也分为汇总收款凭证、汇总付款凭证和汇总转账凭证。其中，汇总收款凭证是指按“库存现金”和“银行存款”科目的借方分别设置的、按其对应的贷方科目归集的汇总记账凭；汇总付款凭证是指按“库存现金”和“银行存款”科目的贷方分别设置的、按其对应的借方科目归集的汇总记账凭证；汇总转账凭证是指按贷方科目分别设置的、按其对应的借方科目归集的用来汇总一定时期内转账业务的汇总记账凭证。

汇总记账凭证账务处理程序通过凭证的汇总归类，减轻了登记总分类账的工作量，也便于了解账户之间的对应关系。其缺点是，按每一贷方科目编制汇总转账凭证，不利于会计核算的日常分工，并且当转账凭证较多时，编制汇总转账凭证的工作量较大。这一账务处理程序适用于规模较大、经济业务较多的企业。

三、科目汇总表账务处理程序

科目汇总表账务处理程序，又称记账凭证汇总表账务处理程序，是指根据记账凭证定期编制科目汇总表，再根据科目汇总表登记总分类账的一种账务处理程序。

科目汇总表账务处理程序的基本步骤：

1. 根据原始凭证编制汇总原始凭证。

2. 根据审核无误的原始凭证或汇总原始凭证编制记账凭证。

3. 根据收款凭证、付款凭证逐笔登记现金日记账和银行存款日记账。

4. 根据原始凭证、汇总原始凭证和记账凭证登记各种明细分类账。

5. 根据各种记账凭证编制科目汇总表。

6. 根据科目汇总表登记总分类账。

7. 期末,现金日记账、银行存款日记账和明细分类账的余额同有关总分类账的余额核对相符。

8. 期末,根据总分类账和明细分类账的记录编制会计报表。

科目汇总表的编制是科目汇总表账务处理程序的一项重要工作,其编制方法是,定期(如5天、10天、15天或一个月等)将所有记账凭证按相同的会计科目归类,分别计算出每一会计科目的借方发生额合计数和贷方发生额合计数,并据此填入科目汇总表的相关栏内。为了便于按照科目归类汇总编制科目汇总表,各种记账凭证中的科目对应关系最好按一个借方科目与一个贷方科目相对应,转账凭证最好一式两份。

科目汇总表账务处理程序减轻了登记总账的工作量,其本身还能对所编制的记账凭证起到试算平衡作用。其缺点是,按相同的科目归类编制的科目汇总表只反映各账户的借、贷方发生额,不能反映账户之间的对应关系,不便于查对账目。科目汇总表账务处理程序适用于规模较大、经济业务量较多的企业。

第四节 财产清查

财产清查是对各项财产、物资进行实地盘点和核对,查明财产物资、货币资金和结算款项的实有数额,确定其账面结存数额和实际结存数额是否相符的一种专门方法。

企业日常会计核算可以在一定程度上保证账簿记录本身的正确性,但并不能说明账簿记录的客观、真实和正确。由于自然损耗,企业管理不善或者工作人员失职,自然灾害以及未达账项等原因的存在,企业财产的账面数额并不总是与实际数额保持一致。因此,需要定期和不定期地运用专门的方法对财产进行清查,以做到账实相符,保证会计信息的真实性和可靠性。

一、财产清查的种类

(一)按范围不同,财产清查分为全面清查和局部清查

1. 全面清查。全面清查是对企业所有的财产进行全面的盘点和核对。全面清查的范围广、内容多,投入的人力多,花费的时间长。一般在以下几种情况下才进行全面清查:一是年终决算以前;二是企业合并、撤销或改变隶属关系时;

三是开展清产核资、资产评估等活动时。

2. 局部清查。局部清查是根据需要对部分财产进行的盘点和核对。一般而言,对于流动性较大的财产物资,除年度清查外,年内还应当进行必要的抽查和轮流盘点;对于贵重的财产,每月都应清查盘点一次;对于债权债务,每年至少核对一至两次;对于现金,应由出纳人员当日清点核对;对于银行存款,应每月同银行核对一次。除此之外,单位在发生意外事故(被盗)、自然灾害和更换有关管理人员时,也应当对有关财产进行局部清查,以确保账实相符。

(二) 按时间的不同,财产清查分为定期清查和不定期清查

1. 定期清查。定期清查是指按预先计划安排的时间对财产物资所进行的清查。这种清查通常在月末、季末、年终、每日结账时进行,其清查财产的范围可根据实际需要而决定,既可以是全面清查,也可以是局部清查。在一般情况下,会计年度终了进行年度决算以前,应当对财产进行全面的盘点和核对,实施全面清查;在月末和季末可对贵重财产以及库存现金和银行存款等进行盘点和抽查,实施局部清查。

2. 不定期清查。不定期清查,也称临时清查,就是事先无计划安排,而是根据实际需要所进行的临时性清查。不定期清查一般在以下情况下进行:(1) 更换财产物资保管人员时,对有关人员保管的财产物资、货币资金等进行清查,以分清经济责任;(2) 企业撤销或合并时,为确认资产的现有价值而进行清查;(3) 发生自然灾害等非常损失时,对受灾损失的有关财产进行清查,以确认损失情况;(4) 国家有关部门对本单位进行会计检查时,按检查的要求和范围进行清查,以验证会计资料的真实性和准确性。

二、财产清查的方法

(一) 货币资金的清查方法

1. 库存现金的清查

库存现金在其管理的过程中,会因各种原因出现长款、短款的现象。企业应根据相关管理规定,对库存现金进行清查,确保库存现金账面余额与实际库存额相符。

库存现金的清查一般采用实地盘点的方法进行。每日工作结束时,出纳员都必须清点库存现金的实存金额,并与现金日记账的当天账面余额核对,查明账实是否相符及盈亏情况。除了由出纳人员对库存现金进行经常性清查外,还应由清查小组对库存现金进行定期或不定期清查。库存现金清查完毕,应及时填写“库存现金盘点报告表”(如表 3-8 所示),并据此调整现金日记账的账面记录,查明原因后加以处理。

表 3-8 库存现金盘点报告表

年 月 日

实存金额	账面金额	对比结果		备注
		溢余	短缺	

盘点人签章： 出纳员签章：

2. 银行存款的清查

银行存款清查，是指将企业的银行存款日记账与开户银行转来的银行存款对账单进行核对，以查明账实是否相符的过程。

银行存款日记账余额与开户银行对账单余额不一致的原因有两方面：一是企业与银行一方或双方记账有误；二是存在未达账项。

所谓未达账项，是指由于凭证传递时间的先后顺序不同，造成企业与银行之间记账时间不一致，即一方已经登记入账，而另一方尚未接到凭证未登记入账的款项。未达账项包括以下几种：

(1) 企业已收款入账，而银行尚未收款入账；

(2) 企业已付款入账，而银行尚未付款入账；

(3) 银行已收款入账，而企业尚未收款入账；

(4) 银行已付款入账，而企业尚未付款入账。

若存在未达账项，应通过编制“银行存款余额调节表”进行调整。银行存款余额调节表的编制方法，一般是在企业银行存款日记账与银行对账单余额的基础上，各自加上对方已收、本单位未收的款项，减去对方已付、本单位未付的款项。经过调节后，双方的余额应当一致。如果调节后双方的余额不相等，则说明一方或双方记账有错误，应查明原因予以更正。

【例 3-4】 ABC 企业 2012 年 7 月 31 日银行存款余额为 900 000 元，银行对账单当日余额为 800 000 元，经逐笔核对，查明有以下几笔未达账项：

(1) 企业收到转账支票一张，金额 78 000 元，该转账支票已委托银行办理托收，企业已记存款增加，银行尚未入账。

(2) 企业开出转账支票一张，金额 36 000 元，持票人尚未到银行办理转账，银行尚未入账。

(3) 银行代付电话费 82 000 元，但企业尚未收到付款通知，没有入账。

(4) 企业委托银行代收销货款 24 000 元，银行已经收到入账，但企业尚未收到收账通知，没有入账。

根据以上资料，编制“银行存款余额调节表”(表 3-9)。

表 3-9 银行存款余额调节表

2012 年 7 月 31 日 单位:元

项目	金额	项目	金额
企业银行存款余额	900 000	银行对账单余额	800 000
加:银行已收,企业未收	24 000	加:企业已收,银行未收	78 000
减:银行已付,企业未付	82 000	减:企业已付,银行未付	36 000
调节后余额	842 000	调节后余额	842 000

需要说明的是,银行存款余额调节表只是用来核对银行存款余额的工作底稿,不能作为记账的原始依据。对于银行已入账企业未入账的未达账项,企业应在收到转来的有关原始凭证后才能入账。银行存款余额调节表中调节后的余额是企业可以动用的银行存款实有数额。

3. 往来款项的清查

对各种往来款项的清查可采用"函证核对法",即通过发函与经济往来单位查询核对账目,确定其实际数额与本单位账面记录是否相符。采用这种方法应在保证本单位往来账目正确、完整的基础上,向经济往来单位发出"往来账项对账单"。对方核对相符后,在回联单上加盖公章退回。如核对不符,企业应根据对方在退回的回联单上所注明的情况,进一步查明原因,直至核对相符。

(二) 实物的清查方法

1. 确定实物财产账面结存的方法

确定实物财产账面结存的方法包括永续盘存制和实地盘存制。

(1) 永续盘存制。永续盘存制也称账面盘存制,是指根据账簿记录计算财产物资账面结存数量的方法。采用这种方法,平时对各项财产物资的增加数和减少数,都要根据会计凭证连续记入有关账簿,并且随时结出账面余额。其计算公式如下:

期末账面结存数量 = 期初账面结存数量 + 本期增加数量 - 本期减少数量

(2) 实地盘存制。实地盘存制又称定期盘存制,是指根据实地盘点或技术推算所得的实存数量,作为财产物资账面结存数量的方法。采用这种方法,平时只根据会计凭证在账簿中登记财产物资的增加数,不登记减少数,期末再对各项财产物资进行盘点,根据实地盘点所确定的实存数,倒挤出本期各项财产物资的减少数。其计算公式如下:

本期减少数量 = 期初账面结存数量 + 本期增加数量 - 期末实际结存数量

两种盘存制度对财产清查工作的要求和目的有所不同,但无论采用哪种盘存制度,财产清查工作都是必不可少的。实际工作中,由于永续盘存制能通过账簿记录及时反映财产物资的结存数量,便于企业加强对财产物资的管理,因此得到广泛运用。

2. 实物财产的清查方法

(1) 实地盘点法。实地盘点是指在财产物资堆放现场进行逐一清点数量或用计量仪器确定实存数的一种方法。这种方法准确可靠,运用范围广。

(2) 技术推算法。技术推算法是通过技术推算确定实存数的一种方法。这种方法适用于大量成堆,难以逐一清点的财产物资,如露天堆放的原煤、沙石等。

无论哪种方法,清查盘点结束后,应将各项财产物资的盘点结果,逐一如实登记在"盘存单"上。为了进一步查明实存数和账存数是否一致,还应根据盘存单上所记录的实存数与有关账簿记录的账面结存余额相核对,填制"实存账存对比表"。据此确定实物财产的盘盈盘亏数额,待查明原因后加以处理。如表3-10所示:

表 3-10 实存账存对比表

年 月 日

企业名称:

编号	类别	计量单位	单价	实存		账存		盘盈		盘亏		备注
				数量	金额	数量	金额	数量	金额	数量	金额	

课后练习

一、单项选择题

1. 用以办理业务手续,记载业务发生或完成情况、明确经济责任的会计凭证是(　　)。

A. 原始凭证　　B. 收款凭证

C. 付款凭证　　D. 记账凭证

2. 下列不属于原始凭证的单据是(　　)。

A. 收料单　　B. 领料单

C. 发货票　　D. 购销合同

3. 将会计凭证划分为原始凭证和记账凭证两大类的依据是(　　)。

A. 凭证填制的时间　　B. 凭证填制的方式

C. 凭证填制的程序和用途　　D. 凭证反映的经济业务内容

4. 从某公司租入一台设备,应登记的账簿是(　　)。

A. 序时账　　B. 总分类账

C. 明细分类账　　D. 备查账

5. 下列凭证中，不能用来登记总分类账户的是(　　)。

A. 原始凭证　　B. 记账凭证

C. 汇总记账凭证　　D. 科目汇总表

6. 记账后发现记账凭证科目错误，应采用的错账更正法是(　　)。

A. 画线更正法　　B. 红字更正法

C. 补充登记法　　D. 刮擦挖补法

7. 明细账从账簿外表形式上看，一般属于(　　)。

A. 订本式　　B. 活页式　　C. 卡片式　　D. 多栏式

8. 记账后，发现记账凭证的科目正确，但金额错误，应采用(　　)。

A. 画线更正法　　B. 红字更正法

C. 补充登记法　　D. 余额调节法

9. 汇总转账凭证的编制依据是(　　)。

A. 原始凭证　　B. 汇总原始凭证

C. 付款凭证　　D. 转账凭证

10. 我国企业常用的账务处理程序不包括(　　)。

A. 记账凭证账务处理程序　　B. 汇总记账凭证账务处理程序

C. 科目汇总表账务处理程序　　D. 计算机账务处理程序

二、业务题

(一) 腾飞公司 2011 年 3 月发生以下经济业务:

1. 从银行提取现金 800 元备用。

2. 用现金购买办公用品 350 元，交公司管理部门使用。

3. 职工李江预借差旅费 1 000 元，以现金支付。

4. 收回上月销售给金阳公司货款 57 200 元，存入银行。

5. 对外销售甲产品 70 件，单价 600 元，货款存入银行。

6. 职工李江报销差旅费 850 元，退回多借现金。

7. 销售给乙公司商品 72 000 元，收到货款 70 000 元，余款暂欠。

8. 用银行存款支付产品广告费用 5 700 元。

9. 从银行借入半年期借款 85 000 元，款项存入银行。

10. 向丙公司购入 A 材料 700 千克，每千克 50 元，用银行存款支付，材料尚未到达。

11. 上述所购材料验收入库。

要求:若该企业使用收款、付款和转账三种凭证，分别指出上列经济业务需要使用哪种记账凭证，并编制会计分录(不考虑增值税)。

（二）A 企业某年 8 月 30 日银行存款日记账的余额为 200 000 元，库存现金日记账的余额为 3 000 元。9 月份发生涉及银行存款和库存现金的业务如下：

1. 从银行借入 30 000 元，借期 3 个月，款项存入银行。

2. 从银行提取库存现金 5 000 元。

3. 以现金垫付职工差旅费 1 000 元。

4. 收到银行转来的收账通知，B 公司已汇入前欠货款 50 000 元。

5. 用银行存款支付销售费用 10 000 元。

6. 收取职工王某赔偿现金 700 元。

7. 用银行存款支付水电费 8 000 元。

8. 用银行存款上缴税金 20 000 元。

要求：

（1）根据上述经济业务编制会计分录。

（2）计算企业 9 月份银行存款日记账和库存现金日记账的余额。

（三）某公司发现当年会计错账如下：

1. 某公司行政管理部门领用原材料 600 元修理门窗，当年发现会计分录如下，并已过账：

借：制造费用　　200

　贷：原材料　　200

2. 某公司销售产品一批，价款合计 64 000 元，货款未收到，当年发现所编的会计分录如下（不考虑增值税），并已过账：

借：应收账款　　46 000

　贷：主营业务收入　　46 000

3. 某公司用现金购回办公室用品 320 元，所编制的会计分录无误，但过账时将管理费用的金额登记为 230 元。

4. 某公司从银行提取现金 35 000 元，当年发现所编制的会计分录如下，并已过账：

借：库存现金　　53 000

　贷：银行存款　　53 000

5. 某公司计提固定资产折旧 3 500 元，为生产车间制造费用，编制如下记账凭证并入账：

借：累计折旧　　3 500

　贷：制造费用　　3 500

要求：分析错账性质，并用正确的方法进行更正。

（四）中兴公司 2012 年 11 月有关银行存款的资料如下：

银行存款日记账

单位：元

2012 年		凭证号数	摘要	结算凭证		借方	贷方	余额
月	日			种类	号数			
11	20		结余	略	略			250 000
	22	银付 461#	支付购货款	略	略		41 800	208 200
	24	银付 462#	支付运费	略	略		300	207 900
	25	银收 301#	收销货款	略	略	72 000		279 900
	27	银付 463#	支付购货款	略	略		3 850	276 050
	28	银付 464#	支付维修费	略	略		3 150	272 900
	30	银收 302#	收回货款	略	略	4 380		277 280

银行对账单

单位：元

2012 年		摘要	结算凭证		借方	贷方	余额
月	日		种类	号数			
11	20	结余					250 000
	24	支付运费	略	略	300		249 700
	25	代收销货款	略	略		72 000	321 700
	26	支付电费	略	略	4 200		317 500
	27	支付购货款	略	略	41 800		275 700
	28	存款利息	略	略		1 300	277 000
	29	代收销货款	略	略		6 400	283 400
	30	支付购货款	略	略	3 850		279 550

要求：

（1）根据上述资料企业编制银行存款余额调节表。

（2）分析月末企业可以动用的银行存款实有数额。

第四章 货币资金与应收项目

学习要点

- 库存现金的核算
- 银行存款和其他货币资金的核算
- 应收票据及其贴现的核算
- 应收账款与坏账损失的核算
- 预付账款及其他应收款的核算

第一节 货币资金

货币资金是指在企业生产经营过程中处于货币形态的资金。货币资金是企业资产的重要组成部分,是企业从事各种生产经营活动所必备的重要资源。货币资金按存放地点和用途的不同,可分为库存现金、银行存款和其他货币资金。

一、库存现金

现金是货币资金的重要组成部分,是通用的支付手段。会计上的现金有广义和狭义之分,狭义的现金是指企业为了满足经营过程中零星支付的需要而存放在财会部门,由出纳人员经管的现金,即库存现金。库存现金是流动性最大的一种货币资金,需要加强管理。企业库存现金的使用与管理应按照国务院发布的《现金管理暂行条例》和中国人民银行发布的《现金管理暂行条例实施细则》的规定办理。

(一) 库存现金的使用范围

根据《现金管理暂行条例》的规定,开户单位之间的经济往来,除按规定的范围可以使用现金外,应当通过开户银行进行转账结算。开户单位可以使用现金的范围包括:

(1) 职工工资、津贴;

(2) 个人劳务报酬;

(3) 根据国家规定颁发给个人的科学技术、文化艺术、体育等各种奖金;

(4) 各种劳保、福利费用以及国家规定的对个人的其他支出;

(5) 向个人收购农副产品和其他物资的价款；

(6) 出差人员必须随身携带的差旅费；

(7) 结算起点以下的零星支出(结算起点为1 000元)；

(8) 中国人民银行确定需要支付现金的其他支出。

上述结算起点的调整由中国人民银行确定并报国务院备案，企业属于现金结算范围的支出，可以根据需要向银行提取现金支付。

(二) 库存现金的限额管理

库存现金限额，是指按照现金管理的规定，允许企业留存的库存现金的最高额度。

库存现金限额由开户银行根据企业规模、业务量、日常零星开支现金需要量以及企业距离银行远近等情况核定。库存现金限额原则上根据企业3至5天的日常零星开支所需要的库存现金量确定；边远地区和交通不便地区的企业库存现金限额可以适当放宽，但最多不得超过15天的日常零星开支。经核定的库存现金限额，企业必须严格遵守，需要增加或者减少库存现金限额的，应当向开户银行提出申请。企业应根据开户银行核定的库存现金限额，对库存现金进行限额管理。当现金库存超过限额时，应将超过部分及时送存银行；当库存现金不足时，应从银行存款中提取现金，补足限额。

(三) 库存现金的收支管理

企业的现金收支应当依照以下规定办理：

(1) 企业在日常发生的经济业务中收入的现金，应于当日送存开户银行，当日送存确有困难的，由开户银行确定送存时间。

(2) 企业因业务需要必须支付现金的，可以从本单位库存现金限额中支付或者从开户银行提取现金支付，但不得从本单位的现金收入中直接支付，即不得坐支。因特殊情况需要坐支现金的，应当事先报经开户银行审查批准，由开户银行核定坐支范围和限额。坐支企业应当定期向开户银行报送坐支金额和使用情况。

(3) 企业从开户银行提取现金，应当写明用途，由本单位财会部门负责人签字盖章，经开户银行审核后，予以支付现金。

(4) 因采购地点不固定，交通不便，生产或者市场急需，抢险救灾以及其他特殊情况必须使用现金的，企业应当向开户银行提出申请，由本单位财会部门负责人签字盖章，经开户银行审核后，予以支付现金。

此外，企业在组织现金收支工作中还应做到：不准“白条顶库”，即不得用不符合财务制度的凭证抵顶库存现金；不准“公款私存”，即不准用单位收入的现金以个人名义储蓄；不准设置“小金库”，从而保留账外公款；不准谎报用途套取现金；不准用银行账户代其他单位和个人存取现金等。

银行对于违反上述规定的单位,将按照违规金额的一定比例予以处罚。

(四) 库存现金的核算

为了总括地反映企业库存现金的收支和结存情况,企业应设置“库存现金”账户,该账户借记库存现金增加,贷记库存现金减少,余额在借方,表示库存现金结存数额。

企业还应设置“现金日记账”,由出纳人员根据审核无误后的收付款凭证,按照业务发生顺序逐日逐笔登记。现金日记账应当日清月结。每日终了,应计算当天的现金收入合计额、现金支出合计额和现金结余额,并将结余额与实际库存额核对,做到账实相符。月份终了,“现金日记账”的余额应当与“库存现金”总账的余额核对相符。有外币现金收支业务的企业,应当分别按人民币和各种外币设置“现金日记账”进行明细核算。

1. 库存现金收支的核算

企业实际收到现金时,借记“库存现金”科目,贷记“银行存款”等有关科目;支付现金时,借记“银行存款”等有关科目,贷记“库存现金”科目。

【例 4-1】 甲企业从开户银行提取现金 500 元。企业编制会计分录如下:

借:库存现金	500	
贷:银行存款		500

【例 4-2】 乙企业用现金 320 元购买行政管理部门的办公用品。企业编制会计分录如下:

借:管理费用	500	
贷:库存现金		500

2. 库存现金清查的核算

库存现金在其管理的过程中,会因人员操作失误或人为舞弊等原因,造成库存现金的短缺或溢余,即长款或短款现象。

企业应根据现金管理的规定,对库存现金进行定期和不定期的盘点,确保库存现金账面余额与实际库存额相符。在现金盘点时,如发生账款不符,对发现的有待查明原因的现金短缺或溢余,应先通过“待处理财产损溢”科目进行核算。该科目下设置“待处理固定资产损溢”和“待处理流动资产损溢”两个明细科目。

企业发生长款时,借记“库存现金”科目,贷记“待处理财产损溢——待处理流动资产损溢”科目。企业发生短款时,借记“待处理财产损溢——待处理流动资产损溢”科目,贷记“库存现金”科目。

库存现金的长款、短款待查明原因后,应视不同情况分别处理。一般来说,由于无法查明原因的现金长款,经批准后记入“营业处收入”科目,应付其他单位或个人的长款,记入“其他应付款”科目。对于现金短款,如果是应由责任人赔偿或由保险公司赔偿的,应记入“其他应收款”科目,如果是由于经营管理不善造成或无法查明原因的,应增加企业的管理费用。

【例 4-3】 公司在财产清查中发现现金长款 500 元,无法查明原因。企业编制会计分录如下:

批准前:

借:库存现金　500

　贷:待处理财产损溢——待处理流动资产损溢　500

批准后:

借:待处理财产损溢——待处理流动资产损溢　500

　贷:营业外收入　500

【例 4-4】 公司在财产清查中发现现金短款 420 元,经查是由于出纳员个人责任造成的。企业编制会计分录如下:

批准前:

借:待处理财产损溢——待处理流动资产损溢　420

　贷:库存现金　420

批准后:

借:其他应收款　420

　贷:待处理财产损溢——待处理流动资产损溢　420

二、银行存款

银行存款是指企业存入银行或其他金融机构的货币资金。广义的银行存款包括银行结算户存款,其他货币资金和专项存款等一切存入银行或其他金融机构的款项。狭义的银行存款仅指存入银行结算户的款项。

(一) 银行账户的开立

根据《人民币银行结算账户管理办法》的规定,单位银行结算账户按用途分为基本存款账户、一般存款账户、专用存款账户和临时存款账户。

基本存款账户是存款人因办理日常转账结算和现金收付需要开立的银行结算账户。存款人日常经营活动的资金收付及其工资、奖金和现金的支取,应通过该账户办理,存款人只能在银行开立一个基本存款账户。

一般存款账户是存款人因借款或其他结算需要,在基本存款账户开户银行以外的银行营业机构开立的银行结算账户。一般存款账户用于办理存款人借款转存、借款归还和其他结算的资金收付。该账户可以办理现金缴存,但不得办理现金支取。

专用存款账户是存款人按照法律、行政法规和规章,对其特定用途资金进行专项管理和使用而开立的银行结算账户,对于基本建设资金、证券交易结算资金等,存款人可以申请开立专用存款账户。

临时存款账户是存款人因临时需要并在规定期限内使用而开立的银行结算账户。临时存款账户用于办理临时机构以及存款人临时经营活动发生的资金收付。临时存款账户支取现金,应按照国家现金管理的规定办理。

(二)银行支付结算方式

根据《支付结算办法》的规定,企业发生的货币资金业务可以采用的结算方式包括银行汇票、商业汇票、银行本票、支票、信用卡、汇兑、托收承付、委托收款、信用证等。

1. 银行汇票。银行汇票是由出票银行签发的、由其在见票时按照实际结算金额无条件支付给收款人或者持票人的票据。银行汇票具有使用灵活、票随人到、兑现性强等特点,适用于先收款后发货或钱货两清的商品交易。

银行汇票的出票银行为银行汇票的付款人。企业与异地单位和个人的各种款项结算均可以使用银行汇票。银行汇票可以用于转账,填明"现金"字样的银行汇票也可以用于支取现金。银行汇票的提示付款期限自出票日起1个月。企业持银行汇票购货,凡在汇票的汇款金额之内的,可根据实际采购金额办理支付,银行汇票的实际结算金额低于出票金额的,其多余金额由出票银行退交申请人。

银行汇票的收款人可以将银行汇票背书转让给被背书人。银行汇票的背书转让以不超过出票金额的实际结算金额为准。未填写实际结算金额或实际结算金额超过出票金额的银行汇票不得背书转让。

2. 商业汇票。商业汇票是出票人签发的,委托付款人在指定日期无条件支付确定的金额给收款人或者持票人的票据。商业汇票的付款人为承兑人。在银行开立存款账户的法人以及其他组织之间,必须具有真实的交易关系或债权债务关系,才能使用商业汇票。商业汇票的付款期限由交易双方商定,但最长不超过6个月。商业汇票一律记名,可在同城和异地使用,并可背书转让或贴现。

商业汇票分为商业承兑汇票和银行承兑汇票。银行承兑汇票由银行承兑,商业承兑汇票可以由付款人签发并承兑,也可以由收款人签发交由付款人承兑。

3. 银行本票。银行本票是银行签发的,承诺自己在见票时无条件支付确定的金额给收款人或者持票人的票据。银行本票由银行签发并保证兑付,而且见票即付,具有信誉高、支付功能强等特点。单位或个人在同一票据交换区域的各种款项结算,均可以使用银行本票。

银行本票可以用于转账,注明"现金"字样的银行本票可以用于支取现金。银行本票分为不定额本票和定额本票两种。定额银行本票面额分别为1千元、5千元、1万元和5万元。银行本票的提示付款期限自出票日起最长不得超过2个月。

4. 支票。支票是出票人签发的,委托办理支票存款业务的银行在见票时无条件支付确定的金额给收款人或者持票人的票据。单位或个人在同一票据交换区域的各种款项结算，均可以使用支票。

支票分为现金支票和转账支票。支票上印有“现金”字样的为现金支票，现金支票只能用于支取现金；支票上印有“转账”字样的为转账支票，转账支票只能用于转账。支票上未印有“现金”或“转账”字样的为普通支票，普通支票可以用于支取现金，也可以用于转账。在普通支票左上角划两条平行线的，为画线支票，画线支票只能用于转账，不得支取现金。

支票的出票人签发支票的金额不得超过付款时在付款人处实有的存款金额，即禁止签发空头支票。出票人不得签发与其预留银行签章不符的支票，使用支付密码的，不得签发支付密码错误的支票。支票的提示付款期限自出票日起10日，但中国人民银行另有规定的除外。超过提示付款期限提示付款的，持票人开户银行不予受理，付款人不予付款。

5. 信用卡。信用卡是指商业银行向个人和单位发行的，凭以向特约单位购物、消费和向银行存取现金，且具有消费信用的特制载体卡片。信用卡按使用对象分为单位卡和个人卡；按信誉等级分为金卡和普通卡。

凡在中国境内金融机构开立基本存款账户的单位可申领单位卡。单位卡账户的资金一律从其基本存款账户转账存入，不得交存现金，不得将销货收入的款项存入其账户。单位卡一律不得支取现金，不得用于10万元以上的商品交易、劳务供应款项的结算。

6. 汇兑。汇兑是汇款人委托银行将其款项支付给收款人的结算方式。单位和个人的各种款项的结算，均可使用汇兑结算方式。汇兑分为信汇、电汇两种，由汇款人选择使用。信汇是指汇款人委托银行通过邮寄方式将款项划转给收款人；电汇是汇款人委托银行通过电报将款项划给收款人。

7. 托收承付。托收承付是根据购销合同由收款人发货后委托银行向异地付款人收取款项，由付款人向银行承认付款的结算方式。

根据规定，使用托收承付结算方式的收款单位和付款单位，必须是国有企业、供销合作社以及经营管理较好，并经开户银行审查同意的城乡集体所有制工业企业。办理托收承付结算的款项，必须是商品交易，以及因商品交易而产生的劳务供应的款项。代销、寄销、赊销商品的款项，不得办理托收承付结算。

采用托收承付结算方式时，购销双方必须签有购销合同，并在合同上写明采用托收承付结算方式。承付货款分为验单付款和验货付款两种，由收付双方商量选用，并在合同中明确规定。验单付款的承付期为3天，从付款人开户银行发出承付通知的次日算起（承付期内遇法定休假日顺延）。验货付款的承付期为10天，从运输部门向付款人发出提货通知的次日算起。对收付双方在合同中明确规定，并在托收凭证上注明验货付款期限的，银行从其规定。

8. 委托收款。委托收款是收款人委托银行向付款人收取款项的结算方式。单位和个人的商品交易、劳务款项以及其他应收款项的结算，均可使用委托收款结算方式。委托收款在同城、异地均可以使用。

委托收款结算款项的划回方式分为邮寄和电报两种。收款人办理委托收款应向银行提交委托收款结算凭证和有关的债务证明。企业开户银行受理委托收款后，将委托收款凭证寄交付款单位开户银行，付款单位开户银行受理审核并通知付款单位。付款人应在接到通知日的次日起3日内通知银行付款。如果不通知银行，则视同付款人同意付款，银行应于付款人接到通知日的次日起第4日上午开始营业时，将款项划给收款人。银行在办理划款时，付款人存款账户不足支付的，应通过被委托银行向收款人发出未付款项通知书。如债务证明留存付款人开户银行的，应将其债务证明连同未付款项通知书邮寄被委托银行转交收款人。

9. 信用证。信用证是指银行应申请人的申请向第三方开立的载有一定金额的、在一定期限内凭符合规定的单据付款的书面保证文件。信用证是国际贸易中最主要、最常用的支付方式。

（三）银行存款的核算

为了总括反映企业银行存款的收支和结存情况，企业应设置“银行存款”账户，该账户借方登记银行存款的增加，贷方登记银行存款的减少，余额在借方，反映银行存款的结存数。企业还应设置“银行存款日记账”，按照业务发生顺序逐日逐笔登记银行存款的收支情况，并随时结出余额。

企业将款项存入银行等金融机构时，借记“银行存款”科目，贷记“库存现金”等有关科目；提取或支付在银行等金融机构中的款项时，借记“库存现金”等有关科目，贷记“银行存款”科目。

【例4-5】 ABC公司4月发生如下业务：

(1) 5日，购买一批货物，增值税专用发票上标明价款200 000元，增值税34 000元，用银行存款支付，货物已验收入库。公司编制会计分录如下：

借：库存商品　　200 000

　应交税费——应交增值税（进项税额）　　34 000

　贷：银行存款　　234 000

(2) 8日，收到甲公司转账支票一张，用以归还以前欠款20 000元，支票已存入银行。公司编制会计分录如下：

借：银行存款　　20 000

　贷：应收账款——甲公司　　20 000

(3) 19日，从银行提取现金1 500元。公司编制会计分录如下：

借：库存现金　　1 500

贷:银行存款　1 500

(4) 22 日,销售一批商品,售价 30 000 元,适用增值税率17%,开具增值税专用发票,款项已收存银行。公司编制会计分录如下:

借:银行存款　35 100

　贷:主营业务收入　30 000

　　应交税费——应交增值税(销项税额)　5 100

三、其他货币资金

其他货币资金是指为某些特定的结算业务而存放在银行或其他金融机构中的货币资金的总称。其他货币资金因存放地点和用途的不同而区别于库存现金和一般银行存款,包括外埠存款、银行汇票存款、银行本票存款、信用卡存款、信用证保证金存款、存出投资款等。

外埠存款,是指企业到外地进行临时和零星采购时,汇往采购地采购专户的款项;银行本票存款,是指企业为取得银行本票而按照规定存入银行的款项;银行汇票存款,是指企业为取得银行汇票而按照规定存入银行的款项;信用卡存款,是指企业存入银行信用卡专户的款项;信用证保证金存款,是指采用信用证结算方式的企业为开具信用证而存入银行的保证金款项;存出投资款,是指企业已存入证券公司但尚未进行投资的款项。

为了总括地反映其他货币资金的收支和结存情况,企业应设置"其他货币资金"账户,其借方反映其他货币资金的增加,贷方反映其他货币资金的减少,期末余额在借方,表示其他货币资金的结余数额。在"其他货币资金"总账下,可按不同种类设置外埠存款、银行本票存款、银行汇票存款、信用卡存款、信用证保证金存款、存出投资款等明细账户。

【例 4-6】　大巧公司 7 月有关外埠存款业务及会计处理如下:

(1) 公司在外埠开立临时采购专户,委托银行汇入采购专户 100 000 元。

借:其他货币资金——外埠存款　100 000

　贷:银行存款　100 000

(2) 采购员以外埠存款购买材料一批,材料价款 82 000 元,增值税 13 940 元。

借:原材料　82 000

　应交税费——应交增值税(进项税额)　13 940

　贷:其他货币资金——外埠存款　95 940

(3) 外埠采购结束,收到银行转来的收账通知,余款 4 060 收妥入账。

借:银行存款　4 060

　贷:其他货币资金——外埠存款　4 060

【例 4-7】 世达公司向银行申请办理信用卡，从其基本存款账户转入信用卡 120 000 元，同期以信用卡支付业务招待费 2 400 元。公司编制会计分录如下：

借：其他货币资金——信用卡　120 000

　贷：银行存款　120 000

借：管理费用　2 400

　贷：其他货币资金——信用卡　2 400

第二节　应收票据

一、应收票据概述

应收票据是企业因销售商品、提供劳务等而收到的商业汇票。应收票据与应收账款的性质相同，都是由于交易而形成的债权。

商业汇票按承兑人的不同，分为商业承兑汇票和银行承兑汇票；商业汇票按其是否带息，分为带息商业汇票和不带息商业汇票。带息商业汇票是指商业汇票到期时，承兑人必须按票面金额加上应计利息向收款人或被背书人支付款项的票据；不带息票据则是指商业汇票到期时，承兑人只按票面金额向收款人或被背书人支付款项的票据。商业汇票按其是否带有追索权，还可分为带追索权的商业汇票和不带追索权的商业汇票。

二、应收票据的核算

企业应设置"应收票据"账户，其借方登记取得应收票据的面值和期末计提的利息，贷方登记到期收回或申请贴现或背书转让的应收票据账面价值，期末借方余额，反映企业尚未收回的商业汇票的账面价值。为了便于管理和分析，企业应当设置"应收票据"备查簿，记录票据的种类、号数、出票日、票面金额等资料，以备考查。

（一）取得和到期的核算

在具体核算上，企业收到的票据如为不带息票据时，应借记"应收票据"科目，贷记"主营业务收入"等相关科目；票据到期收回相应款项时，应借记"银行存款"科目，贷记"应收票据"科目。

【例 4-8】 2012 年 9 月 30 日，A 公司销售商品一批，价款 100 000 元，适用增值税税率 17%，购货方开出票面面值为 117 000 元、期限 6 个月的不带息的商业承兑汇票一张。

A 公司收到汇票时，应作如下会计分录：

借:应收票据 117 000

贷:主营业务收入 100 000

应交税费——应交增值税(销项税额) 17 000

上述票据到期收回相应款项时,应编制的会计分录:

借:银行存款 117 000

贷:应收票据 117 000

如为带息应收票据,企业还应于中期期末和年度终了,对应收票据计提利息,增加应收票据的账面价值,同时冲减财务费用。票据到期收回款项时,尚未计提的利息直接冲减财务费用。

应收票据利息的计算公式为:

$$应收票据利息 = 票据面值 \times 票面利率 \times 期限$$

票面利率一般以年利率表示。票据期限按月表示时,应以到期月份中与出票日相同的那一天为到期日。票据期限按日表示时,按实际日数,“算尾不算头”确定付款期限和到期日。

【例4-9】 2012年1月15日,甲公司销售商品一批,价款100 000元,适用增值税税率17%,购货方开出票面面值为117 000元、期限4个月、票面利率6%的商业承兑汇票一张。

公司收到汇票时,应作如下会计分录:

借:应收票据 117 000

贷:主营业务收入 100 000

应交税费——应交增值税(销项税额) 17 000

$$应收票据利息 = 117\,000 \times 6\% \times 4/12 = 2\,340(元)$$

2012年5月15日票据到期,公司应作如下会计分录:

借:银行存款 119 340

贷:应收票据 117 000

财务费用 2 340

(二)应收票据的贴现

如果企业在持有的应收票据到期前需要资金,可以按规定向银行申请贴现。贴现是指企业将未到期的商业汇票经过背书交给银行,银行受理后,从票据到期值中扣除按银行的贴现率计算确定的贴现息后,将余额付给企业的行为。企业以应收票据向银行贴现时的贴现息及贴现所得计算公式为:

$$贴现息 = 票据到期值 \times 贴现率 \times 贴现期$$

$$贴现所得 = 票据到期值 - 贴现息$$

上式中的贴现期从贴现之日起至汇票到期日,按“算尾不算头”方法计算。

如果应收票据贴现带追索权,当承兑人未按期偿还票款时,贴现企业负有向贴现银行还款的责任。

【例 4-10】 续例 4-9，2012 年 3 月 1 日，甲公司因急需资金，将该票据背书后向银行贴现，贴现率为 12%。票据到期日为 5 月 15 日，贴现天数为 75 天。

贴现所得金额计算如下：

票据到期值 = 117 000 + 117 000 × 6% × 4/12 = 119 340（元）

贴现息 = 119 340 × 12% × 75/360 = 2 983.5（元）

贴现所得 = 119 340 − 2 983.5 = 116 356.5（元）

相应的会计分录如下：

借：银行存款	116 356.5	
财务费用	643.5	
贷：应收票据		117 000

第三节 应收账款

一、应收账款概述

应收账款是指企业在正常的经营过程中，因销售商品、产品或提供劳务等经营活动而应向购货单位或接受劳务的单位收取的款项。

应收账款的入账时间应结合收入实现的时间进行确定，其入账价值通常按实际发生的金额确认。在具体确认应收账款的入账价值时，要考虑商业折扣和现金折扣等因素。

为了反映应收账款的增减变动及其结存情况，企业应设置“应收账款”账户，并按债务人进行明细核算。应收账款的借方反映销售收入的实际发生额（含增值税）以及代购货单位垫付的包装费、运杂费等；贷方反映收回的价款（含增值税）及代垫费用等，期末借方余额，反映企业尚未收回的应收账款。不单独设置“预收账款”科目的企业，预收的账款也在“应收账款”科目核算。

二、应收账款的核算

企业因销售商品而发生应收账款业务时，按应收金额，借记“应收账款”科目，按实现的销售收入，贷记“主营业务收入”等科目，按专用发票上注明的增值税额，贷记“应交税费——应交增值税（销项税额）”科目；收回应收账款时，借记“银行存款”等科目，贷记“应收账款”科目。

【例 4-11】 A 企业向红光公司赊销甲产品 10 台，每台售价 3 000 元，增值税专用发票上注明价款为 30 000 元，增值税为 5 100 元。A 企业账务处理如下：

销售时：

借：应收账款　35 100

　贷：主营业务收入　30 000

　　应交税费——应交增值税（销项税额）　5 100

收到款项时：

借：银行存款　35 100

　贷：应收账款　35 100

（一）存在商业折扣的情形

商业折扣是指企业为促进商品销售而在商品标价上给予的价格扣除。商业折扣是企业常用的促销方式之一。商业折扣通常用百分数来表示，如 10%、25% 等。商品标价扣减商业折扣后的净额才是实际销售价格。在存在商业折扣的情况下，企业应当按照扣除商业折扣后的实际成交价格作为应收账款的入账金额。

【例 4-12】 B 公司赊销商品一批，标明的价款 50 000 元，商业折扣 5%，适用的增值税税率为 17%，则销售时应编制的会计分录为：

借：应收账款　55 575

　贷：主营业务收入　47 500

　　应交税费——应交增值税（销项税额）　8 075

（二）存在现金折扣的情形

现金折扣是指销货企业为鼓励客户在规定的期限内尽早付款而给予的一种债务扣除。现金折扣一般用符号“折扣/付款期限”表示。例如，“2/10”表示债务人如果在 10 天内付款，可以享受 2% 的折扣；“1/20”表示债务人如果在 20 天内付款，可以享受 1% 折扣；“n/30”债务人如果在 30 天内付款，则不给折扣，应全额付款。在有现金折扣的情况下，应收账款入账金额的确定有总价法和净价法两种方法。我国采用的是总价法，即应收账款按未扣减现金折扣前的金额入账。

如存在现金折扣，企业应将给予客户的现金折扣视为融资的理财费用，计入财务费用。

【例 4-13】 C 公司销售商品一批，商品价款为 50 000 元，适用的增值税税率为 17%，付款条件为 5/10、2/20、n/30，其有关的会计处理如下：

销售时编制的会计分录为：

借：应收账款　58 500

　贷：主营业务收入　50 000

　　应交税金——应交增值税（销项税额）　8 500

如购货方在 10 天内付款，则可享受现金折扣 2 925 元（58 500 × 5%），相应

的会计分录为:

借:银行存款 55 575

财务费用 2 925

贷:应收账款 58 500

如购货方在20天内付款,则可享受现金折扣1 170元(58 500 ×2%),相应的会计分录为:

借:银行存款 57 330

财务费用 1 170

贷:应收账款 58 500

如购货方超过20天后付款,则不享受现金折扣,相应的会计分录为:

借:银行存款 58 500

贷:应收账款 58 500

三、坏账损失的核算

坏账是指企业无法收回的应收款项。由于坏账发生而给企业造成的损失,称为坏账损失。坏账损失的核算方法有两种:直接转销法和备抵法。我国现行制度规定,企业应该采用备抵法核算坏账损失,计提坏账准备金。

(一) 直接转销法

直接转销法是企业在日常核算中对可能发生的坏账不予考虑,实际发生坏账时,将发生的坏账损失直接计入当期损益,同时冲销应收款项的方法。

在直接转销法下,企业发生坏账时,借记“资产减值损失”科目,贷记“应收账款”、“其他应收款”等科目。如已核销的应收款项又被收回时,借记“应收账款”、“其他应收款”等科目,贷记“资产减值损失”科目;同时,借记“银行存款”科目,贷记“应收账款”、“其他应收款”等科目。

【例4-14】 B公司赊销给丁公司一批货物,价税合计100 000元,之后丁公司经营陷入困境,经过多次催收后一直没有收回该笔货款,经批准后注销该笔应收账款,其相应的会计分录为:

借:资产减值损失 100 000

贷:应收账款 100 000

后丁公司经营好转偿还了该笔货款,其相应的会计分录为:

借:应收账款 100 000

贷:资产减值损失 100 000

同时:

借:银行存款 100 000

贷:应收账款 100 000

直接转销法的优点是账务处理比较简单、易懂，其缺点是不符合权责发生制以及收入与费用相互配比的会计原则。

（二）备抵法

备抵法是以一定的方法按期估计可能发生的坏账损失，计入当期损益，同时建立坏账准备，待坏账实际发生时，冲销已提的坏账准备和相应的应收款项的方法。

采用备抵法核算，企业应设置"资产减值损失"账户，核算企业计提各项资产减值准备所形成的损失。企业还应设置"坏账准备"账户，该账户是企业对应收款项所提取的坏账准备金，是"应收账款"、"其他应收款"等应收款项的备抵账户。其借方登记坏账损失的发生额，贷方登记坏账准备的计提额，贷方余额表示坏账准备的结余额。

1. 基本账务处理

备抵法下，企业提取坏账准备时，借记"资产减值损失"科目，贷记"坏账准备"科目。对于确实无法收回的应收款项，按管理权限报经批准后作为坏账处理，转销应收款项时，借记"坏账准备"科目，贷记"应收账款"等科目。已确认坏账损失并转销的应收款项，以后又全部或部分收回时，应按实际收回的金额，借记"应收账款"等科目，贷记"坏账准备"科目；同时，借记"银行存款"等科目，贷记"应收账款"等科目。

【例 4-15】 公司 2011 年年末计提坏账准备 4 500 元，2012 年 3 月，确认一笔 2 300 元的应收账款无法收回，同年 7 月，公司收回 3 月份已转销的坏账 1 200 元，款项存入银行。公司有关会计处理如下：

（1）2011 年年末，计提坏账准备

借：资产减值损失	4 500	
贷：坏账准备		4 500

（2）2012 年 3 月，发生坏账 2 300 元

借：坏账准备	2 300	
贷：应收账款		2 300

（3）2012 年 7 月，收回已冲销的坏账

借：应收账款	1 200	
贷：坏账准备		1 200
借：银行存款	1 200	
贷：应收账款		1 200

2. 估计坏账损失的方法

备抵法下，企业必须采用一定的方法合理估计坏账损失。估计坏账损失的方法主要有应收账款余额百分比法、账龄分析法和赊销百分比法。

(1) 余额百分比法

一般认为,坏账损失的产生与应收账款的余额是直接相关的,应收账款的余额越大,产生坏账的风险也就越高。应收账款余额百分比法,是指按期末应收账款余额的一定比率估计坏账损失的方法,其金额为应收账款的余额乘以估计坏账率。估计坏账率可以按照以往的资料数据加以确定,发生坏账多的企业,比率相应高些,反之则低些。

在余额百分比法下,企业应在每个会计期末,根据本期应收账款的余额和相应的坏账率,计算期末坏账准备账户应有的余额,该余额与调整前"坏账准备"账户已有的账面余额的差额,就是当期应提的坏账准备额。如本期"坏账准备"账户应有的余额大于"坏账准备"已有的账面余额,应当按其差额计提,借记"资产减值损失"科目,贷记"坏账准备"科目。本期"坏账准备"账户应有的余额小于"坏账准备"已有的账面余额,应按其差额冲减多计提的坏账准备额,借记"坏账准备"科目,贷记"资产减值损失"科目。

【例 4-16】 A 公司 2010 年年末开始计提坏账准备,2010 年年末应收账款余额为 2 000 000 元,采用余额百分比法计提,坏账准备的提取比例为 5%,则计提的坏账准备为:

$$坏账准备提取额 = 2\,000\,000 \times 5\% = 100\,000(元)$$

借:资产减值损失　　　　100 000

　贷:坏账准备　　　　100 000

如公司 2011 年年末应收账款余额为 3 000 000 元,坏账准备的提取比例仍为 5%,则 2011 年年末,应补提的坏账准备为 50 000 元($3\,000\,000 \times 5\% - 100\,000$)。

借:资产减值损失　　　　50 000

　贷:坏账准备　　　　50 000

如公司 2012 年年末应收账款余额为 2 500 000 元,坏账准备的提取比例为 5%,则 2012 年年末,应冲减坏账准备 25 000 元($150\,000 - 2\,500\,000 \times 5\%$)。

借:坏账准备　　　　25 000

　贷:资产减值损失　　　　25 000

(2) 账龄分析法

账龄分析法是指根据应收款项账龄的长短来估计坏账损失的方法。这种方法认为账款被拖欠的时间越长,发生坏账的可能性就越大。其具体做法是将企业全部的应收款项按账龄长短分档,并为各档确定一个坏账损失百分比,确定各档的坏账损失,然后按汇总后的总额计提坏账准备。

【例 4-17】 ABC 公司 2012 的应收账款账龄分析如表 4-1 所示:

表 4-1　ABC 公司应收账款账龄分析表

应收账款账龄	应收账款金额(元)	损失百分比(%)	估计坏账损失金额(元)
未到期	1 000 000	0.5	5 000
过期 1 个月	400 000	2	8 000
过期 6 个月	300 000	5	15 000
过期 1 年	200 000	15	30 000
过期 1 年以上	100 000	40	40 000
合计	2 000 000		98 000

如"坏账准备"期初贷方余额为 10 000 元,则本期账务处理:

借:资产减值损失　　88 000

　贷:坏账准备　　88 000

如坏账准备期初借方余额为 10 000 元,则本期账务处理:

借:资产减值损失　　108 000

　贷:坏账准备　　108 000

(3) 赊销百分比法

赊销百分比法也称销货百分比法,是以赊销金额的一定百分比来估计坏账损失的方法。这种方法认为企业坏账和当期发生的应收款项有关,当期赊销额越多,产生坏账损失的可能性就越大。赊销百分比法下,坏账损失与赊销金额之间的比率可以根据过去的经验和有关资料,或其他更为合理的方法进行估计。

【例 4-18】　ABC 公司 2010 年的赊销金额为 800 000 元,根据过去的经验和有关资料,估计坏账损失率为 2%,则计提的坏账准备为:

坏账准备提取额 = 800 000 × 2% = 16 000(元)

相应的会计分录为:

借:资产减值损失　　16 000

　贷:坏账准备　　16 000

第四节　预付账款和其他应收款

一、预付账款

预付账款是指企业按照购货合同或劳务合同规定,预先支付给供货方或提供劳务方的款项。预付账款是商业信用的一种形式,表示企业将来从供应单位获取商品、劳务等的债权。

经常发生预付款项业务的企业,应单独设置"预付账款"账户核算企业预付的款项。企业预付款项时,借记“预付账款”科目,贷记“银行存款”科目。收到所购物资时,根据发票账单等列明应计入购入物资成本的金额,借记“原材料”、“库存商品”等科目,按专用发票上注明的增值税,借记“应交税费——应交增值税(进项税额)”科目,按应付金额,贷记“预付账款”科目。补付的款项,借记“预付账款”科目,贷记“银行存款”科目;退回多付的款项,借记“银行存款”科目,贷记“预付账款”科目。

对于预付款项业务不多的企业,也可以不设置“预付账款”账户,而将预付的款项直接记入“应付账款”账户的借方。

【例 4-19】 C公司向丙公司购进商品一批,货款100 000元,适用增值税税率17%,按合同规定先预付50%的货款及增值税款,收到商品时再支付余下的货款。相应的会计处理如下:

(1) 预付50%货款及增值税款的会计分录如下:

借:预付账款——丙公司	58 500	
贷:银行存款		58 500

(2) 收到商品的会计分录如下:

借:库存商品	100 000	
应交税费——应交增值税(进项税额)	17 000	
贷:预付账款——丙公司		117 000

(3) 补付货款的会计分录如下:

借:预付账款——丙公司	58 500	
贷:银行存款		58 500

二、其他应收款

其他应收款是指除应收账款、应收票据、预付账款以外的其他各种应收及暂付款项。其他应收款主要包括应收的各种赔款、罚款,存出保证金,应收的出租包装物租金,应向职工收取的各种垫付款项,不设置“备用金”账户的企业向企业各职能科室、车间等部门拨出的备用金等。

企业应设置“其他应收款”账户来核算企业上述款项。该账户借方登记发生的各种其他应收款项,贷方登记收回的其他应收款项,余额在借方,反映尚未收回的其他应收款项。企业应按不同的债务人设置明细账进行明细核算。

【例 4-20】 公司为其员工甲某垫付医药费1 000元,之后再从其工资中扣回。其相应的会计分录如下:

垫付时的会计分录:

借:其他应收款	1 000	

贷:银行存款　　1 000

扣回时的会计分录:

借:应付职工薪酬　　1 000

贷:其他应收款　　1 000

【例 4-21】 3 月 1 日,职员甲外出采购借差旅费 3 000 元,3 月 15 日出差回来,报销 2 400 元,余额交回。

3 月 1 日的会计分录:

借:其他应收款——甲　　3 000

贷:库存现金　　3 000

3 月 15 日的会计分录:

借:库存现金　　600

管理费用　　2 400

贷:其他应收款——甲　　3 000

课后练习

一、单项选择题

1. 存款人日常经营活动的资金收付及其现金的支取,应通过(　　)办理。

A. 基本存款账户　　B. 一般存款账户

C. 临时存款账户　　D. 专用存款账户

2. 我国商业汇票付款期最长为(　　)。

A. 3 个月　　B. 6 个月　　C. 9 个月　　D. 12 个月

3. 职员张三出差归来,报销差旅费 1 500 元,退回剩余现金 300 元。应贷记的科目是(　　)。

A. 库存现金　　B. 管理费用

C. 其他应收款　　D. 其他应付款

4. 公司在月底进行现金清查时,发现现金长款 300 元,则应借记的科目是(　　)。

A. 库存现金　　B. 营业外收入

C. 其他应收款　　D. 待处理财产损溢

5. 企业在 10 月 10 日销售商品一批,价款 11 万元,付款条件为 2/10、1/20、n/30。购货方于 10 月 23 日付款,该企业实际收到的金额为(　　)万元。

A. 11　　B. 10　　C. 10.78　　D. 10.89

6. 应收票据的贴现所得额总是(　　)。

A. 等于票据的面值　　B. 大于票据的面值

C. 小于票据的到期值　　D. 大于票据的到期值

7. 在采用总价法入账时，对发生的现金折扣应当作为(　　)处理。

A. 财务费用　　B. 销售费用

C. 资产减值损失　　D. 收入

8. 货币资金不包括的项目是(　　)。

A. 库存现金　　B. 银行存款

C. 存出投资款　　D. 企业债券

9. 企业在年末计提坏账准备以后，“坏账准备”科目的余额(　　)。

A. 可能在借方　　B. 一定在借方

C. 一定在贷方　　D. 可能在借方或贷方

10. 一张面值5 000元、利率6%、一年期的带息票据，已持6个月，现按8%的贴现率到银行贴现，企业可得的贴现所得为(　　)元。

A. 4 900　　B. 5 088　　C. 5 300　　D. 5 100

二、业务题

(一) 甲公司3月份发生如下经济业务：

1. 2日，出纳员签发现金支票一张，提取现金2 000元。

2. 5日，采购员预借差旅费2 000元，以现金支付。

3. 8日，销售商品，收到价款5 000元，税款850元，款项存入银行。

4. 11日，签发转账支票5 000元，支付前欠购货款。

5. 18日，交存银行票款10 000元，银行受理后签发银行汇票。

6. 20日，采购员持银行汇票前往外地采购材料，实际支付材料价款6 000元，增值税1 020元，材料验收入库。

7. 21日，用银行存款偿还短期借款30 000元。

8. 25日，收到投资人追加投资50 000元，款项存入银行。

9. 27日，销售商品，价款20 000元，税款3 400元，款项尚未收到。

10. 28日，采购员报销差旅费1 800元，余款200元交回。

要求：编制相关的会计分录。

(二) 乙公司采用应收账款余额百分比法核算坏账损失，坏账准备的提取比例为3%。2010年12月31日“坏账准备”账户贷方余额为24 000元。2011年7月将已确认无法收回的应收账款12 500元作为坏账处理，当年末应收账款余额为1 200 000元；2012年5月收回以前年度已作为坏账注销的应收账款3 000元，当年年末应收账款余额为1 000 000元。

要求：

(1) 确定公司2011年、2012年年末“坏账准备”账户的余额，计算各年年末应补提或冲减的坏账准备的金额。

（2）编制 2011 年、2012 年有关会计分录。

（三）丙公司销售产品一批给乙公司，货款为 20 000 元，增值税额为 3 400 元，收到乙公司一张面值 23 400 元、期限为 90 天的商业承兑汇票。丙公司 60 天后持此票据到银行贴现，贴现率为 8%，一年按 360 天计算。

要求：计算此票据的贴现净额并编制相应的会计分录。

第五章　存　　货

学习要点

- 存货的概念、特征、种类及确认条件
- 取得存货的核算
- 发出存货的核算
- 存货核算的计划成本法
- 存货清查

第一节　存货概述

一、存货的概念与特征

存货是指企业在日常活动中持有以备出售的产成品或商品、处在生产过程中的在产品、在生产过程或提供劳务过程中耗用的材料和物料等。

存货是企业的一项重要的流动资产，通常在一年或超过一年的一个营业周期内被消耗或经出售转换为现金、银行存款或应收账款等。企业持有存货的最终的目的是出售，这一点是存货区别于固定资产等非流动资产的最基本的特征，如企业的产成品、商品等是可供直接销售的存货，而企业持有原材料的目的是经过对其进一步加工后再出售。

二、存货的种类

存货的构成内容很多，且各有其特点，为了便于加强对存货的核算和管理，应对存货进行科学的分类。不同行业的企业，其存货的内容和分类也有所不同。制造业企业的主要功能是将原材料加工成产成品对外销售，因此根据存货的经济用途及不同的生产经营阶段，可将企业的存货分为原材料、包装物、低值易耗品、委托加工物资、在产品、自制半成品及产成品等。

1. 原材料。原材料是指企业在生产过程中经加工改变其形态或性质并构成产品主要实体的各种原料及主要材料、辅助材料、外购半成品（外购件）、修理用备件（备品备件）、包装材料、燃料等。原材料是为生产商品以备耗用的存货，按其存放地点不同可以分为在途材料、库存材料和委托加工材料等。

2. 包装物。包装物是指为了包装本企业商品而储备的各种包装容器，如桶、箱、袋、瓶、坛等。其主要作用是盛装、装潢产品或商品。

3. 低值易耗品。低值量耗品是指不能作为固定资产管理的各种用具物品，如工具、管理用具、玻璃器皿，以及在经营过程中周转使用的包装容器等。其特点是单位价值较低，使用期限较固定资产短，在使用过程中保持其原有实物形态基本不变。包装物和低值易耗品构成企业的周转材料。

4. 委托加工物资。委托加工物资是指企业委托其他单位进行加工的物资。委托加工物资在其加工过程中要消耗原材料，还要发生各种费用支出等，从而使其价值相应增加。委托加工物资经过加工，其实物形态、性能发生变化，使用价值也随之发生变化。委托加工物资的所有权仍在委托企业，因而应作为委托企业的存货进行核算。

5. 在产品。在产品是指企业正在制造尚未完工的产品，包括正在各个生产工序加工的产品，已加工完毕但尚未检验，或已检验但尚未办理入库手续的产品。

6. 自制半成品。自制半成品是指经过一定生产过程并已检验合格交付半成品仓库保管，但尚未制造完工成为产成品，仍需进一步加工的中间产品。

7. 产成品。是指工业企业已经完成全部生产过程并检验入库，可以按照合同规定的条件送交订货单位，或者可以作为商品对外销售的产品。企业接受外来原材料加工制造的代制品和为外单位加工修理的代修品，制造和修理完成验收入库后，应视同企业的产成品。

三、存货的确认条件

根据我国企业会计准则的规定，存货同时满足下列条件的，才能予以确认。

（一）与该存货有关的经济利益很可能流入企业

企业在确认存货时，需要判断与该项存货有关的经济利益是否很可能流入企业。通常情况下，存货的所有权是存货包含的经济利益很可能流入企业的一个重要标志。企业在判断与存货相关的经济利益能否流入企业时，主要以企业对存货是否具有法定所有权为依据。即凡是法定所有权属于企业的物品，包括在库、在耗、在用和在途的物品，应确认为企业的存货；而根据销售合同已经售出，所有权已经转移的物品，即使该物品尚未运离企业，也不能作为企业的存货进行核算。

（二）存货的成本能够可靠计量

成本能够可靠计量是资产确认的一个基本条件。存货作为企业资产的重要组成部分，要予以确认，企业必须能够对其成本进行可靠计量。存货成本能够可靠计量,是指存货成本的计量必须以取得的确凿、可靠的证据为依据,并且具有可验证性。如果成本不能可靠计量,则存货不能予以确认。如企业承诺的一项订货合同,由于尚未实际发生,不能可靠确定其成本,因此不能确认为购货企业的存货。

第二节 取得存货的核算

企业可以通过不同的途径取得存货。不同渠道取得的存货,其核算方法有所不同。在实际成本法下,企业取得存货应按实际成本入账。存货的实际成本包括采购成本、加工成本和其他成本。

一、外购存货

(一) 外购存货的成本确定

外购存货的成本即存货的采购成本,是指企业物资从采购到入库前所发生的全部支出,包括购买价款、相关税费、运输费、装卸费、保险费以及其他可归属于存货采购成本的费用。其中,购买价款指购货发票账单上列明的价款;相关税费指应计入存货的进口关税、消费税、资源税和不能抵扣的增值税进项税额等;其他可直接归属于存货采购成本的费用,指存货采购过程中发生的除上述各项费用以外的包装费、运输途中的合理损耗、入库前的整理挑选费用等。

商品流通企业在采购商品过程中发生的运输费、装卸费、保险费以及其他可归属于存货采购成本的费用等进货费用,应计入所购商品成本。如果进货费用金额较小的,可以在发生时直接计入当期损益。

(二) 外购存货的核算

企业外购存货时,由于结算方式和采购地点的不同,存货入库和货款的支付在时间上不一定完全一致,相应的,其账务处理也有所不同。以原材料为例说明如下:

1. 对于发票账单与材料同时到达的采购业务,企业应根据发票账单等结算凭证确定的材料成本,借记“原材料”科目,根据取得的增值税专用发票上注明的可抵扣的进项税额,借记“应交税费——应交增值税(进项税额)”科目;按照实际支付或应付价款,贷记“银行存款”或“应付账款”等科目。

【例 5-1】 企业购入原材料一批,取得的增值税专用发票上注明的原材料价款为 100 000 元,增值税税额为 17 000 元,发票等结算凭证已经收到,货款已通过银行转账支付。根据上述资料,应作如下账务处理:

借:原材料 100 000

　　应交税费——应交增值税(进项税额) 17 000

贷:银行存款　117 000

2. 对于已取得发票账单等凭证,但材料尚未到达或尚未验收入库的采购业务,企业应根据结算凭证、购货发票等,借记"在途物资"和"应交税费——应交增值税(进项税额)"科目,按照实际支付或应付价款,贷记"银行存款"或"应付账款"等科目;待材料到达,验收入库时,再根据收料单,借记"原材料"科目,贷记"在途物资"科目。

【例 5-2】　接例 5-1,假设该购入材料业务的发票等结算凭证已到,货款已经支付,但材料尚未运到。企业应于收到发票等结算凭证时,作如下账务处理:

借:在途物资　100 000
　应交税费——应交增值税(进项税额)　17 000
　贷:银行存款　117 000

上述材料到达入库时,再作如下账务处理:

借:原材料　100 000
　贷:在途物资　100 000

3. 对于材料已到达并已验收入库,但发票账单等结算凭证尚未到达,货款尚未支付的采购业务,暂时不作处理。若月末仍未收到发票账单等结算凭证,企业应按材料的暂估价值,借记"原材料"科目,贷记"应付账款——暂估应付账款"科目。下月初用红字编制同样的分录予以冲回。待收到发票账单等结算凭证时再按正常程序,借记"原材料"、"应交税费——应交增值税(进项税额)"科目,贷记"银行存款"或"应付票据"等科目。

【例 5-3】　接例 5-1,假设该购入材料业务的材料已经运到,并验收入库,但发票等结算凭证尚未收到,货款尚未支付。月末,按照暂估价入账,假设其暂估价为 90 000 元。有关账务处理如下:

借:原材料　90 000
　贷:应付账款——暂估应付账款　90 000

下月初用红字将上述分录冲回:

借:原材料　[90 000]
　贷:应付账款——暂估应付账款　[90 000]

收到有关结算凭证,并支付货款时:

借:原材料　100 000
　应交税费——应交增值税(进项税额)　17 000
　贷:银行存款　117 000

二、投资者投入存货

投资者投入存货的成本,按照投资合同或协议约定的价值确定,但合同或协议约定价值不公允的除外。

企业收到投资者投入的存货时，按照投资合同或协议约定的存货价值，借记“原材料”等科目，按增值税专用发票上注明的增值进项税额，借记“应交税费——应交增值税（进项税额）”科目，按投资者在注册资本中所占的份额，贷记“实收资本”或“股本”科目。

【例 5-4】 A 企业创立时接受甲投资者投入的材料一批，合同约定的材料价值为 530 000 元，按增值税发票注明的增值税额为 90 100 元，材料已验收入库。

借：原材料 530 000

  应交税费——应交增值税（进项税额） 90 100

 贷：实收资本 620 100

三、自制存货

企业自制存货的成本主要由采购成本和加工成本构成。其中，采购成本是由自制存货所耗用的原材料成本转移而来的，加工成本主要包括除原材料以外的直接人工及按一定方法分配的制造费用。自制存货入账价值的计量重点是确定存货的加工成本。

企业自制并已验收入库原材料时，按实际成本，借记“原材料”科目，贷记“生产成本”科目。

【例 5-5】 某企业加工完成原材料一批，材料验收入库，实际成本 8 万元。

企业账务处理如下：

借：原材料 80 000

 贷：生产成本 80 000

四、委托加工存货

委托外单位加工完成的存货，以实际耗用的原材料或半成品、加工费、运输费、装卸费、保险费等费用以及按规定应计入成本的税金，作为实际成本。

委托加工业务在会计处理上主要包括拨付加工物资、支付加工费用和税金、收回加工物资和剩余物资等几个环节。委托加工物资通过设置“委托加工物资”科目核算。

企业拨付外单位加工的物资时，应将物资的实际成本由“原材料”、“库存商品”等科目转入“委托加工物资”科目，借记“委托加工物资”科目，贷记“原材料”或“库存商品”科目。企业支付加工费，支付应负担的运杂费及增值税时，借记“委托加工物资”、“应交税费——应交增值税（进项税额）”科目，贷记“银行存款”等科目。加工完成验收入库的物资和剩余物资，按加工收回物资的实际成本和剩余物资的实际成本，借记“原材料”、“库存商品”等科目，贷记“委托加工物资”科目。

【例 5-6】 A 企业委托 B 企业加工材料一批。原材料成本为 100 000 元，A 企业支付加工费 80 000 元，增值税进项税 13 600 元。材料加工完成验收入库。有关账务处理如下：

(1) 发出委托加工材料时

借：委托加工物资	100 000	
贷：原材料		100 000

(2) 支付加工费用及增值税进项税时

借：委托加工物资	80 000	
应交税费——应交增值税（进项税额）	13 600	
贷：银行存款		93 600

(3) 加工完成收回委托加工材料时

借：原材料	180 000	
贷：委托加工物资		180 000

五、其他渠道取得的存货

其他渠道取得的存货包括接受捐赠的存货、盘盈的存货、通过债务重组取得的存货、非货币性交易换入的存货等。

其中，企业盘盈的存货，按照同类或类似存货的公允价值作为实际成本。企业接受捐赠的存货，按以下规定确定其实际成本：

(1) 捐赠方提供了有关凭据的，按凭据上标明的金额加上应支付的相关税费作为实际成本。

(2) 捐赠方没有提供有关凭据的，如同类或类似存货存在活跃市场的，按同类或类似存货的市场价格估计的金额，加上应支付的相关税费作为实际成本；如同类或类似存货不存在活跃市场的，按该接受捐赠的存货的预计未来现金流量现值作为实际成本。

第三节　发出存货的核算

一、发出存货的计价方法

企业的存货始终处于流动状态，原有的存货不断发出用于生产经营活动，新的存货又陆续取得。由于取得的存货是分次购入或分批生产入库的,同一项目的存货其单价或单位成本往往不同,存货的发出计价主要是确定发出及结存存货的成本。

按照我国企业会计准则的规定,企业发出存货的计价方法包括先进先出法、加权平均法和个别计价法,其中,加权平均法又分为月末一次加权平均法和移动加权平均法。企业对于性质和用途相似的存货,应当采用相同的计价方法确定发出存货的成本。计价方法一经选定,不得随意改变。

(一) 先进先出法

先进先出法是假定先收到的存货先发出,或先收到的存货先耗用,并根据这种假定的存货流转次序对发出存货和期末存货进行计价。具体做法是:接收有关存货时,逐笔登记每一批存货的数量、单价和金额;发出存货时,按照先进先出的原则计价,逐笔登记存货的发出和结存金额。

【例 5-7】 甲材料 2012 年 4 月份收发资料如表 5-1 所示:

表 5-1 甲材料收发结存情况表

单位:元

2012 年		摘要	收入		发出		结存	
月	日		数量	单价	数量	单价	数量	单价
4	1	期初结存					100	15
4	2	购入	300	16.4			400	
4	8	发出			220		180	
4	11	购入	150	16.5			330	
4	14	发出			240		90	
4	25	购入	150	17			240	
4	29	发出			120		120	

采用先进先出法,发出材料成本及结存材料的成本计算如下:

8 日发出材料成本 $=100\times15+120\times16.4=1\,500+1\,968=3\,468$(元)

14 日发出材料成本 $=180\times16.4+60\times16.5=2\,952+990=3\,942$(元)

29 日发出材料成本 $=90\times16.5+30\times17=1\,485+510=1\,995$(元)

本期发出材料成本 $=3\,468+3\,942+1\,995=9\,405$(元)

本期结存材料成本 $=120\times17=2\,040$(元)

该材料明细账登记如表 5-2 所示:

表 5-2　甲材料明细账(先进先出法)　　单位:元

2012 年 月	日	凭证编号	摘要	收入 数量	收入 单价	收入 金额	支出 数量	支出 单价	支出 金额	结存 数量	结存 单价	结存 金额
4	1		期初结存							100	15	1 500
4	2			300	16.4	4 920				100 300	15 16.4	1 500 4 920
4	8						100 120	15 16.4	1 500 1 968	180	16.4	2 952
4	11			150	16.5	2 475				180 150	16.4 16.5	2 952 2 475
4	14						180 60	16.4 16.5	2 952 990	90	16.5	1 485
4	25			150	17	2 550				90 150	16.5 17	1 485 2 550
4	29						90 30	16.5 17	1 485 510	120	17	2 040
4	30		本月合计	600		9 945	580		9 405	120		2 040

企业采用先进先出法时,存货的销售或耗用成本与实物流转更加接近,期末存货成本也比较接近市价,资产负债表中存货金额更贴近期末实际价值。但是,这种方法在物价持续上涨时,会导致高估当前损益和相对虚增存货价值;反之,会低估当期损益和存货价值。

(二)月末一次加权平均法

月末一次加权平均法是在月末,根据月初结存存货和本期收入存货的数量和实际成本,一次计算存货的本月加权平均单价,以此计算本期发出存货成本和期末结存存货成本的一种方法。有关计算公式如下:

$$加权平均单价=\frac{期初存货的实际成本+本期收入存货的实际成本}{期初存货的数量+本期收入存货的数量}$$

本期发出存货成本 = 本期发出存货数量 × 加权平均单价

期末结存存货成本 = 期初结存存货成本 + 本期收入存货成本 − 本期发出存货成本

【例 5-8】 接例 5-7 资料,企业采用加权平均法,本期发出材料实际成本以及期末结存实际成本计算如下:

加权平均单位成本 = (1 500 + 9 945) ÷ (100 + 600) = 16.35(元)

本期发出存货成本 = 580 × 16.35 = 9 483(元)

期末结存存货成本 = 1 500 + 9 945 − 9 483 = 1 962(元)

采用月末一次加权平均法,只在月末一次计算加权平均单价,因而简便易行,日常核算工作量小。然而,这种方法将存货计价集中在期末进行,平时无法从账上了解存货的结存金额,不利于加强对存货的管理。

(三) 移动加权平均法

移动加权平均法,是指以每次进货的成本加上原有库存存货的成本,除以每次进货数量与原有库存存货的数量之和,据以计算移动加权平均单位成本,以此为基础计算当月发出存货成本和期末结存存货成本的一种方法。移动加权平均法与月末一次加权平均法的计算原理基本相同,只是要求在每次(批)收入存货时重新计算加权平均单价,以此作为在下次进货前计算各次发出存货成本的依据。有关计算公式如下:

$$\text{移动加权平均单价}=\frac{\text{本次存货入库前结存存货成本}+\text{本次收入存货成本}}{\text{本次存货入库前结存存货数量}+\text{本次收入存货数量}}$$

本次发出存货成本 = 本次发出存货数量 × 本次发出存货前的移动加权平均单价

本次结存存货成本 = 本次发出存货前结存存货成本 − 本次发出存货成本

【例 5-9】 仍以例 5-7 资料为例,采用移动加权平均法,本期发出材料成本以及期末结存成本计算如下:

2 日购货后的加权平均单价 = (1 500 + 4 920) ÷ (100 + 300) = 16.05(元)

8 日发出存货成本 = 16.05 × 220 = 3 531(元)

8 日结存存货成本 = 16.05 × 180 = 2 889(元)

11 日购货后的加权平均单价 = (2 889 + 2 475)/(180 + 150) = 16.25(元)

14 日发出存货成本 = 16.25 × 240 = 3 900(元)

14 日结存存货成本 = 16.25 × 90 = 1 462.5(元)

25 日购货后的加权平均单价 = (1 462.5 + 2 550)/(90 + 150) = 16.72(元)

29 日发出存货成本 = 16.72 × 120 = 2 006.4(元)

29 日结存存货成本 = (1 500 + 9 945) − (3 531 + 3 900 + 2 006.4) = 2 007.6(元)

本期发出存货成本 = 3 531 + 3 900 + 2 006.4 = 9 437.4(元)

本期结存存货成本 = 2 007.6(元)

移动加权平均法下,甲材料明细账登记如表 5-3 所示:

表 5-3　甲材料明细账(移动加权平均法)　　单位:元

2012 年		凭证编号	摘要	收入			支出			结存		
月	日			数量	单价	金额	数量	单价	金额	数量	单价	金额
4	1		期初结存							100	15	1 500
4	2			300	16.4	4 920						
4	8						220	16.05	3 531	180	16.05	2 889
4	11			150	16.5	2 475						
4	14						240	16.25	3 900	90	16.25	1 462.5
4	25			150	17	2 550						
4	29						120	16.72	2 006.4	120		2 007.6
4	30		本月合计	600		9 945	580		9 437.4	120		2 007.6

移动加权平均法计算出来的产品成本比较均衡和准确，但每次收入存货后都要重新计算加权平均单价，工作量较大。移动加权平均法一般适用于经营品种不多，或者前后购进商品的单价相差幅度较大的商品流通类企业。

（四）个别计价法

个别计价法又称个别认定法、具体辨认法等，是指根据各批发出存货和期末存货所属的购进批次或生产批次，分别按其购入或生产时所确定的单位成本作为计算其发出存货和期末存货成本的方法。

个别计价法下，存货的成本流转顺序与实物的流转顺序完全一致，企业确定的发出存货的成本比较合理、准确。但采用这种方法要求企业对存货按进货批次分别堆放，发出货物要逐一认定其批次，工作量大，操作难度也大。

二、发出原材料的核算

采用实际成本进行材料日常核算的企业，日常领用、发出原材料均按实际成本记账。企业发出材料时，借记"生产成本"、"制造费用"、"销售费用"、"管理费用"等科目，贷记"原材料"科目；企业发出委托外单位加工的原材料时，借记"委托加工物资"科目，贷记"原材料"科目。

如果企业将原材料用于在建工程、福利部门等，按实际成本加上不得抵扣的进项税额，借记"在建工程"、"应付职工薪酬"等科目，贷记"原材料"和"应交税费——应交增值税（进项税额转出）"科目。

对于出售的原材料，企业应当按已收或应收的价款，借记"银行存款"或"应收账款"等科目，按实现的营业收入和应交的增值税额，贷记"其他业务收入"、"应交税费——应交增值税（销项税额）"等科目。月度终了，按出售原材料的实际成本，借记"其他业务成本"科目，贷记"原材料"科目。

由于企业材料的日常领发业务频繁，为了简化日常核算工作，平时一般只登记材料明细分类账，反映各种材料的收发和结存金额。月末再根据按实际成本计价的发料凭证，按领用部门和用途，汇总编制"发料凭证汇总表"，据以登记总分类账，进行材料发出的总分类核算。

【例 5-10】 兴达公司编制的"发料凭证汇总表"如表 5-4 所示：

表 5-4　发料凭证汇总表　　单位：元

领料部门和用途	材料类别		合计
	原料及主要材料	辅助材料	
车间生产产品领用	45 500	3 500	49 000
车间一般耗用		2 700	2 700
管理部门领用	1 200	800	2 000
销售部门领用		1 450	1 450
合计	46 700	8 450	55 150

根据上表，兴达公司编制会计分录如下：

借：生产成本　　49 000
　　制造费用　　2 700
　　管理费用　　2 000
　　销售费用　　1 450
　贷：原材料　　　　55 150

【例 5-11】 A 公司本月仓库发出原材料合计为 44 980 元，其中投入生产 A 产品 17 170 元，B 产品 20 406 元，车间一般耗用 3 085 元，企业一般耗用 4 319 元。

应编制的会计分录为：

借：生产成本——A 产品　　17 170
　　　　　　——B 产品　　20 406
　　制造费用　　3 085
　　管理费用　　4 319
　贷：原材料　　　　44 980

三、发出周转材料的核算

企业的周转材料主要包括包装物和低值易耗品。企业通过外购、自制等取得周转材料时，比照“原材料”的有关规定进行处理。企业领用周转材料时，应当采用一次转销法或者五五摊销法等方法对其成本进行摊销，并根据领用部门及用途计入有关资产或费用。

一次转销法是指在领用周转材料时，将其全部价值一次计入成本、费用的摊销方法。这种方法比较简单，但费用负担不够均衡，主要适用于一次领用数量不多、价值较低、使用期限较短或者容易破损的周转材料的摊销。

五五摊销法是指周转材料在领用时先摊销其价值的一半，在报废时再摊销其价值的另一半的方法。采用这种方法，有利于成本、费用的合理、均衡负担。五五摊销法主要适用于使用期限较长、单位价值较高或一次领用数量较大的周转材料的摊销。

（一）发出包装物的核算

企业发出包装物的核算，应按发出包装物的不同用途分别进行处理。

（1）生产领用包装物。企业生产部门领用的用于包装产品的包装物，构成了产品的组成部分，因此应将包装物的成本计入产品的生产成本。实际领用时，借记“生产成本”等科目，贷记“周转材料”科目。

（2）随同商品出售的包装物。随同商品出售但不单独计价的包装物，应于包装物发出时，按其实际成本计入营业费用中，借记“销售费用”科目，贷记“周转材料”科目。随同商品出售单独计价的包装物,应单独计价,于商品出售时视同材料销售处理,借记“其他业务成本”科目,贷记“周转材料”科目。

(3)出租、出借包装物。企业将多余或闲置未用的包装物出租、出借给外单位使用时,按出租、出借包装物的实际成本,借记“其他业务成本”(出租包装物)或“销售费用”(出借包装物)科目,贷记“周转材料”科目。

【例5-12】 A公司生产部门为制造产品领用包装物一批,实际成本3 500元。该批包装物采用一次转销法核算。

生产部门领用该批包装物,应将其全部价值一次计入产品生产成本,会计分录如下:

借:生产成本	3 500	
贷:周转材料——包装物		3 500

(二)领用低值易耗品的核算

一次摊销的低值易耗品,在领用时应将其全部价值摊入有关成本费用,借记有关科目,贷记“周转材料”科目。报废时,低值易耗品的残料价值冲减有关成本费用,借记“原材料”等科目,贷记“制造费用”、“管理费用”等科目。

低值易耗品采用五五摊销法摊销时,应分别对“在库”、“在用”和“摊销”进行明细核算。领用时,借记“周转材料——在用”科目,贷记“周转材料——在库”科目;同时按领用低值易耗品的账面价值的50%,借记“制造费用”、“管理费用”等科目,贷记“周转材料——摊销”科目。报废时,按低值易耗品价值的50%,借记“制造费用”、“管理费用”等科目,贷记“周转材料——摊销”科目;同时借记“周转材料——摊销”科目,贷记“周转材料——在用”科目。

【例5-13】 B公司办公室2011年6月2日领用一批低值易耗品,实际成本3 000元。会计上采用五五摊销法摊销。2012年5月2日,该批低值易耗品报废。

其会计处理如下:

(1)领用时

借:周转材料——在用	3 000	
贷:周转材料——在库		3 000
借:管理费用	1 500	
贷:周转材料——摊销		1 500

(2)报废时

借:管理费用	1 500	
贷:周转材料——摊销		1 500
借:周转材料——摊销	3 000	
贷:周转材料——在用		3 000

第四节 存货核算的计划成本法

一、计划成本法概述

存货的实际成本法要求存货从收发凭证到明细分类账和总分类账均按其实际成本计价，这对于存货品种、规格、数量繁多、收发频繁的企业来说，日常核算工作量很大，核算成本较高。

计划成本法是指存货的收入、发出和结余均按预先制定的计划成本计价，同时另设成本差异科目，登记、分摊、按期结转实际成本和计划成本的差额，期末将发出和结存存货的成本调整为实际成本的一种计价方法。计划成本法有利于简化财务会计处理工作，适用于存货品种繁多、收发频繁的企业。如果企业的自制半成品、产成品品种繁多的，或者在管理上需要分别核算其计划成本和成本差异的，也可采用计划成本法核算。

企业采用计划成本进行日常核算的基本程序包括：

1. 制定各种存货的计划成本目录，规定存货的分类及各种存货的名称、规格、编号、计量单位和计划单位成本。除一些特殊情况外，计划单位成本在年度内一般不作调整。

2. 平时收入存货时，按计划成本计价，实际成本与计划成本的差额，计入“材料成本差异”。

3. 平时领用、发出存货，按计划成本计价。

4. 月末，分摊本月发出存货应负担的成本差异，将发出存货的计划成本调整为实际成本。

二、原材料按计划成本核算时的账户设置

采用计划成本核算原材料时，企业应设置“材料采购”、“原材料”和“材料成本差异”等账户。

1. “材料采购”账户。“材料采购”账户是资产类账户，用来核算企业采用计划成本法进行日常核算而购入材料的实际采购成本。其借方登记外购材料的采购成本，贷方登记结转的材料实际成本。期末余额在借方，表示企业在途材料的实际成本。

2. “原材料”账户。“原材料”账户是资产类账户，用来核算企业库存材料的计划成本。其借方登记已验收入库的各种材料的计划成本；贷方登记材料发出及减少的计划成本；期末借方余额表示库存材料的计划成本。

3. “材料成本差异”账户。“材料成本差异”账户是资产类账户，用来核算

企业用计划成本法进行日常核算的各种材料的实际成本与计划成本的差异。其借方登记入库材料的实际成本大于计划成本的超支差异,贷方登记入库材料的实际成本小于计划成本的节约差额以及发出材料应负担的成本差异(超支用蓝字,节约用红字)。期末余额在借方,反映企业库存材料的超支差异;期末余额在贷方,反映企业库存材料的节约差异。

三、原材料购入及成本差异的形成

在计划成本法下,外购的原材料先通过"材料采购"科目进行核算,材料的实际成本与计划成本的差异通过"材料成本差异"科目进行核算。

企业购入材料时,应按材料的实际成本,借记"材料采购"科目,按可抵扣的增值税额,借记"应交税费——应交增值税(进项税额)"科目,按实际支付或应付的款项,贷记"银行存款"、"应付账款"等科目;材料入库时,按计划成本,借记"原材料"科目,按实际成本,贷记"材料采购"科目,两者之间的差额,借记或贷记"材料成本差异"科目。

【例 5-14】 利星企业购入材料一批,取得的增值税专用发票上注明的价款为 120 000 元,增值税额为 20 400 元,发票等结算凭证已经收到,货款已通过银行转账支付,材料已验收入库。该批材料的计划成本为 95 000 元。有关账务处理如下:

(1) 购入时

借:材料采购	120 000	
应交税费——应交增值税(进项税额)	20 400	
贷:银行存款		140 400

(2) 入库时

借:原材料	95 000	
材料成本差异	25 000	
贷:材料采购		120 000

【例 5-15】 B 企业购入材料一批,取得的增值税专用发票上注明的价款为 30 000 元,增值税额为 5 100 元,发票等结算凭证已经收到,货款未付,材料已验收入库。该批材料的计划成本为 34 000 元。有关账务处理如下:

(1) 购入时

借:材料采购	30 000	
应交税费——应交增值税(进项税额)	5 100	
贷:应付账款		35 100

(2) 入库时

借:原材料	34 000	

贷:材料采购 30 000

材料成本差异 4 000

实务中,材料入库结转成本的账务处理也可集中在月末进行,以简化账务处理工作。

【例 5-16】 某企业经税务部门核定为一般纳税人,某月份该企业发生的材料采购业务如下:

(1) 4 日,购入材料一批,取得的增值税专用发票上注明的价款为 100 000 元,增值税额为 17 000 元,发票等结算凭证已经收到,货款已通过银行转账支付,材料已验收入库。该批材料的计划成本为 90 000 元。有关账务处理如下:

借:材料采购 100 000

应交税费——应交增值税(进项税额) 17 000

贷:银行存款 117 000

(2) 7 日,购入材料一批,取得的增值税专用发票上注明的价款为 40 000 元,增值税额为 6 800 元,发票等结算凭证已经收到,货款已通过银行转账支付,材料已验收入库。该批材料的计划成本为 36 000 元。有关账务处理如下:

借:材料采购 40 000

应交税费——应交增值税(进项税额) 6 800

贷:银行存款 46 800

(3) 10 日,购入材料一批,材料已经运到,并已验收入库。取得的增值税专用发票上注明的价款为 60 000 元,增值税额为 10 200 元,发票等结算凭证已经收到,货款已通过银行转账支付。该批材料的计划成本为 50 000 元。有关账务处理如下:

借:材料采购 60 000

应交税费——应交增值税(进项税额) 10 200

贷:银行存款 70 200

(4) 15 日,购进材料一批,取得的增值税专用发票上注明的价款为 80 000 元,增值税额为 13 600 元。双方商定采用商业承兑汇票结算方式支付货款,付款期限为三个月。材料已经到达并验收入库,已开出商业承兑汇票。该批材料的计划成本为 70 000 元。有关账务处理如下:

借:材料采购 80 000

应交税费——应交增值税(进项税额) 13 600

贷:应付票据 93 600

(5) 月末,汇总本月已经付款或已开出商业承兑汇票的入库材料的计划成本为 246 000 元。有关账务处理如下:

借:原材料 246 000

贷:材料采购 246 000

月末结转本月已经付款或已开出商业承兑汇票的入库材料的材料成本差异,其实际成本为 280 000 元,材料成本差异额为 34 000 元(280 000 - 246 000)(超支额)。有关账务处理如下:

借:材料成本差异 34 000

贷:材料采购 34 000

四、原材料发出及成本差异的分摊

计划成本法下,企业日常发出材料时应以计划成本进行核算,月末再计算发出材料应分摊的成本差异,将计划成本调整为实际成本。

企业实际领用材料时,借记"生产成本"、"制造费用"、"销售费用"、"管理费用"等有关科目,贷记"原材料"科目;月末计算领用材料应分摊的成本差异时,借记"生产成本"、"制造费用"、"销售费用"、"管理费用"等有关科目,贷记"材料成本差异"科目(超支用蓝字,节约用红字)。

为了便于成本差异的分摊,企业应当计算材料成本差异率,据以分配当月形成的材料成本差异。材料成本差异率的计算公式如下:

$$\text{材料成本差异率}=\frac{\text{期初结存材料的成本差异}+\text{本期收入材料的成本差异}}{\text{期初结存材料的计划成本}+\text{本期收入材料的计划成本}}\times 100\%$$

其中:正数——超支差异;负数——节约差异。

发出材料应负担差异 = 发出材料的计划成本 × 材料成本差异率

发出材料的实际成本等于发出材料的计划成本加上超支差异,或发出材料的计划成本减去节约差异。

【例 5-17】 旺星公司月初原材料账户借方余额 3 000 元,材料成本差异账户借方余额 380 元。本月购进原材料实际成本 5 800 元,计划成本 6 000 元。本月生产耗用原材料,其计划成本 5 000 元。

根据上述资料,计算本月生产耗用原材料应分摊的材料成本差异如下:

材料成本差异率 = [380 - (6 000 - 5 800)] ÷ (3 000 + 6 000) = 2%

月末应结转的材料成本差异 = 5 000 × 2% = 100(元)

【例 5-18】 某企业期初结存 A 材料的计划成本为 200 000 元,期初"材料成本差异"账户有贷方余额 1 000 元,当月收入 A 材料的计划成本为 100 000 元,实际成本为 104 000 元。该月 A 材料"发料凭证汇总表"列明,基本生产车间领用 150 000 元,车间管理部门领用 20 000 元,厂部管理部门领用 10 000 元,销售部门领用 1 000 元。企业账户处理如下:

(1) 按计划成本发出原材料

借:生产成本 150 000

制造费用 20 000

管理费用 10 000

销售费用 1 000

贷:原材料 181 000

(2) 计算分摊材料成本差异

本期材料成本差异率 = (-1 000 +4 000) ÷ (200 000 +100 000) ×100% =1%

生产车间领用材料应负担 =150 000 ×1% =1 500(元)

车间管理部门领用材料应负担 =20 000 ×1% =200(元)

厂部管理部门领用材料应负担 =10 000 ×1% =100(元)

销售部门领用材料应负担 =1 000 ×1% =10(元)

(3) 结转材料成本差异

借:生产成本 1 500

制造费用 200

管理费用 100

销售费用 10

贷:材料成本差异 1 810

第五节 存货清查

由于存货种类繁多、收发频繁,在日常收发过程中可能会发生计量差错、计算错误、自然损耗,还可能会发生损坏变质以及贪污、盗窃等情况。为了正确反映存货的实存数,企业应定期或不定期对存货进行盘点清查。存货清查是指通过对存货的实地盘点,确定存货的实有数量,并与账面结存数核对,从而确定存货实存数与账面结存数是否相符的一种专门方法。

存货清查的结果一般有三种情况:账实相符、盘盈或盘亏。如果存货清查结果为账实相符的情况,则不需作会计处理;如果清查结果为盘盈或盘亏,则应查明原因,并根据企业的管理权限,经股东大会或董事会,或经理(厂长)会议或类似机构批准后,在期末结账前处理完毕。

企业应设置"待处理财产损溢"账户,核算在清查财产过程中查明的各种财产物资的盘盈、盘亏和毁损数,并在该科目下设置"待处理流动资产损溢"进行明细核算。

一、存货盘盈的核算

存货盘盈,是指存货实存数量大于账面结存数量的情形。盘盈的存货应当冲减管理费用。

企业发生存货盘盈时,借记“原材料”、“库存商品”等科目,贷记“待处理财产损溢——待处理流动资产损溢”科目。经有关部门审核批准后,借记“待处理财产损溢——待处理流动资产损溢”科目,贷记“管理费用”科目。

【例 5-19】 华夏公司在财产清查中盘盈甲材料 300 公斤,实际单位成本 28 元,经查,属于材料收发计量方面的错误。企业应作如下会计处理:

(1) 批准处理前

借:原材料——甲材料 8 400

贷:待处理财产损溢——待处理流动资产损溢 8 400

(2) 批准处理后

借:待处理财产损溢——待处理流动资产损溢 8 400

贷:管理费用 8 400

二、存货盘亏的核算

存货盘亏,是指存货实存数量小于账面结存数量的情形。存货盘亏时,借记“待处理财产损溢——待处理流动资产损溢”科目,贷记“原材料”、“库存商品”等科目。按管理权限报经批准后,根据造成存货盘亏或毁损的原因,分别按以下情况进行处理:

属于定额内耗损或日常收发计量上的错误,经批准后应当计入“管理费用”科目;应由过失人赔偿的部分,应当借记“其他应收款”科目;对于自然灾害等不可抗力原因造成的损失,应当计入“营业外支出”科目;对于无法收回的其他损失,经批准后应当计入“管理费用”科目。

【例 5-20】 某企业在财产清查中发现盘亏甲材料 100 千克,单位成本 20 元。经查明,属于一般经营损失。

企业编制会计分录如下:

(1) 批准前

借:待处理财产损溢——待处理流动资产损溢 2 000

贷:原材料——甲材料 2 000

(2) 批准后

借:管理费用 2 000

贷:待处理财产损溢——待处理流动资产损溢 2 000

【例 5-21】 企业在财产清查中发现毁损乙材料 300 千克,经查明,属于非常事故造成的损失。该材料单位成本为每千克 100 元,根据保险责任范围及保险合同约定,保险公司应给予 15 000 元的赔偿,残料已办理入库手续,价值 1 000 元。

企业会计处理如下:

(1) 批准前

借:待处理财产损溢——待处理流动资产损溢 35 100

贷:原材料——乙材料 30 000

应交税费——应交增值税(进项税额转出) 5 100

(2) 批准后

借:其他应收款——保险公司 15 000

原材料 1 000

营业外支出 19 100

贷:待处理财产损溢——待处理流动资产损溢 35 100

课后练习

一、单项选择题

1. 下列各项中,不应作为存货核算的是(　　)。

A. 工程物资　B. 委托加工物资　C. 原材料　D. 库存商品

2. 在企业外购材料中,若材料已收到,而至月末结算凭证仍未到,对于该批材料,企业处理方式为(　　)。

A. 不作任何处理　B. 按该材料市价入账

C. 按合同价格或计划价格暂估价入账　D. 按上批同类材料价格入账

3. 甲企业为增值税一般纳税人。本期外购原材料一批,购买价格为 10 000 元,增值税为 1 700 元,入库前发生的挑选整理费用为 500 元。该批原材料的入账价值为(　　)元。

A. 10 000　B. 11 700　C. 10 500　D. 12 200

4. 实际成本法下,付款在先,收料在后的业务,应该通过(　　)账户进行核算。

A. 材料采购　B. 原材料　C. 工程物资　D. 在途物资

5. 为委托加工材料所支付的运杂费,应在(　　)账户中核算。

A. 材料采购　B. 在途材料

C. 管理费用　D. 委托加工物资

6. 存货采用先进先出法计价的情况下,如果物价上涨,将会使企业(　　)。

A. 期末存货升高,当期利润减少　B. 期末存货升高,当期利润增加

C. 期末存货降低,当期利润增加　D. 期末存货降低,当期利润减少

7. 下列各项中,应计入营业外支出的是(　　)。

A. 计量差错引起的原材料盘亏　B. 原材料一般经营损失

C. 自然灾害造成的原材料损失　D. 原材料运输途中发生的合理损耗

8. 我国企业会计准则规定,确定发出存货的实际成本不得采用的方法是(　　)。

A. 先进先出法　　B. 加权平均法

C. 个别计价法　　D. 后进先出法

9. 基本生产车间领用原材料生产甲产品,应借记的账户是(　　)。

A. 生产成本　　B. 制造费用

C. 管理费用　　D. 财务费用

10. 下列原材料相关损失项目中,应计入管理费用的是(　　)。

A. 计量差错引起的原材料盘亏　　B. 自然灾害造成的原材料损失

C. 原材料运输途中发生的合理损耗　　D. 人为责任造成的原材料损失

二、业务题

(一) 某公司原材料按实际成本核算,2012 年 12 月份发生下列材料物资收发业务(不考虑增值税):

1. 向金兴工厂购入甲材料 200 吨, 每吨 108 元,增值税率 17%,款项尚未支付,材料尚未到达。

2. 从本市购入乙材料 100 吨, 每吨 30 元,增值税率 17%,运杂费 700 元,货款均以银行存款付清。

3. 以银行存款付清前欠金兴工厂购货款 25 272 元。

4. 甲、乙两种材料均已完成采购过程,结转材料采购成本。

5. 当月发出原材料 19 700 元。其中生产产品领用原材料 18 000 元,车间一般耗用 1 200 元,企业管理部门耗用 500 元。

要求:编制相应的会计分录。

(二) A 公司库存采用永续盘存制,2012 年 8 月有关存货明细账如下:

单位:元

2012 年		凭证编号	摘要	收入			支出			结存		
月	日			数量	单价	金额	数量	单价	金额	数量	单价	金额
8	1		期初结存							3 000	4.00	12 000
8	2			2 000	3.00	6 000				5 000		
8	8						1 000			4 000		
8	11			6 000	3.50	21 000				10 000		
8	12						5 000			5 000		
8	14			5 500	3.00	16 500				10 500		
8	20			4 000	3.00	12 000				14 500		
8	29						5 000			9 500		
8	31		本月合计	17 500		55 500	11 000			9 500		

要求:分别按照先进先出法、月末一次加权平均法和移动加权平均法计算本

月发出存货及月末结存存货的成本。

（三）资料：某企业原材料按计划成本核算，原材料计划成本为 15 元/千克。2012 年 2 月，企业“材料成本差异”科目期初借方余额为 3 200 元，“原材料”账户期初借方余额为 30 000 元。2 月 10 日，企业购进原材料 2 000 千克，单价为 14 元，材料进项税额 4 760 元，款项已付。当月生产产品领用原材料 1 800 千克。

要求：

（1）根据以上资料计算企业 2 月份成本差异率以及发出材料负担的差异额。

（2）编制相关的会计分录。

第六章　金融资产

学习要点

- 金融资产的概念及分类
- 交易性金融资产的核算
- 持有至到期投资的核算
- 可供出售金融资产的核算

金融资产是企业资产的重要组成部分，通常是指企业的库存现金、银行存款、应收账款、应收票据、贷款、股权投资和债权投资等资产。

金融资产的分类与金融资产的计量密切相关。企业应当结合自身业务特点、投资策略和风险管理要求等，将取得的金融资产在初始确认时划分为以下四类：(1) 以公允价值计量且其变动计入当期损益的金融资产；(2) 持有至到期投资；(3) 贷款和应收款项；(4) 可供出售金融资产。其中，以公允价值计量且其变动计入当期损益的金融资产，可以进一步分为交易性金融资产和指定为以公允价值计量且其变动计入当期损益的金融资产。

金融资产的分类一经确定，不得随意变更。

第一节　交易性金融资产

一、交易性金融资产概述

交易性金融资产是以公允价值计量且其变动计入当期损益的金融资产的主要内容。企业取得的金融资产满足下列条件之一的，应当划分为交易性金融资产：

1. 取得该金融资产的目的，主要是为了近期内出售。如企业以赚取差价为目的从二级市场购入的股票、债券、基金等。通常情况下，这是交易性金融资产的主要组成部分。

2. 属于进行集中管理的可辨认金融工具组合的一部分，且有客观证据表明企业近期采用短期获利方式对该组合进行管理。

3. 属于衍生工具，如国债期货、股指期货等。但是，被指定为有效套期工具的衍生工具、属于财务担保合同的衍生工具,以及与在活跃市场中没有报价且其公允价值不能可靠计量的权益工具投资挂钩,并须通过交付该权益工具结算的衍生工具除外。

企业应设置"交易性金融资产"账户,核算企业为交易目的所持有的债券投资、股票投资、基金投资等交易性金融资产的公允价值,并按照交易性金融资产的类别和品种,分"成本"、"公允价值变动"等进行明细核算。其中"成本"明细账户反映交易性金融资产的初始确认金额;"公允价值变动"明细账户反映交易性金融资产在持有期间的公允价值变动金额。

"交易性金融资产"属于资产类账户,借方登记交易性金融资产的取得成本,以及资产负债表日其公允价值高于账面余额的差额;贷方登记资产负债表日其公允价值低于账面余额的差额,以及企业出售交易性金融资产时结转的成本。期末余额在借方,反映企业持有的交易性金融资产的公允价值。

二、交易性金融资产的取得

企业取得交易性金融资产进行初始确认时,应按公允价值计量,相关交易费用应当直接计入当期损益。其中,相关交易费用是指可直接归属于购买、发行或处置金融工具新增的外部费用,包括支付给代理机构、咨询公司、证券商等的手续费和佣金及其他必要支出,不包括债券溢价、折价、融资费用、内部管理成本及其他与交易不直接相关的费用。企业为发行金融工具所发生的差旅费等,不属于交易费用。

企业在取得交易性金融资产所支付的价款中,如果包含已宣告但尚未发放的现金股利,或已到付息期,但尚未领取的债券利息,应当单独确认为应收项目,不计入交易性金融资产的初始确认金额。

企业取得交易性金融资产时,应按其公允价值,借记"交易性金融资产——成本"科目,按其发生的相关交易费用,借记"投资收益"科目,按已宣告但尚未发放的现金股利,或已到付息期,但尚未领取的利息,借记"应收股利"或"应收利息"科目,按实际支付的金额,贷记"银行存款"等科目。企业收到取得交易性金融资产时所支付价款中包含的已宣告尚未发放的现金股利,或已到付息期尚未领取的债券利息时,借记"银行存款"等科目,贷记"应收股利"或"应收利息"科目。

【例 6-1】 2012 年 1 月 1 日,利兴公司以每股 12 元的价格从二级市场购入甲公司 50 000 股股票,利兴公司将该股票划分为交易性金融资产,则交易日的会计处理如下:

借:交易性金融资产——成本　　600 000
　贷:银行存款　　600 000

【例 6-2】 2012 年 8 月 15 日,乙公司以每股 10.5 元的价格从二级市场购入 100 000 股股票,其中含已宣告但尚未发放的现金股利 0.5 元/股,另支付交易费用 2 000 元,乙公司将该股票划分为交易性金融资产,则交易日的会计处理为:

借:交易性金融资产——成本 1 000 000

应收股利 50 000

投资收益 2 000

贷:银行存款 1 052 000

如 10 月 30 日,乙公司收到发放的现金股利,则相应的会计处理为:

借:银行存款 50 000

贷:应收股利 50 000

三、交易性金融资产的持有收益及期末计量

(一) 交易性金融资产的持有收益

企业应将在持有交易性金融资产期间所获得的现金股利或债券利息确认为投资收益。被投资单位宣告发放现金股利时,借记"应收股利"科目,贷记"投资收益"科目;债券资产负债表日计提债券利息时,借记"应收利息"科目,贷记"投资收益"科目。收到利息或现金股利时,借记"银行存款"科目,贷记"应收股利"或"应收利息"科目。

【例 6-3】 接例 6-1 资料,2012 年 8 月 1 日,甲公司宣告半年度利润分配方案,每股分派现金股利 0.10 元。利兴公司于 9 月 15 日实际收到现金股利 5 000 元并存入银行。利兴公司会计处理如下:

(1) 8 月 1 日,甲公司宣告分派现金股利时

借:应收股利 5 000

贷:投资收益 5 000

(2) 9 月 15 日,收到现金股利时

借:银行存款 5 000

贷:应收股利 5 000

【例 6-4】 2012 年 1 月 1 日,丙公司购入 A 公司当日发行的两年期债券作为交易性金融资产,该债券票面金额为 400 万元,每半年付息一次,年利率为 4%。7 月 1 日,丙公司收到利息 8 万元。丙公司会计处理如下:

(1) 6 月 30 日,计算确认利息收入时

借:应收利息 80 000

贷:投资收益 80 000

（2）7 月 1 日，收到利息时

借：银行存款　　　　80 000

　贷：应收利息　　　　80 000

（二）交易性金融资产的期末计量

交易性金融资产采用公允价值进行后续计量，其公允价值变动形成的利得或损失直接计入当期损益。

企业应设置“公允价值变动损益”账户，核算资产负债表日交易性金融资产账面价值与公允价值之间的差额。该账户属于损益类账户，其借方登记因公允价值变动而形成的损失金额和贷方发生额的转出额，贷方登记因公允价值变动而形成的收益金额和借方发生额的转出额。

资产负债表日，企业应按交易性金融资产的公允价值高于其账面余额的差额，借记“交易性金融资产——公允价值变动”科目，贷记“公允价值变动损益”科目；按公允价值低于其账面余额的差额，借记“公允价值变动损益”科目，贷记“交易额性金融资产——公允价值变动”科目。

【例 6-5】 2012 年 10 月 23 日，丙公司以每股 8 元的价格从二级市场购入 10 000 股股票，丙公司将该股票划分为交易性金融资产。12 月 31 日，该股票价格上涨到每股 10 元。丙公司编制会计分录如下：

借：交易性金融资产——公允价值变动　　　　20 000

　贷：公允价值变动损益　　　　20 000

假如 2012 年 12 月 31 日，该股票价格下跌到每股 7 元，则丙公司应编制会计分录如下：

借：公允价值变动损益　　　　10 000

　贷：交易性金融资产——公允价值变动　　　　10 000

四、交易性金融资产的处置

企业处置交易性金融资产时，应将其公允价值与其账面余额之间的差额确认为投资损益，同时调整公允价值变动损益。

具体处置交易性金融资产时，按实际收到的金额，借记“银行存款”等科目，按交易性金融资产的账面余额，贷记“交易性金融资产”科目，按其差额，贷记或借记“投资收益”科目。同时，应将原记入“公允价值变动损益”的金额转入“投资收益”，借记或贷记“公允价值变动损益”科目，贷记或借记“投资收益”科目。

【例 6-6】 2010 年 11 月 11 日，丁公司以每股 10 元的价格从二级市场购入 50 000 股股票，另支付交易费用 3 000 元，丁公司将该股票划分为交易性金融资产，则相应的会计处理如下：

借：交易性金融资产——成本　　　　500 000

投资收益　3 000

　贷：银行存款　503 000

12 月 31 日，该股票价格上涨到每股 11 元，则相应的会计处理如下：

借：交易性金融资产——公允价值变动　50 000

　贷：公允价值变动损益　50 000

2011 年 1 月 12 日，丁公司以每股 12 元的价格出售全部股票，则相应的会计处理如下：

借：银行存款　600 000

　贷：交易性金融资产——成本　500 000

　　　　　　　　　　——公允价值变动　50 000

　　投资收益　50 000

借：公允价值变动损益　50 000

　贷：投资收益　50 000

第二节　持有至到期投资

一、持有至到期投资概述

持有至到期投资，是指到期日固定、回收金融固定或可确定，且企业有明确意图和能力持有至到期的非衍生金融资产。如企业从二级市场上购入的固定利率国债、浮动利率公司债券等。

持有至到期投资的基本特征是到期日固定、回收金额固定或可确定，有明确意图持有至到期，并有能力持有至到期。企业应当在资产负债表日对持有意图和持有能力进行评价，存在下列情况之一的，表明企业没有明确意图将金融资产投资持有至到期：

1. 持有该金融资产的期限不确定。

2. 发生市场利率变化、流动性需要变化、替代投资机会及其投资收益率变化、融资来源和条件变化、外汇风险变化等情况时，将出售该金融资产。但是，无法控制、预期不会重复发生且难以合理预计的独立事项引起的金融资产出售除外。

3. 该金融资产的发行方可以按照明显低于其摊余成本的金额清偿。

4. 其他表明企业没有明确意图将该金融资产持有至到期的情况。

存在下列情况之一的，表明企业没有能力将具有固定期限的金融资产投资持有至到期：

1. 没有可利用的财务资源持续地为该金融资产投资提供资金支持，以使该金融资产投资持有至到期。

2. 受法律、行政法规的限制,使企业难以将该金融资产投资持有至到期。

3. 其他表明企业没有能力将具有固定期限的金融资产投资持有至到期的情况。

企业应设置“持有至到期投资”账户,用来核算其持有至到期投资的价值,并按照持有至到期投资的类别和品种,分“成本”、“利息调整”、“应计利息”等进行明细核算。“持有至到期投资”属于资产类账户,借记持有至到期投资的增加额,贷记持有至到期投资的减少额,期末借方余额,反映企业持有至到期投资的摊余成本。

二、持有至到期投资的取得

持有至到期投资应当按照取得时的公允价值和相关交易费用之和作为初始入账金额。支付的价款中包括的已到付息期,但尚未领取的债券利息,应单独确认为应收项目。

企业取得持有至到期投资时,按其面值,借记“持有至到期投资——成本”科目,按支付的价款中包括的已到付息期,但尚未领取的债券利息,借记“应收利息”科目,按实际支付的金额,贷记“银行存款”等科目,按其差额,借记或贷记“持有至到期投资——利息调整”科目。企业收到实际支付的价款中包含的已到付息期,但尚未领取的债券利息时,借记“银行存款”科目,贷记“应收利息”科目。

【例 6-7】 甲公司于 2010 年 1 月 1 日购入乙公司当日发行的面值 100 000 元、期限 3 年、票面利率 5% 的每年付息到期还本的债券,甲公司将其划分为持有至到期投资,实际支付的全部价款(包括相关交易费用)为 92 000 元,其相应会计处理为:

借:持有至到期投资——成本　　100 000
　贷:银行存款　　92 000
　　持有至到期投资——利息调整　　8 000

【例 6-8】 接例 6-5 资料,假如甲公司实际支付的全部价款(包括相关交易费用)为 107 000 元,则相应会计处理为:

借:持有至到期投资——成本　　100 000
　　　　——利息调整　　7 000
　贷:银行存款　　107 000

【例 6-9】 丙公司于 2011 年 1 月 1 日购入乙公司于 2010 年 1 月 1 日发行的面值 100 000 元、期限 3 年、票面利率 5% 的每年年末付息到期还本的债券,其中包括乙公司已宣告但尚未发放的利息 5 000 元,丙公司将其划分为持有至到

期投资,实际支付的全部价款(包括相关交易费用)为107 000元,其相应会计处理为:

借:持有至到期投资——成本　　100 000

　　　　　　　　——利息调整　　2 000

　应收利息　　5 000

　贷:银行存款　　107 000

2011年1月5日,丙公司收到利息5 000元,则相应的会计处理为:

借:银行存款　　5 000

　贷:应收利息　　5 000

三、持有至到期投资利息收入的确认

持有至到期投资在持有期间应当按照摊余成本和实际利率计算确认利息收入,计入投资收益。

实际利率是指使持有至到期投资未来收回的利息和本金的现值,恰好等于其取得成本的折现率。摊余成本是指持有至到期投资的初始确认金额经下列调整后的结果:

1. 扣除已偿还的本金。

2. 加上或减去采用实际利率法将该初始确认金额与到期日金额之间的差额进行摊销形成的累计摊销额。

3. 扣除已发生的减值损失。

资产负债表日,企业应按票面利率计算确定的应收未收利息,借记"应收利息"科目(分期付息、一次还本债券)或"持有至到期投资——应计利息"科目(一次还本付息债券),按持有至到期投资摊余成本和实际利率计算确定的利息收入,贷记"投资收益"科目,按其差额,借记或贷记"持有至到期投资——利息调整"科目。

实际利率与票面利率差别较小的,也可按票面利率计算利息收入,计入投资收益。

【例6-10】 甲公司2010年1月1日购入乙公司于当日发行的面值100 000元、期限3年、票面利率10%的债券,该债券每年年末付息,到期还本并支付最后一次利息。甲公司将其划分为持有至到期投资,实际支付的全部价款(包括相关交易费用)为105 150元,实际利率为8%。相应的会计分录为:

(1) 2010年1月1日,购入债券

借:持有至到期投资——成本　　100 000

　　　　　　　　——利息调整　　5 150

　贷:银行存款　　105 150

(2) 12 月 31 日,确认利息收入

应确认的利息收入 = 105 150 × 8% = 8 412(元)

应收利息 = 100 000 × 10% = 10 000(元)

利息调整的摊销额 = 10 000 − 8 412 = 1 588(元)

相应的会计分录为:

借:应收利息 10 000

贷:投资收益 8 412

持有至到期投资——利息调整 1 588

收到利息时:

借:银行存款 10 000

贷:应收利息 10 000

(3) 2011 年 12 月 31 日,确认利息收入

应确认的利息收入 = (105 150 − 1 588) × 8% = 8 285(元)

应收利息 = 100 000 × 10% = 10 000(元)

利息调整的摊销额 = 10 000 − 8 285 = 1 715(元)

相应的会计分录为:

借:应收利息 10 000

贷:投资收益 8 285

持有至到期投资——利息调整 1 715

收到利息时:

借:银行存款 10 000

贷:应收利息 10 000

(4) 2012 年 12 月 31 日,确认利息收入

应收利息 = 100 000 × 10% = 10 000(元)

利息调整的摊销额 = 5 150 − 1 588 − 1 715 = 1 847(元)

应确认的利息收入 = 10 000 − 1 847 = 8 153(元)

相应的会计分录为:

借:应收利息 10 000

贷:投资收益 8 153

持有至到期投资——利息调整 1 847

收到利息时:

借:银行存款 10 000

贷:应收利息 10 000

四、持有至到期投资的处置

企业处置持有至到期投资时，应按实际收到的金额，借记“银行存款”科目等，按持有至到期投资的账面价值，贷记“持有至到期投资”科目，按其差额，贷记或借记“投资收益”科目。如果已计提减值准备的，还应同时结转减值准备。

【例6-11】 A公司于2010年1月5日从二级市场购入B公司于2010年1月1日发行的3年期到期一次还本付息债券，该债券面值为1 000 000元，票面利率为4%。2013年1月1日，债券到期，A公司收回本金及利息共计1 120 000元存入银行。A公司会计处理如下：

借：银行存款	1 120 000	
贷：持有至到期投资——成本		1 000 000
——应计利息		120 000

第三节　可供出售金融资产

可供出售金融资产，是指初始确认时即被指定为可供出售的非衍生金融资产，以及除下列各类资产以外的金融资产：(1) 贷款和应收款项；(2) 持有至到期投资；(3) 以公允价值计量且其变动计入当期损益的金融资产。

对于在活跃市场上有报价的金融资产，既可能划分为以公允价值计量且其变动计入当期损益的金融资产，也可能划分为可供出售金融资产；如果该金融资产属于有固定到期日、回收金额固定或可确定的金融资产，则该金融资产还可能划分为持有至到期投资。某项金融资产具体应分为哪一类，主要取决于企业风险管理、投资决策等因素。相对于交易性金融资产而言，可供出售金融资产的持有意图不明确。

企业应当设置“可供出售金融资产”账户，用来核算企业持有的可供出售金融资产的价值，并按照可供出售金融资产类别或品种进行明细核算。“可供出售金融资产”属于资产类账户，其借方余额，反映企业可供出售金融资产的公允价值。

一、可供出售金融资产的取得

企业取得可供出售金融资产时，应当按照取得该项资产时的公允价值和相关交易费用作为初始确认金额。实际支付的价款中包含已宣告但尚未发放的现金股利，或已到付息期，但尚未领取的债券利息，应当单独确认为应收项目。

企业取得的可供出售金融资产如为股票投资的，应按其公允价值和交易费用之和，借记“可供出售金融资产——成本”科目，按支付的价款中包含的已宣告但尚未发放的现金股利,借记“应收股利”科目,按实际支付的金额,贷记“银行存款”等科目。

企业取得的可供出售金融资产如为债券投资的,应按债券的面值,借记“可供出售金融资产——成本”科目,按支付的价款中包含的已到付息期,但尚未领取的债券利息,借记“应计利息”科目,按实际支付的金额,贷记“银行存款”等科目,按其差额借记或贷记“可供出售金融资产——利息调整”科目。

【例6-12】 甲公司于2012年10月10日以每股8.5元的价格购入乙公司股票100 000股,其中包括宣告但尚未发放的股利50 000元,甲公司其将作为可供出售金融资产处理,则相关的会计分录如下:

借:可供出售金融资产——成本	800 000	
应收股利	50 000	
贷:银行存款		850 000

【例6-13】 甲公司于2010年1月5日购入乙公司2010年1月1日发行的三年期债券,债券面值100 000元,票面利率10%,债券一次还本付息。甲公司共支付价款(包括交易费用)96 500元,并将其划为可供出售金融资产,则相应的会计分录为:

借:可供出售金融资产——成本	100 000	
贷:银行存款		96 500
持有至到期投资——利息调整		3 500

二、可供出售金融资产的持有收益和期末计量

企业应将可供出售金融资产持有期间取得的现金股利或债券利息确认为投资收益。

可供出售金融资产持有期间取得现金股利时,借记“应收股利”科目,贷记“投资收益”科目。

可供出售金融资产持有期间取得债券利息时,企业应按票面利率计算确定的应收未收利息,借记“应收利息”科目(分期付息、一次还本债券投资)或“可供出售金融资产——应计利息”科目(一次还本付息债券投资),按可供出售金融资产的摊余成本和实际利率法计算确定的利息收入,贷记“投资收益”科目,按其差额,借记或贷记“可供出售金融资产——利息调整”科目。

资产负债表日,企业应当对可供出售金融资产按公允价值进行计量,将其公允价值与账面余额的差额直接记入资本公积(其他资本公积)。当公允价值高于其账面余额的,按其差额,借记“可供出售金融资产——公允价值变动”科目,贷记“资本公积——其他资本公积”科目。当公允价值低于其账面余额的,按其差额,借记“资本公积——其他资本公积”科目,贷记“可供出售金融资产——公

允价值变动”科目。

企业应当在资产负债表日对可供出售金融资产进行测试,有客观证据表明该投资发生减值的,应当确认减值损失。

【例 6-14】 丙公司于 2012 年 1 月 10 日以每股 10 元的价格购入乙公司股票 100 000 股,丙公司其将作为可供出售金融资产处理。4 月 11 日,乙公司宣告每股发放现金股利 0.3 元。5 月 1 日,丙公司收到发放的股利 20 000 元存入银行。2012 年 12 月 31 日,乙公司的股票跌为 8 元/股。丙公司相关的会计分录如下:

(1) 2012 年 4 月 11 日,确认股利收入时

借:应收利息 30 000

  贷:投资收益 30 000

(2) 2012 年 5 月 1 日,收到股利时

借:银行存款 30 000

  贷:应收利息 30 000

(3) 2012 年 12 月 31 日,确认公允价值变动时

公允价值变动 = 1 000 000 - 100 000 × 8 = 200 000(元)

借:资本公积——其他资本公积 200 000

  贷:可供出售金融资产——公允价值变动 200 000

三、可供出售金融资产的处置

企业处置可供出售金融资产时,应按实际收到的金额,借记“银行存款”等科目,按其账面余额,贷记“可供出售金融资产”科目,按取得的价款与该金融资产账面价值之间的差额,借记或贷记“投资损益”科目;同时,应从所有者权益中转出原计入的公允价值累计变动额,借记或贷记“资本公积——其他资本公积”科目,贷记或借记“投资收益”科目。

【例 6-15】 2010 年 10 月 10 日,ABC 公司从二级市场购入股票 100 000 股,每股 10 元,相关的手续费为 10 000 元,ABC 公司将该股票划分为可供出售金融资产。

2010 年 10 月 10 日的会计分录为:

借:可供出售金融资产——成本 1 010 000

  贷:银行存款 1 010 000

2010 年 12 月 31 日,该股票的市价为 12 元/股,则相应的会计处理为:

借:可供出售金融资产——公允价值变动 190 000

  贷:资本公积——其他资本公积 190 000

2011 年 4 月 1 日,ABC 公司将该股票出售,售价为每股 14 元,相应的会计

处理为：

借：银行存款　　1 400 000

　贷：可供出售金融资产——成本　　1 010 000

　　　　　　　　　　——公允价值变动　　190 000

　　　投资收益　　200 000

借：资本公积——其他资本公积　　190 000

　贷：投资收益　　190 000

课后练习

一、单项选择题

1. 下列各项不属于金融资产的是(　　)。

A. 库存现金　　B. 应收账款　　C. 基金投资　　D. 存货

2. 持有交易性金融资产期间被投资单位宣告发放现金股利或在资产负债表日按债券票面利率计算利息时，借记“应收股利”或“应收利息”科目，贷记(　　)科目。

A. 交易性金融资产　　B. 投资收益

C. 公允价值变动损益　　D. 短期投资

3. 交易性金融资产应当以公允价值进行后续计量，公允价值的变动记入(　　)账户。

A. 资本公积　　B. 投资收益

C. 待处理财产损益　　D. 公允价值变动损益

4. 可供出售金融资产应当以公允价值进行后续计量，公允价值变动先记入“资本公积”账户，在该金融资产出售时再调整转入(　　)账户。

A. 财务费用　　B. 投资收益

C. 公允价值变动损益　　D. 营业外收支

5. 企业购入发行为 3 年期、分期付息债券，计划持有至到期。持有期内按期确认的应收利息，其核算账户是(　　)。

A. 持有至到期投资——应计利息　　B. 其他应收款

C. 应收利息　　D. 长期应收款

6. 下列各项中，应计入投资收益的是(　　)。

A. 交易性金融资产的公允价值变动

B. 取得可供出售金融资产时发生的交易费用

C. 取得交易性金融资产时发生的交易费用

D. 可供出售金融资产的公允价值变动

7. 关于金融资产的后续计量,下列说法中不正确的有(　　)。

A. 资产负债表日,企业应将交易性金融资产的公允价值变动计入当期损益

B. 持有至到期投资应当按照摊余成本和实际利率计算确认利息收入,计入投资收益

C. 可供出售金融资产应当以公允价值计量,且公允价值变动计入资本公积

D. 可供出售金融资产应当以公允价值计量,且公允价值变动计入当期损益

8. 甲公司认购乙公司普通股股票1000股,每股面值10元,实际买价为每股11元,另外支付相关费用100元,公司将该股票作为交易性金融资产核算和管理,则该批投资的初始投资成本为(　　)元。

A. 10000　　B. 11000　　C. 10900　　D. 11100

9. 2011年7月1日,甲公司以每张900元的价格购入乙公司2011年1月1日发行的面值为1000元、票面利率3%的3年期一次还本付息的债券50张,计划持有至到期。该项债券投资的折价金额应为(　　)元。

A. 4800　　B. 5000　　C. 5750　　D. 6500

10. ABC公司2011年1月1日购入面值为200万元、票面年利率为4%的A债券。取得时支付价款208万元(含已到付息期尚未领取的利息8万元),另支付交易费用1万元,公司将该项金融资产划分为交易性金融资产,资产的入账价值为(　　)万元。

A. 208　　B. 209　　C. 200　　D. 201

二、业务题

(一) 2010年11月30日,A公司从证券市场上以每股10元的价格购买甲公司股票10000股,其中包含已宣告但未发放的现金股利0.2元,另支付相关交易费用1000元,A公司将其划分为交易性金融资产。2010年12月3日,A公司收到甲公司分来的现金股利2000元。2010年12月31日,甲公司股票的公允价值为每股12元。2011年2月18日,A公司以每股15元的价格出售甲公司股票2000股。

要求:编制上述A公司经济业务的相关会计分录。

(二) 甲公司于2010年1月2日从证券市场上购入乙公司于2010年1月1日发行的债券,该债券3年期、票面年利率为4%、到期日为2013年1月1日,到期日一次归还本金和利息。甲公司购入债券的面值为1000万元,实际支付价款为947.50万元,另支付相关费用20万元。甲公司购入后将其划分为持有至到期投资。购入债券的实际年利率为5%。假定按年计提利息,利息不是以复利计算。

要求:编制甲公司从2010年1月2日至2013年1月1日上述经济业务的会计分录。

（三）2010年5月，ABC公司以1 000万元购入甲公司股票100万股作为可供出售金融资产，另支付手续费5万元。2010年6月30日，该股票每股市价为11元；2010年8月10日，甲公司宣告分派现金股利，每股1元；8月20日，ABC公司收到分派的现金股利。至12月31日，ABC公司仍持有该可供出售金融资产，期末每股市价为12元。2011年1月3日，ABC公司以1 300万元出售该可供出售金融资产。假定ABC公司每年6月30日和12月31日对外提供财务报告。

要求：编制上述ABC公司经济业务的会计分录。

第七章　固定资产

学习要点

- 固定资产的概念、分类、确认及计价基础
- 不同方式取得固定资产的成本确定及账务处理
- 固定资产折旧方法及账务处理
- 固定资产的后续支出
- 固定资产的减值和处置

第一节　固定资产概述

一、固定资产的概念与特征

固定资产是指企业为生产商品、提供劳务、出租或经营管理而持有的，使用寿命超过一个会计年度的有形资产。固定资产的基本特征包括：

1. 固定资产是有形资产。固定资产具有实物形态，可以看得见、摸得着。固定资产的这一特征将其与无形资产区别开来。有些无形资产可能同时具备固定资产的某些特征，如为生产商品、提供劳务而持有的，使用寿命超过一个会计年度等，但由于其没有实物形态，所以不属于固定资产。

2. 固定资产为生产商品、提供劳务、出租或经营管理而持有。固定资产是企业的劳动工具或手段，企业取得固定资产的目的是服务于企业自身的生产经营活动，而不是用于投资或出售。企业可以将固定资产运用于产品生产或企业的行政管理，也可以将固定资产出租给他人从而赚取租金收入。但用于出租的固定资产仅指机器设备类固定资产，用于出租的建筑物是企业的投资性房地产，不属于企业的固定资产。

3. 固定资产的使用寿命超过一个会计年度。固定资产属于长期耐用资产，其使用期限超过一年。固定资产在使用过程中保持原有的实物形态，其价值通过计提折旧的方式逐步减少。企业生产经营中所使用的工具、用具、备品备件、维修设备等周转材料，虽然也体现出固定资产的某些特征，如具有实物形态且使用期限超过一年等，但由于数量多、单价低，如果采用折旧方式实现价值的转移

不符合成本效益原则,因此实务中通常将这类资产确认为存货。

二、固定资产的分类

企业的固定资产种类很多,为了便于实物管理和价值核算,需要依据不同的标准,对固定资产进行科学、合理的分类。以下是几种常见的分类方法:

(一)固定资产按经济用途分类

固定资产按经济用途可分为生产经营用固定资产和非生产经营用固定资产。生产经营用固定资产是指直接服务于企业生产经营过程的各种固定资产,如生产经营用的厂房、机器设备、仓库、工具器具、运输车辆等。非生产经营用固定资产是指不直接服务于企业生产经营过程的固定资产,如职工住宿、公共福利设施、文化生活娱乐和卫生保健等方面所使用的建筑物、设施以及器具等。

(二)固定资产按使用情况分类

固定资产按使用情况可分为使用中固定资产、未使用固定资产和不需用固定资产。使用中固定资产,是指正在使用中的经营性和非经营性固定资产,包括由于季节性经营或大修理等原因暂时停止使用的固定资产、企业出租(指经营性租赁)给其他单位使用的固定资产,以及企业存放在生产车间、经营场所备用或轮换使用的固定资产等;未使用固定资产,是指已完工或已购建的尚未交付使用的新增固定资产,以及因进行改建、扩建等原因暂停使用的固定资产,如企业购建的尚待安装的固定资产,因经营任务变更而停止使用的固定资产等;不需用固定资产,是指企业多余或不适用,需要调配处理的固定资产。

(三)固定资产按所有权分类

固定资产按所有权可分为自有固定资产和租入固定资产。自有资产是指企业拥有所有权的各种固定资产;租入固定资产是指企业从外部租赁来的,只拥有使用权而不拥有所有权的固定资产。

实务工作中,为了更好地满足管理和核算的需要,企业往往对固定资产进行综合分类。一般将固定资产分为生产经营用固定资产、非生产经营用固定资产、未使用固定资产、不需用固定资产、融资租入固定资产、经营租出固定资产和土地(指过去已经估价单独入账的土地)七大类。

三、固定资产的确认条件

除了要具备以上固定资产的基本特征外,根据企业会计准则的规定,固定资产的确认应同时满足以下两个条件:

(一)与该固定资产有关的经济利益很可能流入企业

企业在确认固定资产时,需要判断与该项固定资产有关的经济利益是否很可能流入企业。实务中,主要是通过判断与该固定资产所有权相关的风险和报酬是否转移到了企业来确定。

一般而言,如果一个企业对固定资产拥有所有权,则说明与固定资产所有权有关的风险和报酬已经转移到企业,不论该资产是否存放在企业,企业均可将其确认为固定资产。而在有些情况下,即使固定资产的所有权不属于企业,但企业能够控制与该项固定资产有关的经济利益流入企业,也说明与该固定资产所有权相关的风险和报酬实质上已转移到了企业,企业应将该固定资产予以确认。例如,融资租赁方式下租入的机器设备等,虽然企业不拥有所有权,也应将其确认为固定资产。

(二) 该固定资产的成本能够可靠地计量

成本能够可靠地计量是资产确认的一项基本条件。企业确认固定资产,必须能够可靠地计量取得该固定资产所发生的支出。这里的"可靠计量"也包括特定条件下,企业根据所获得的最新资料,对固定资产的成本进行的合理的估计。如对于已达到预定可使用状态,但尚未办理竣工决算的固定资产,企业需要按照估计价值确认为固定资产。待办理了竣工决算手续后,再按实际成本调整原来的暂估价值。

值得注意的是,企业确认固定资产时,如果固定资产的各组成部分具有不同使用寿命或者以不同方式为企业提供经济利益,适用不同折旧率或折旧方法的,则表明这些组成部分实际上是以独立的方式为企业提供经济利益,应当将各组成部分分为单项固定资产加以确认。

四、固定资产的计价基础

固定资产计价是指以货币为计量单位计算固定资产的价值额。企业出于对固定资产价值指标的不同要求,需要从不同的角度对固定资产进行计价。主要的计价方式有以下三种:

(一) 原始价值

原始价值简称原值或原价,是指企业购建某项固定资产达到可使用状态前所发生的一切合理、必要的支出,包括买价、运输费、装卸费、安装费等。原始价值具有客观性和可验证性,是固定资产的基本计价标准。但这种计价方法也有明显的缺点,当经济环境和社会物价水平发生变化时,它不能反映固定资产的真实价值。

(二) 重置完全价值

重置完全价值也称为现实重置成本,是指企业在现时的生产技术和市场状况下,重新购置同样的固定资产所需的全部支出。重置完全价值可以比较真实地反映固定资产的现实价值,但由于其本身是经常变化的,如果作为普遍的计价基础会引起一系列复杂的会计问题,会计实务操作也比较复杂。因此,这种方法仅用于弥补原始价值的不足，在盘盈固定资产时，或在对报表进行补充、附注说明时采用。

（三）净值

净值也称折余价值，是指固定资产原始价值或重置完全价值减去累计已提折旧后的净额。净值是固定资产的现有价值，反映了固定资产的新旧程度以及占用在固定资产上的尚未收回的金额，是计算固定资产盘盈、盘亏、毁损、出售、报废时所产生的溢余或损失的依据。

第二节 固定资产增加

一、账户设置

1.“固定资产”账户。“固定资产”账户核算企业持有的固定资产原价，其借方登记企业固定资产增加的原价，贷方登记因出售、报废、毁损等原因而减少的固定资产的账面原价。期末余额在借方，表示期末结存的固定资产的账面原价。该账户可按固定资产类别和项目进行明细核算。

2.“在建工程”账户。“在建工程”账户属于资产类账户，核算企业基建、更新改造等在建工程发生的支出。借方登记企业各项工程的实际支出，贷方登记完工转出的各项工程的实际成本。余额在借方，表示尚未达到预定可使用状态的在建工程的实际成本。该账户可按“建筑工程”、“安装工程”、“在安装设备”和“待摊支出”等进行明细核算。

3.“工程物资”账户。“工程物资”账户核算企业为在建工程准备的各种物资的成本，包括工程用材料、尚未安装的设备以及为生产准备的工具器具等。“工程物资”账户属于资产类账户，借方登记为工程准备的物资的实际成本，贷方登记在建工程领用的各种物资的实际成本，期末余额表示工程物资的结存额。该账户可按“专用材料”、“专用设备”和“工器具”等进行明细核算。

二、固定资产增加的核算

企业固定资产增加的来源渠道很多，主要渠道包括：外购固定资产；自行建造固定资产；投资者投入固定资产；接受捐赠固定资产；融资租入固定资产；通过非货币性资产交换、债务重组等方式取得固定资产等。企业在取得固定资产时，应按取得时的成本入账。固定资产的来源渠道不同，其成本构成的具体内容有所差异。

（一）外购的固定资产

企业外购的固定资产的成本包括购买价款、相关税费、使固定资产达到预定可使用状态前所发生的归属该项资产的运输费、装卸费、安装费和专业人员服务费等。

企业外购的固定资产分为不需要安装的固定资产和需要安装的固定资产两种类型。外购不需要安装的固定资产，购入后即可达到预定可使用状态，相关支出直接计入固定资产成本；外购需要安装的固定资产，只有安装调试后才能用于生产经营，达到预定可使用状态，因此需要通过"在建工程" 科目，汇总记录相关购置支出及安装调试成本等。

1. 购入不需要安装的固定资产

企业购入不需安装的机器设备等作为固定资产的，应按价款及可归属该项资产的包装费、运杂费、装卸费等，借记"固定资产"科目，按照扣税凭证上注明的可抵扣增值税额，借记"应交税费——应交增值税（进项税额）"科目，按照应付或实际支付的金额，贷记"银行存款"、"应付账款"、"应付票据"等科目。

【例 7-1】 A 企业购入一台办公用电脑，专用发票上注明价款 12 000 元，增值税 2 040 元，款项均用银行存款支付。A 企业会计分录为：

借：固定资产	12 000
应交税费——应交增值税（进项税额）	2 040
贷：银行存款	14 040

【例 7-2】 2009 年 5 月 2 日，甲公司购入一台不需要安装的机器设备，取得的增值税专用发票上注明的设备价款为 60 000 元，增值税进项税额 10 200 元，支付运杂费、包装费等 2 000 元，款项均以转账支票付讫。甲公司的会计处理如下：

借：固定资产	62 000
应交税费——应交增值税（进项税额）	10 200
贷：银行存款	72 200

2. 购入需要安装的固定资产

企业购入需安装的机器设备等作为固定资产的，应将价款与可归属该项资产的包装费、运杂费、装卸费，以及发生的安装费等作为固定资产的入账价值。会计核算上应先记入"在建工程"科目，待安装完毕后再由"在建工程"科目转入"固定资产"科目。购入机器设备时，扣税凭证上注明的可抵扣增值税额，记入"应交税费——应交增值税（进项税额）"科目。

【例 7-3】 2012 年 10 月 3 日，某股份有限公司购入一台需要安装的机器设备，取得的增值税专用发票上注明的设备价款为 340 000 元，增值税进项税额 57 800 元，支付保险费 5 000 元，运杂费 7 000 元，款项均已通过银行支付。该设备安装时领用原材料 12 000 元，发生人工费 9 000 元，以现金支付其他安装费用 1 000 元。该股份有限公司的会计处理如下：

(1) 购入设备时

借:在建工程 352 000

　应交税费——应交增值税(进项税额) 57 800

　贷:银行存款 409 800

(2) 支付安装费用时

借:在建工程 22 000

　贷:原材料 12 000

　　应付职工薪酬 9 000

　　库存现金 1 000

(3) 设备安装完毕,交付使用时

借:固定资产 374 000

　贷:在建工程 374 000

(二) 自行建造的固定资产

自行建造固定资产的成本,由建造该项资产达到预定可使用状态前所发生的必要支出构成。包括工程物资成本、人工成本、应予资本化的借款费用以及应分摊的间接费用等。

企业自行建造固定资产包括自营建造和出包建造两种方式。实务中,企业较少采用自营方式建造固定资产,多数情况下采用出包方式。无论采用何种方式,所建工程都应当按照实际发生的支出确定其工程成本。

1. 自营方式建造固定资产

企业以自营方式建造固定资产,是指企业自行组织工程物资采购、自行组织施工人员从事工程施工完成固定资产建造。

企业为建造固定资产准备的各种物资,应当按照实际支付的买价及可归属于物资成本的税费等,借记"工程物资"科目,贷记"银行存款"等科目;自营工程领用工程物资时,借记"在建工程"科目,贷记"工程物资"科目;自营工程领用企业材料、发生工程人员工资及其他费用时,借记"在建工程"科目,贷记"银行存款"、"原材料"、"应付职工薪酬"等科目。工程达到预定可使用状态后,按其成本,借记"固定资产"科目,贷记"在建工程"科目。

【例7-4】 2011 年8 月,华兴公司开始自行制造一台设备。有关资料如下:

(1) 8 月 4 日,公司购入工程用物资一批,价款 300 000 元,增值税进项税额 51 000 元,款项以银行存款支付,工程物资验收入库;

(2) 8 月 12 日,工程开始。制造过程中实际领用工程物资 230 000 元;领用生产用原材料一批,实际成本 30 000 元;计提工程人员工资 55 000 元;以银行存款支付其他工程费用 20 000 元;

(3) 10 月 25 日,工程完工,达到预定可使用状态。

华兴公司账务处理如下：

(1) 购入工程用物资

借：工程物资 300 000

应交税费——应交增值税(进项税额) 51 000

贷：银行存款 351 000

(2) 工程领用物资

借：在建工程 230 000

贷：工程物资 230 000

(3) 工程领用生产用原材料

借：在建工程 30 000

贷：原材料 30 000

(4) 计提工程人员工资

借：在建工程 55 000

贷：应付职工薪酬 55 000

(5) 支付其他费用 20 000 元

借：在建工程 20 000

贷：银行存款 20 000

(6) 工程完工，结转工程总成本

借：固定资产 335 000

贷：在建工程 335 000

2. 出包方式建造固定资产

出包工程是指企业通过招标等方式将工程项目发包给建造承包商，由建造承包商组织施工的建筑工程和安装工程。在出包方式下，工程成本为企业支付给建造承包商的工程价款，通过“在建工程”科目核算。企业按合同要求预付工程款时，借记“预付账款”科目，贷记“银行存款”等科目；企业按工程进度和合同规定向建造承包商结算进度款时，借记“在建工程”科目，贷记“预付账款”、“银行存款”等科目；工程完成补付工程款时，借记“在建工程”科目，贷记“银行存款”等科目；工程达到预定可使用状态时，按其成本，借记“固定资产”科目，贷记“在建工程”科目。

【例 7-5】 甲公司将一幢新建办公用房工程出包给乙公司承建，根据合同规定先向乙公司预付工程价款 4 000 000 元。工程完工后，甲公司与乙公司办理工程价款结算 9 500 000 元，甲公司抵扣了预付款后，将余款用银行存款付讫。新建办公用房已达到预定可使用状态，经验收后交付使用。

甲公司的会计处理如下：

（1）预付工程款

借：预付账款 4 000 000

　贷：银行存款 4 000 000

（2）结算工程，补付工程余款

借：在建工程 9 500 000

　贷：预付账款 4 000 000

　　银行存款 5 500 000

（3）工程完工达到预定可使用状态，经验收后交付使用

借：固定资产 9 500 000

　贷：在建工程 9 500 000

（三）投资者投入固定资产

投资者投入的固定资产，其成本按照投资合同或协议约定的价值确定（合同或协议约定价值不公允的除外）。企业接受投资，取得固定资产时，借记“固定资产”科目，贷记“实收资本”或“股本”科目，根据固定资产与实收资本或股本的差额调整资本公积。

【例 7-6】 企业接受投资者投入设备一台，该设备不需要安装，合同约定该设备的价值为 56 000 元。假定不考虑其他因素，企业编制会计分录如下：

借：固定资产 56 000

　贷：实收资本 56 000

【例 7-7】 2012 年 8 月 31 日，信科公司接受乙公司以一台机器设备进行投资。该台机器设备的原价为 3 240 000 元，已计提折旧 430 200 元，双方经协商确认的价值为 2 500 000 元。接受投资后，信科公司注册资本为 4 000 000 元，乙公司占信科公司注册资本的 50%。假定不考虑其他相关税费，信科公司编制会计分录如下：

借：固定资产 2 500 000

　贷：实收资本 2 000 000

　　资本公积 500 000

（四）接受捐赠的固定资产

企业接受捐赠的固定资产，其入账价值按以下规定确认：

1. 捐赠方提供了有关凭证的，按凭证上标明的金额加上应当支付的相关税费，作为入账价值；

2. 捐赠方没有提供有关凭证的，如同类或类似固定资产存在活跃市场的，按同类或类似固定资产的市场价格估计的金额，加上应当支付的相关税费，作为入账价值；如同类或类似固定资产不存在活跃市场的，按该接受捐赠的固定资产的预计未来现金流量现值，作为入账价值。

企业接受捐赠固定资产时,按确认的入账价值,借记"固定资产"科目,贷记"营业外收入"等科目。

【例 7-8】 甲公司接受捐赠的汽车一辆,根据捐赠者提供的相关凭证,该汽车价值 280 000 元。假定不考虑相关税费,甲公司的会计处理如下:

借:固定资产　　　　　　　　　　280 000

　贷:营业外收入　　　　　　　　　　280 000

第三节　固定资产折旧

固定资产在使用中会发生各种损耗,固定资产的损耗包括有形损耗和无形损耗。有形损耗是由于使用而发生的机械磨损,以及由于自然力的作用所引起的自然损耗;无形损耗是指由于科学进步以及劳动生产率提高等原因而引起的固定资产价值的损失。根据收入与费用配比的原则,固定资产由于损耗而减少的这部分价值,应当在固定资产的使用寿命内进行分摊,计入各期成本费用。

固定资产折旧,是指在固定资产使用寿命内,按照确定的方法对应计折旧额进行的系统分摊。其中,应计折旧额是指应计提折旧的固定资产的原价扣除其预计净残值后的余额。已计提减值准备的固定资产,还应扣除已计提的固定资产减值准备累计金额。

一、影响固定资产折旧的因素

(一) 固定资产原价

固定资产原价即固定资产的初始成本,是计算企业固定资产应计折旧数额的基础。

(二) 预计净残值

预计净残值,是指假定固定资产预计使用寿命已满并处于使用寿命终了时的预期状态,企业目前从该项资产处置中获得的扣除预计处置费用以后的金额。预计净残值是企业固定资产实际成本支出的减少,计提折旧时,应从原价中扣除。固定资产的原价扣除其预计净残值后的余额为固定资产的应计折旧额。

(三) 预计使用寿命

使用寿命是指固定资产预期使用的期限,或者该固定资产所能生产产品或提供劳务的数量。固定资产使用寿命的长短直接影响各期应计提的折旧额。企业在确定固定资产的使用寿命时,应当考虑固定资产的预计生产能力或实物产量、预计有形损耗和无形损耗,以及法律或者类似规定对资产使用的限制等因素。

企业应当根据固定资产的性质和使用情况,合理确定固定资产的使用寿命和预计净残值。固定资产的使用寿命、预计净残值一经确定,不得随意变更。

二、计提固定资产折旧的范围

计提固定资产折旧的范围,是指在一个会计期间,哪些固定资产需要计提折旧,哪些固定资产不需要计提折旧。根据我国企业会计准则的规定,除已提足折旧仍继续使用的固定资产、按规定单独估价作为固定资产入账的土地外,企业应对所有固定资产计提折旧。

企业在具体计提固定资产折旧时,应当按月计提折旧。当月增加的固定资产,当月不计提折旧,从下月起计提折旧;当月减少的固定资产,当月仍计提折旧,从下月起不计提折旧。对已达到预定可使用状态但尚未办理竣工决算的固定资产,应当按照估计价值确定其成本,并计提折旧;待办理竣工决算后,再按实际成本调整原来的暂估价值,但不需要调整原已计提的折旧额。

三、固定资产折旧的会计处理

企业应通过"累计折旧"账户核算每月计提的固定资产的折旧额。该账户属于资产类的备抵调整账户,贷方登记计提的折旧额,借方登记因减少固定资产而转销的折旧额,期末贷方余额反映企业固定资产的累计折旧额。

企业计提的固定资产折旧,应根据固定资产用途,分别计入有关成本费用中。例如,企业行政管理部门使用的固定资产计提的折旧,应计入管理费用;生产车间用固定资产计提的折旧,应计入制造费用;专设销售机构使用的固定资产计提的折旧,应计入销售费用等。企业计提固定资产折旧时,借记"制造费用"、"销售费用"、"管理费用"等科目,贷记"累计折旧"科目。

【例 7-9】 某公司 2012 年十月份固定资产计提折旧情况如下:第一车间机器设备计提折旧 72 000 元,第二车间机器设备计提折旧 93 000 元;管理部门房屋建筑物计提折旧 34 000 元;销售部门运输工具计提折旧 28 000 元。

某公司计提折旧的会计处理如下:

借:制造费用——第一车间	72 000	
——第二车间	93 000	
管理费用	34 000	
销售费用	28 000	
贷:累计折旧		227 000

四、固定资产折旧方法

固定资产折旧方法,是指将固定资产的应计折旧额在固定资产各使用期间进行分配时所采用的具体计算方法。企业应当根据与固定资产有关的经济利益的预期实现方式，合理选择固定资产折旧方法。可选用的折旧方法包括年限平均法、工作量法、双倍余额递减法和年数总和法等。固定资产的折旧方法一经确定，不得随意变更。

（一）年限平均法

年限平均法又称直线法，是将固定资产的应计折旧额均衡地分摊到固定资产预计使用寿命内的一种方法。采用这种方法计算的每期折旧额相等。计算公式如下：

年折旧率 = (1 - 预计净残值率) ÷ 预计使用年限 × 100%

月折旧率 = 年折旧率 ÷ 12

月折旧额 = 固定资产原价 × 月折旧率

其中，预计净残值率是指预计净残值与该固定资产原价的比率。

【例 7-10】 某公司的一台机器设备原价为 920 000 元，预计使用年限为 14 年，预计净残值率为 2%。采用年限平均法计提折旧，该机器设备的折旧率和折旧额计算如下：

年折旧率 = (1 - 2%) ÷ 14 × 100% = 7%

月折旧率 = 7% ÷ 12 = 0.58%

月折旧额 = 920 000 × 0.58% = 5 336(元)

年限平均法计算过程简单，易于理解，是实际工作中常用的一种方法。根据计算范围的不同，固定资产折旧率有个别折旧率、分类折旧率和综合折旧率之分。个别折旧率是对每项固定资产单独计算折旧率；分类折旧率是按照固定资产的类别分别计算折旧率；综合折旧率则是按全部固定资产综合计算折旧率。三种折旧率中，个别折旧率计算结果较准确，但工作量较大；综合折旧率计算方法简单，但计算结果不够准确；分类折旧率则介于其中，其工作量较个别折旧率简化，而计算结果较综合折旧率准确。

（二）工作量法

工作量法是根据实际工作量计算每期应计提折旧额的一种方法。在这种方法下，首先要确定单位工作量的折旧额，在此基础上再根据每期实际完成的工作量计算当期的折旧额。其计算公式如下：

单位工作量折旧额 = 固定资产原价 × (1 - 预计净残值率) ÷ 预计总工作量

固定资产月折旧额 = 固定资产当月工作量 × 单位工作量折旧额

【例 7-11】 新海公司一辆运货卡车原始价值为 180 000 元，预计总行驶里程 684 000 公里，预计净残值率为 5%，卡车本月行驶 15 000 公里。采用工作量法计提折旧，该卡车的折旧额计算如下：

单位工作量折旧额 = 180 000 × (1 - 5%) ÷ 684 000 = 0.25(元/公里)

本月折旧额 = 15 000 × 0.25 = 3 750(元)

工作量法根据实际工作量计算每期折旧额,能够将各期负担的折旧费用与固定资产的损耗程度联系起来,克服了年限平均法只着重于固定资产使用时间长短的弱点。但工作量法忽视了固定资产的无形损耗,一般适用于那些在使用期间负担程度差异很大,提供的经济效益很不均衡的固定资产。

(三)双倍余额递减法

双倍余额递减法是指在不考虑固定资产预计净残值的情况下,根据每期期初固定资产净值和双倍的直线法折旧率计算固定资产折旧的一种方法。采用这种方法时,由于每期期初固定资产净值没有扣除预计净残值,所以在计算固定资产折旧额时,应注意不能使固定资产的账面净值降到其预计净残值以下。通常是在其折旧年限到期前两年内,将固定资产净值扣除预计净残值后的余额平均摊销。计算公式如下:

年折旧率 = 2 ÷ 预计使用年限 × 100%

月折旧率 = 年折旧率 ÷ 12

月折旧额 = 固定资产账面净值 × 月折旧率

【例 7-12】 长信公司一台机器设备原值 360 000 元,预计使用年限为 5 年,预计净残值率为 2%。采用双倍余额递减法计提折旧,则:

年折旧率 = 2 ÷ 5 × 100% = 40%

预计净残值 = 360 000 × 2% = 7 200(元)

该机器设备每年的折旧额如下图所示:

表 7-1 折旧计算表

(双倍余额递减法)

年次	年初账面净值	年折旧率	年折旧额	累计折旧额	期末账面净值
1	360 000	40%	144 000	144 000	216 000
2	216 000	40%	86 400	230 400	129 600
3	129 600	40%	51 840	282 240	77 760
4	77 760		35 280	317 520	42 480
5	42 480		35 280	352 800	7 200

(四)年数总和法

年数总和法,又称合计年限法,是将固定资产的原价减去预计净残值后的余额,乘以一个逐年递减的分数来计算每年折旧额的一种方法。其中,分数的分子代表固定资产尚可使用的年数,分母代表使用年限的逐年数字总和。在年数总和法下,各年的折旧基数不变,折旧率则随着使用年数增加而逐年下降,因此其折旧额也是逐年递减的。计算公式如下:

年折旧率 = 尚可使用年限 ÷ 预计使用寿命的年数总和

月折旧率 = 年折旧率 ÷ 12

月折旧额 = (固定资产原价 - 预计净残值) × 月折旧率

【例 7-13】 接例 7-12 资料,采用年数总和法计算的各年折旧额如下表:

表 7-2 折旧计算表

(年数总和法)

年次	原价—净残值	年折旧率	年折旧额	累计折旧额	期末账面净值
1	352 800	5/15	117 600	117 600	242 400
2	352 800	4/15	94 080	211 680	148 320
3	352 800	3/15	70 560	282 240	77 760
4	352 800	2/15	47 040	329 280	30 720
5	352 800	1/15	23 520	352 800	7 200

双倍余额递减法和年数总和法是常见的加速折旧方法。其特点是在固定资产有效使用年限的前期多提折旧,后期则少提折旧,从而相对加快折旧的速度。加速折旧的目的是使固定资产成本在有效使用年限中加快得到补偿。

企业至少应当于每年年度终了时,对固定资产的使用寿命、预计净残值和折旧方法进行复核。使用寿命预计数与原先估计数有差异的,应当调整固定资产使用寿命;预计净残值预计数与原先估计数有差异的,应当调整预计净残值;与固定资产有关的经济利益预期实现方式有重大改变的,应当改变固定资产折旧方法。固定资产使用寿命、预计净残值和折旧方法的改变应当作为会计估计变更。

第四节 固定资产的后续支出

固定资产的后续支出是指固定资产在使用过程中发生的更新改造支出、修理费用等。后续支出的处理原则为:符合固定资产确认条件的,应予资本化,计入固定资产成本;不符合固定资产确认条件的,应予费用化,在发生时计入当期损益。

一、资本化的后续支出

固定资产在投入使用后,为了适应新技术发展的需要或提高使用效能,企业往往需要对其进行改建、扩建或者改良。企业对固定资产进行改建、扩建或改良等更新改造支出,符合固定资产确认条件的,应当计入固定资产成本。

固定资产发生可予以资本化的后续支出时,企业一般应将该固定资产的原价、已计提的累计折旧和减值准备转销，将固定资产的账面价值转入在建工程，并停止计提折旧。发生的后续支出，通过“在建工程”科目核算。在固定资产发生的后续支出完工并达到预定可使用状态时，再从在建工程转为固定资产，并按重新确定的使用寿命、预计净残值和折旧方法计提折旧。

【例 7-14】 乙公司因生产需要对一栋厂房进行改扩建，该厂房原价为 345 000 元，累计折旧为 99 360。改扩建过程中共发生支出 127 000 元，全部以银行存款支付。改扩建后的厂房已交付使用。

乙公司有关的会计处理如下：

(1) 厂房转入改扩建

借：在建工程	245 640	
累计折旧	99 360	
贷：固定资产		345 000

(2) 发生改扩建工程支出

借：在建工程	127 000	
贷：银行存款		127 000

(3) 厂房达到预定可使用状态，交付使用

借：固定资产	372 640	
贷：在建工程		372 640

二、费用化的后续支出

固定资产投入使用后，由于固定资产磨损及各组成部分耐用程度不同，可能导致固定资产局部损坏。为了维护固定资产的正常运转和使用，充分发挥其使用效能，企业往往要对固定资产进行必要的维护。固定资产的日常修理费用等支出，并不导致固定资产性能的改变或固定资产未来经济利益的增加，通常不符合固定资产确认条件，因此应在发生时计入当期损益。

企业发生生产车间（部门）和行政管理部门的固定资产修理费用等后续支出时，应借记“管理费用”科目，贷记“银行存款”等科目；企业发生与专设销售机构相关的固定资产修理费用等后续支出时，应借记“销售费用”科目，贷记“银行存款”等科目。

【例 7-15】 甲企业对管理部门的办公设备进行日常检修，以银行存款支付维修费用 11 200 元。甲企业会计处理如下：

借：管理费用	11 200	
贷：银行存款		11 200

第五节　固定资产的减值和处置

一、固定资产的减值

固定资产减值是指固定资产发生损坏、技术陈旧或者其他经济原因，导致其可收回金额低于其账面价值的情况。我国企业会计准则规定，存在下列迹象的，表明资产可能发生了减值：

1. 资产的市价当期大幅度下跌，其跌幅明显高于因时间的推移或者正常使用而预计的下跌。

2. 企业经营所处的经济、技术或者法律等环境以及资产所处的市场在当期或者将在近期发生重大变化，从而对企业产生不利影响。

3. 市场利率或者其他市场投资报酬率在当期已经提高，从而影响企业计算资产预计未来现金流量现值的折现率，导致资产可收回金额大幅度降低。

4. 有证据表明资产已经陈旧过时或者其实体已经损坏。

5. 资产已经或者将被闲置、终止使用或者计划提前处置。

6. 企业内部报告的证据表明资产的经济绩效已经低于或者将低于预期，如资产所创造的净现金流量或者实现的营业利润（或者亏损）远远低于（或者高于）预计金额等。

7. 其他表明资产可能已经发生减值的迹象。

企业应当在资产负债表日对固定资产进行检查，判断资产是否存在可能发生减值的迹象。固定资产发生减值时，企业应按固定资产可收回金额低于其账面价值的差额计提固定资产减值准备，借记“资产减值损失”科目，贷记“固定资产减值准备”科目。资产减值损失一经确认，在以后会计期间不得转回。

【例 7-16】　某公司一台机器设备账面价值 127 000 元，经计算，该机器的可收回金额为 123 000 元，公司计提减值准备 4 000 元。

某公司会计处理如下：

借：资产减值损失　　4 000

　贷：固定资产减值准备　　4 000

【例 7-17】　某企业 2010 年 12 月 22 日购入一台设备，入账价值为 200 万元，预计使用寿命为 10 年，预计净残值为 20 万元，采用年限平均法计提折旧。2012 年底该设备存在减值迹象，经测试预计可收回金额为 120 万元。则：

固定资产账面价值 = 200 − (200 − 20) ÷ 10 × 2 = 164（万元）

固定资产减值准备 = 164 − 120 = 44（万元）

某企业会计处理如下：

借:资产减值损失　　440 000

　贷:固定资产减值准备　　440 000

二、固定资产处置

固定资产处置是指企业因出售、转让、报废、毁损、对外投资、非货币性资产交换、债务重组等转出固定资产的活动。处于处置状态的固定资产已不再符合固定资产的定义,应予以终止确认。企业应当将处置收入扣除账面价值和相关税费后的金额计入当期损益。

固定资产处置一般通过"固定资产清理"账户进行核算。该账户借方登记固定资产转入清理的净值和清理过程中发生的费用;贷方登记出售固定资产取得的价款、残料价值和变价收入;期末余额,反映企业尚未清理完毕固定资产的价值以及清理净损益(清理收入减去清理费用)。

固定资产处置的会计处理一般经过以下几个步骤:

1. 固定资产转入清理。企业出售、报废或毁损的固定资产转入清理时,应注销固定资产的账面价值及已提折旧额。按固定资产净额,借记"固定资产清理"科目,按已提折旧,借记"累计折旧",按固定资产原价,贷记"固定资产"科目。如该项固定资产已计提了减值准备,则按已计提额,借记"固定资产减值准备"科目。

2. 发生清理费用的处理。对固定资产清理过程中发生的清理费用以及应交税费,按实际发生额,借记"固定资产清理"科目,贷记"银行存款"、"应交税费"等科目。

3. 出售收入和残料等的处理。企业收回出售固定资产的价款、残料价值和变价收入等,应冲减清理支出。按实际收到的出售价款及残料变价收入等,借记"银行存款"、"原材料"等科目,贷记"固定资产清理"科目。

4. 保险赔款的处理。企业计算或收到的应由保险公司或过失人赔偿的损失时,应冲减清理支出,借记"银行存款"、"其他应收款"等科目,贷记"固定资产清理"科目。

5. 结转清理净损益。固定资产清理完毕后,企业应将处置收入扣除其账面价值和相关税费后的差额计入营业外收支。如为清理净收益,则借记"固定资产清理"科目,贷记"营业外收入"科目;如为清理净损失,则借记"营业外支出"科目,贷记"固定资产清理"科目。

【例 7-18】 大巧公司因经营管理需要出售一栋办公用房,该办公用房原值 1 560 000 元,已提折旧 390 000 元,取得出售价款 1 900 000 元,以银行存款支付清理费用 3 000 元,应交营业税 95 000 元。该公司会计处理如下:

(1) 固定资产转入清理

借:固定资产清理	1 170 000	
累计折旧	390 000	
贷:固定资产		1 560 000

(2) 支付清理费用

借:固定资产清理	3 000	
贷:银行存款		3 000

(3) 取得出售价款

借:银行存款	1 900 000	
贷:固定资产清理		1 900 000

(4) 计算确认应交营业税

借:固定资产清理	95 000	
贷:应交税费——应交营业税		95 000

(5) 结转净损益

借:固定资产清理	632 000	
贷:营业外收入		632 000

【例 7-19】　某公司一台设备因使用期满经批准报废,设备原价 240 800 元,已提折旧 72 240 元。清理过程中支付清理费用 4 500 元,残料变价收入 3 800 元,款项均通过银行收付。该公司会计处理如下:

(1) 固定资产转入清理

借:固定资产清理	168 560	
累计折旧	72 240	
贷:固定资产		240 800

(2) 发生清理费用

借:固定资产清理	4 500	
贷:银行存款		4 500

(3) 收到变价收入

借:银行存款	3 800	
贷:固定资产清理		3 800

(4) 结转固定资产净损益

借:营业外支出	169 260	
贷:固定资产清理		169 260

课 后 练 习

一、单项选择题

1. 自有固定资产和租入固定资产是按照(　　)来划分的。

A. 经济用途　　B. 使用情况　　C. 所有权　　D. 综合

2. 某企业购入设备一台,实际支付价款10 000元,增值税1 700元,支付运杂费500元,安装费600元,则该设备入账的原值为(　　)元。

A. 11 000　　B. 11 100　　C. 12 800　　D. 10 000

3. 投资者投入的固定资产应该按照(　　)作为入账价值。

A. 市场价格　　B. 投资合同或协议约定的价值

C. 折余价值　　D. 历史成本

4. "工程物资"账户核算企业库存的用于建造或修理本企业固定资产工程项目的各种物资的(　　)。

A. 采购成本　　B. 发出成本　　C. 实际成本　　D. 预算成本

5. 企业购入需要安装的固定资产,需先通过(　　)账户核算。

A. 固定资产　　B. 在建工程

C. 工程物资　　D. 固定资产清理

6. 下列固定资产折旧方法中,期初不需要考虑固定资产净残值的方法是(　　)。

A. 工作量法　　B. 平均年限法

C. 双倍余额递减法　　D. 年数总和

7. 下列固定资产中,应计提折旧的是(　　)。

A. 季节性停用的设备　　B. 当月交付使用的设备

C. 未提足折旧提前报废的设备　　D. 已提足折旧继续使用的设备

8. 一台机器设备原值80 000元,估计净残值8 000元,预计可使用12年,按直线法计提折旧,则第二年应计提折旧为(　　)元。

A. 6 600　　B. 8 000　　C. 7 000　　D. 6 000

9. 下列项目中通过"固定资产清理"科目贷方核算是(　　)。

A. 转入清理的固定资产的净值　　B. 发生的清理费用

C. 结转的固定资产清理净损失　　D. 结转的固定资产清理净收益

10. 与平均年限法相比,采用年数总和法对固定资产计提折旧将使(　　)。

A. 计提折旧的初期,企业利润减少,固定资产净值减少

B. 计提折旧的初期,企业利润减少,固定资产原值减少

C. 计提折旧的后期,企业利润减少,固定资产净值减少

D. 计提折旧的后期，企业利润减少，固定资产原值减少

二、业务题

（一）甲公司2012年有关固定资产增加的资料如下：

1. 购入办公用计算机一台，发票价格9 000元，税额1 530元，均以银行存款支付。

2. 购入一台需要安装的机器设备，增值税发票上注明的设备价款20 000元，增值税进项税额3 400，发生运杂费300元，款项均通过银行支付；设备安装时，领用公司原材料一批，价值1 400元，支付安装人员工资500元。机器安装完毕交付使用。

3. 自行建造生产线一条，实际领用工程物资210 000元，另外还领用了企业生产用的原材料一批，实际成本为30 200元，支付工程人员工资50 000元，工程完工交付使用。

4. 将一办公用房新建工程出包给其他公司承建，按合同规定，先向承包单位预付工程价款600 000元；工程达到预定可使用状态后，根据有关工程结算单据，补付工程款154 000元，款项均以银行存款转账支付。工程经验收后交付使用。

5. 投资者投入汽车一辆，双方确认的价值为450 000元，假定不考虑相关税费。

6. 接受一座厂房投资，该厂房经评估确认价值为4 000 000元。甲公司接受投资后，公司注册资本为17 000 000元，该厂房投资占公司注册资本的20%，即3 400 000元。

要求：编制上述有关固定资产增加业务的会计分录。

（二）A企业对固定资产采用加速折旧法。有一台生产用设备原值100 000元，预计使用年限为5年，预计净残值为2 980元。

要求：分别用双倍余额递减法、年数总和法计算该设备各年折旧额。

（三）B企业对房屋建筑物及设备计提折旧采用年限平均法，对运输工具计提折旧采用工作量法。2012年8月有关固定资产折旧的资料如下：

1. 企业八月份车间厂房计提折旧18 000元；管理部门房屋建筑物计提折旧15 000元；销售部门房屋建筑物计提折旧12 000元。

2. 企业车间生产用设备一台，价值为540 000元，预计使用寿命为10年，预计净残值率为4%；销售部门运输车辆原值340 000元，预计净残值率为5%，预计总行驶里程500 000公里，八月份行驶里程为4 000公里。

要求：(1) 计算车间生产用设备和销售部门运输车辆的八月份折旧额。

(2) 计算八月份各部门应计提的折旧额，编制企业八月份计提折旧的会计分录。

（四）甲公司为增值税一般纳税人，增值税率17%。2012年有关固定资产减少的资料如下：

1. 公司2012年6月30日出售设备一台，设备原价300万，已计提折旧90万，已经计提减值准备3万元，出售价款220万元（不包含增值税税款），款项已存入银行。另外发生相关清理费用2万元，以银行存款支付。（答案以万元表示）

2. 因为发生火灾，一台设备损坏，设备的原值为22 000元，已经计提折旧10 000元，保险公司应赔偿4 000元。

3. 一台生产设备不能继续使用，经批准报废转入清理。该设备采用年限平均法计提折旧，原值22 000元，预计净残值1 000元，预计使用10年，已使用6年半。报废过程中发生清理费用200元。

要求：编制上述有关固定资产处置业务的会计分录。

第八章 无形资产

学习要点

- 无形资产的含义及特征
- 无形资产的内容、分类及确认条件
- 无形资产取得时的成本确认及账务处理
- 无形资产的摊销
- 无形资产的处置

第一节 无形资产概述

一、无形资产的含义及特征

无形资产是企业拥有或者控制的没有实物形态的可辨认的非货币性资产。与其他资产相比,无形资产具有以下特征:

1. 无形资产不具有实物形态。无形资产通常表现为某种权利、某项技术或者是某种获取超额利润的综合能力,它们不具有实物形态。与固定资产通过实物价值的磨损和转移为企业带来未来经济利益不同,无形资产通过自身所具有的技术等优势为企业带来未来经济利益。不具有实物形态是无形资产区别于其他资产的主要特征。

2. 无形资产具有可辨认性。会计上确认的无形资产应该是可辨认的,即具有专门名称、能个别取得和辨认。企业的资产符合以下条件之一的,应当认定为具有可辨认性:一是能够从企业中分离或者划分出来,并能单独或者与相关合同、资产或负债一起,用于出售、转移、授予许可、租赁或者交换;二是源自于合同性权利或其他法定权利,无论这些权利是否可以从企业或其他权利和义务中转移或者分离。如一方通过与另一方签订特许权合同而获得的特许使用权,通过法律程序申请获得的商标权、专利权等。

商誉是企业合并成本大于合并取得的被购买方各项可辨认资产、负债公允价值份额的差额。商誉虽然也不具有实物形态,是企业的非货币性资产,但其存在无法与企业自身分离,不具有可辨认性,因此不能确认为无形资产。

3. 无形资产属于非货币性资产。非货币性资产，是指企业持有的货币资金和将以固定或可确定的金额收取的资产以外的其他资产。无形资产没有发达的交易市场，一般不容易转化为现金，在持有过程中为企业带来未来经济利益的情况不确定，不属于以固定或者可确定的金额收取的资产，属于非货币性资产。

二、无形资产的内容

无形资产通常包括专利权、非专利技术、商标权、著作权、特许权、土地使用权等。

（一）专利权

专利权，是指国家专利主管机关依法授予发明创造专利申请人，对其发明创造在法定期限内所享有的专有权利，包括发明专利权、实用新型专利权和外观设计专利权。

（二）非专利技术

非专利技术，也称专有技术，是指不为外界所知、在生产经营活动中已采用了的、不享有法律保护的、可以带来经济效益的各种技术和诀窍。非专有技术一般包括工业专有技术、商业贸易专有技术、管理专有技术等。

（三）商标权

商标是用来辨认特定的商品或劳务的标记。商标权是指专门在某类指定的商品或者产品上使用特定的名称或者图案的权利。

（四）著作权

著作权又称版权，指作者对其创作的文学、科学和艺术作品依法享有的某些特殊权利。著作权包括作品署名权、发表权、修改权和保护作品完整权，同时还包括复制权、发行权、出租权、展览权、表演权、放映权、广播权、信息网络传播权、摄制权、改编权、翻译权、汇编权以及应当由著作人享有的其他权利。

（五）特许权

特许权，又称经营特许权、专营权，指企业在某一地区经营或者销售某种特定商品的权利或者是一家企业接受另一家企业使用商标、商号、技术秘密等的权利。特许权通常有两种形式，一种是由政府机构授权，准许企业使用或者在一定地区享有经营某种业务的特权，如水、电、邮电通信等专营权及烟草专卖权等；另一种指企业间依照签订的合同，有限期或者无限期使用另一家企业的某些权利，如连锁店分店使用总店的名称等。会计上的特许权主要是指后一种情况。

（六）土地使用权

土地使用权，是指国家准许某企业在一定期间内对国有土地享有开发、利用、经营的权利。我国土地实行公有制，任何单位和个人不得侵占、买卖或者以其他形式非法转让。企业可以通过行政划拨、外购及投资者投入等方式取得土地使用权。

三、无形资产的分类

（一）按取得来源分类

无形资产按取得来源不同，可分为外部取得的无形资产和企业自创的无形资产。其中，外部取得的无形资产又可以分为外购无形资产、企业合并中取得的无形资产、通过非货币性交易换入无形资产、投资者投入无形资产、通过债务重组取得无形资产、接受捐赠取得无形资产等。不同来源取得的无形资产，其初始成本的确定有所不同。

（二）按使用寿命分类

无形资产按使用寿命不同，分为使用寿命有限的无形资产和使用寿命不确定的无形资产。对于使用寿命有限的无形资产，企业应当估计其使用寿命的年限或者构成使用寿命的产量等类似计量单位数量，并将无形资产的应摊销金额在使用寿命内系统合理摊销。无法预见无形资产为企业带来经济利益期限的，应当视为使用寿命不确定的无形资产。使用寿命不确定的无形资产不应摊销。

四、无形资产的确认条件

在符合无形资产定义的前提下，无形资产同时满足以下两个条件时，才能予以确认：

（一）与该资产有关的经济利益很可能流入企业

无形资产的未来经济利益可能包含在销售商品、提供劳务的收入中，或通过使用无形资产从而减少或节约的成本中，或体现在获得的其他利益中。在判断无形资产产生的经济利益是否可能流入企业时，企业管理部门应对无形资产在预计使用寿命内可能存在的各种经济因素作出合理的估计，并且应当有明确证据支持。例如，企业是否有足够的人力资源、相关的硬件设备、相关的原材料等来配合无形资产为企业创造经济利益，在与无形资产相关的技术或赖以生产的产品的市场，是否存在相关的新技术、新产品的冲击等。

（二）该无形资产的成本能够可靠地计量

除与该资产有关的经济利益很可能流入企业外，成本能够可靠地计量是确认无形资产的另一个基本条件。对于成本不能够可靠地计量的经济资源，企业不能确认为无形资产。例如，企业内部产生的品牌、报刊名等，因其成本无法可靠计量，则不能确认为无形资产。

第二节 无形资产的取得

企业取得无形资产,应当按照成本进行初始计量。成本是指取得无形资产并使之达到预定用途而发生的全部支出。不同来源取得的无形资产,其成本构成也不尽相同。

企业应设置"无形资产"账户,核算企业持有的无形资产成本。该账户借方登记取得的无形资产成本,贷方登记转出的无形资产成本,期末借方余额,反映企业无形资产的成本。该账户按无形资产类别设置明细账。

一、外购的无形资产

外购的无形资产成本包括购买价款、相关税费以及直接归属于使该资产达到预定用途所发生的其他支出。其中,直接归属于使该资产达到预定用途所发生的其他支出,包括使无形资产达到预定用途所发生的专业服务费用、测试无形资产是否能够正常发挥作用的费用等。

企业购入无形资产时,按实际成本,借记"无形资产"科目,贷记"银行存款"等科目。

【例 8-1】 2012 年 5 月 10 日,甲公司购入一项非专利技术,支付的买价 90 万元,以银行存款支付。甲公司应作如下会计处理:

借:无形资产　　900 000

　贷:银行存款　　900 000

【例 8-2】 2012 年 5 月 11 日,乙公司购入一项专利权,成交价格为 80 万元,另支付律师费、咨询费 15 万元,所有款项均通过银行转账。乙公司应作如下会计处理:

借:无形资产　　950 000

　贷:银行存款　　950 000

企业购入的无形资产超过正常信用条件延期支付价款,实质上具有融资性质的,应按所购无形资产购买价款的现值,借记"无形资产"科目,按应支付的金额,贷记"长期应付款"科目,按其差额,借记"未确认融资费用"科目。

二、投资者投入的无形资产

投资者投入的无形资产成本,应当按照投资合同或者协议约定的价值确定,但合同或者协议约定价值不公允的除外。

企业接受无形资产投资时,按照合同或协议约定的价值,借记"无形资产"科目,贷记"实收资本"等科目。如果无形资产的价值大于投资方在企业注册资本中占有的份额,其差额记入“资本公积”科目。

【例 8-3】 甲公司接受投资者以专利权投资,双方协议的价值为 45 万元。甲公司编制会计处理如下:

借:无形资产　450 000

　贷:实收资本　450 000

三、自行研究开发的无形资产

(一) 研究支出和开发支出

企业内部研究开发项目发生的支出应区分研究阶段支出和开发阶段支出。

研究阶段是指为获得新的科学或者技术知识而进行有计划的调查研究活动。研究阶段是探索性的,是为进一步开发活动进行资料及相关方面的准备,已进行的研究活动将来是否会转入开发、开发后是否会形成无形资产等均具有较大的不确定性。开发阶段是指在进行商业性生产或者使用前,将研究成果或者其他知识应用于某项计划或者设计,以生产出新的或者具有实质性改进的材料、装置、产品等。相对于研究阶段而言,开发阶段应当已完成研究阶段的工作,在很大程度上已具备形成一项新产品或新技术的基本条件。

根据我国企业会计准则的规定,企业内部研究开发项目研究阶段的支出,应当于发生时计入当期损益。开发阶段的支出,满足条件的,可以资本化,确认为企业的无形资产。如果确实无法区分研究阶段的支出和开发阶段的支出,则应将所发生的研发支出全部费用化,计入当期损益。

(二) 开发阶段有关支出资本化的条件

企业内部研究开发项目开发阶段的支出确认为企业的无形资产,应同时满足以下条件:

1. 完成该无形资产以使其能够使用或出售在技术上具有可行性;

2. 具有完成该无形资产并使用或出售的意图;

3. 无形资产产生经济利益的方式,包括能够证明运用该无形资产生产的产品存在市场或无形资产自身存在市场,无形资产将在内部使用的,应当证明其有用性;

4. 有足够的技术、财务资源和其他资源支持,以完成该无形资产的开发,并有能力使用或出售该无形资产;

5. 归属于该无形资产开发阶段的支出能够可靠地计量。

(三) 自行研究开发无形资产的核算

为了核算研究与开发无形资产过程中发生的各项支出,企业应设置“研发支出”账户。该账户借方登记实际发生的研发支出,贷方登记结转的研发支出,借方余额反映企业正在进行的研究开发项目中满足资本化条件的支出。“研发支出”账户可按研究开发项目，分为“费用化支出”与“资本化支出”进行明细核算。

企业自行开发无形资产发生的研发支出，不满足资本化条件的，借记“研发支出——费用化支出”科目，满足资本化条件的，借记“研发支出——资本化支出”科目，贷记“原材料”、“银行存款”、“应付职工薪酬”等科目。研究开发项目达到预定用途形成无形资产的，应按“研发支出——资本化支出”科目的余额，借记“无形资产”科目，贷记“研发支出——资本化支出”科目。期(月)末，应将“研发支出——费用化支出”科目归集的金额转入“管理费用”科目，借记“管理费用”科目，贷记“研发支出——费用化支出”科目。

【例 8-4】 甲公司自行研究开发一项非专利技术。2012 年发生研发支出合计 2 000 000 元。年底，经测试该项研发活动完成了研究阶段。2013 年，项目开始进入开发阶段，发生开发支出 300 000 元，该支出满足资本化确认条件。2013 年 6 月，该项研发活动结束，开发的非专利技术达到预定用途。甲公司会计处理如下：

(1) 发生研究支出

借：研发支出——费用化支出	2 000 000	
贷：银行存款等		2 000 000

(2) 年末结转研究支出

借：管理费用	2 000 000	
贷：研发支出——费用化支出		2 000 000

(3) 发生开发支出

借：研发支出——资本化支出	300 000	
贷：银行存款等		300 000

(4) 非专利技术达到预定用途，结转开发支出

借：无形资产	300 000	
贷：研发支出——资本化支出		300 000

第三节　无形资产的摊销

企业的无形资产在使用过程中，随着时间的推移，其效能和价值在不断地减少，因而需要将其价值分期摊入相关费用成本中。无形资产摊销是指将无形资产的应摊销金额在其使用寿命内进行系统合理的分配。我国企业会计准则规定，使用寿命有限的无形资产应当摊销，使用寿命不确定的无形资产不予摊销。

一、无形资产使用寿命的确定

无形资产的使用寿命按以下原则确定：

1. 企业持有的无形资产,通常来源于合同性权利或是其他法定权利,且合同规定或法律规定有明确的使用年限。来源于合同性权利或其他法定权利的无形资产,其使用寿命不应超过合同性权利或其他法定权利的期限。

2. 如果合同性权利或其他法定权利能够在到期时因续约等延续,且有证据表明企业续约不需要付出大额成本,续约期应当计入使用寿命。

3. 合同或法律没有规定使用寿命的,企业应当综合各方面情况判断,以确定无形资产能为企业带来未来经济利益的期限。比如,与同行业的情况进行比较、参考历史经验,或聘请相关专家进行论证等。

4. 按照上述方法仍无法合理确定无形资产为企业带来经济利益期限的,该项无形资产应作为使用寿命不确定的无形资产。

二、摊销方法的确定

无形资产摊销方法包括直线法、生产总量法等。企业选择的无形资产的摊销方法,应当反映与该项无形资产有关的经济利益的预期实现方式。例如,受技术陈旧因素影响较大的专利权和专有技术等无形资产,可以采用类似固定资产加速折旧的方法进行摊销;有特定产量限制的特许经营权或专利权,应采用产量法进行摊销。无法可靠确定预期实现方式的,应当采用直线法摊销。

三、无形资产摊销的会计处理

企业应当按月对无形资产进行摊销。无形资产的摊销期自其可供使用(即达到预定用途)开始至终止确认时止。摊销金额一般应确认为当期损益,计入管理费用。如某项无形资产包含的经济利益通过所生产的产品或其他资产实现的,无形资产的摊销金额可以计入产品或其他资产成本。

企业应设置“累计摊销”账户,用来核算无形资产的摊销。该账户可按无形资产项目进行明细核算,贷方登记已计提的累计摊销,借方登记减少无形资产时转销的摊销额,期末贷方余额,反映企业无形资产累计摊销额。

企业按期(月)计提无形资产摊销时,借记“管理费用”、“其他业务成本”等科目,贷记“累计摊销”科目。

【例 8-5】 甲公司购买了一项特许权,成本为 4 800 000 元,合同规定受益年限为 10 年,甲公司每月应摊销 40 000 元。甲公司会计处理如下：

借:管理费用　　40 000

　贷:累计摊销　　40 000

【例 8-6】 2013 年 1 月 1 日,乙公司将其自行开发完成的非专利技术出租给丁公司,该非专利技术成本为 3 600 000 元,双方约定的租赁期限为 10 年,乙公司每月应摊销 30 000 元。乙公司会计处理如下:

借:其他业务成本 30 000
　贷:累计摊销 30 000

第四节 无形资产的处置

无形资产的处置,主要是指无形资产的出售、出租、对外捐赠,或者是无法为企业带来未来经济利益时,应予转销并终止确认。

一、无形资产的出售

企业出售某项无形资产,表明企业放弃无形资产的所有权,应将所取得的价款与该无形资产账面价值的差额作为资产处置利得或损失,计入营业外收入或营业外支出。

出售无形资产时,应按实际收到的金额,借记“银行存款”等科目,按已计提的累计摊销,借记“累计摊销”科目;按应支付的相关税费,贷记“应交税费”等科目,按其账面余额,贷记“无形资产”科目,按其差额,贷记“营业外收入——处置非流动资产利得”科目或借记“营业外支出——处置非流动资产损失”科目。

【例 8-7】 B 公司拥有的某项专利技术的成本为 1 000 万元,已摊销金额为 500 万元。B 公司将该项专利技术出售给 C 公司,取得出售收入 600 万元,应交纳的营业税等相关税费为 36 万元。

B 公司的账务处理为:

借:银行存款 6 000 000
　　累计摊销 5 000 000
　贷:无形资产 10 000 000
　　　应交税费——应交营业税 360 000
　　　营业外收入——处置非流动资产利得 640 000

如果该公司转让该项专利技术取得的收入为 4 000 000 元,应交纳的营业税等相关税费为 240 000 元,则 B 公司的账务处理为:

借:银行存款 4 000 000
　　累计摊销 5 000 000
　　营业外支出——处置非流动资产损失 1 240 000
　贷:无形资产 10 000 000
　　　应交税费——应交营业税 240 000

二、无形资产的出租

无形资产的出租是指企业将所拥有的无形资产的使用权让渡给他人,并收取租金。无形资产的出租属于与企业日常活动相关的其他经营活动,应通过其他业务收支科目进行核算。出租无形资产取得租金收入时,借记"银行存款"等科目,贷记"其他业务收入"等科目;摊销出租无形资产的成本并发生有关的各种费用支出时,借记"其他业务成本"科目,贷记"累计摊销"科目。

【例8-8】 2013年1月1日,A企业将一项专利技术出租给B企业使用,该专利技术账面余额为500万元,摊销期限为10年。出租合同规定,承租方每销售一件用该专利生产的产品,必须付给出租方10万元专利技术使用费。假定承租方当年销售该产品10万件,不考虑相关税金。

A企业的账务处理如下:

(1) 取得该项专利技术使用费时

借:银行存款	1 000 000	
贷:其他业务收入		1 000 000

(2) 按年对该项专利技术进行摊销

借:其他业务成本	500 000	
贷:累计摊销		500 000

三、无形资产的报废

如果无形资产预期不能为企业带来未来经济利益,如该无形资产已被其他新技术所替代或超过法律保护期等,企业应将其报废并予以转销。转销时,应按已计提的累计摊销,借记"累计摊销"科目,按其账面余额,贷记"无形资产"科目,按其差额,借记"营业外支出——处置非流动资产损失"科目。

【例8-9】 D企业拥有某项专利技术,根据市场调查,用其生产的产品已没有市场,决定应予转销。转销时,该项专利技术的账面余额为600万元,摊销期限为10年,采用直线法进行摊销,已累计摊销300万元。假定该项专利权的残值为零,不考虑其他相关因素。

D公司的账务处理如下:

借:累计摊销	3 000 000	
营业外支出——处置非流动资产损失	3 000 000	
贷:无形资产——专利权		6 000 000

上述出售、出租、报废的无形资产如已计提减值准备的,还应同时结转减值准备。

课 后 练 习

一、单项选择题

1. 无形资产是指企业拥有或控制的没有实物形态的可辨认非货币性资产。无形资产不包括(　　)。

A. 专利权　　B. 非专利技术　　C. 土地使用权　　D. 商誉

2. 企业出售无形资产的净损失,应当计入(　　)。

A. 主营业务成本　　B. 其他业务支出

C. 管理费用　　D. 营业外支出

3. 企业出租无形资产取得的收入,应当计入(　　)。

A. 主营业务收入　　B. 其他业务收入

C. 投资收益　　D. 营业外收入

4. 自创并经法律程序申请取得的无形资产,其申请登记费应计入(　　)。

A. 管理费用　　B. 无形资产

C. 其他业务支出　　D. 营业费用

5. 某企业研制一项新技术,研究过程中花费材料费 60 000 元,支付人工费 10 000 元。开发过程中符合资本化条件的支出为 120 000 元,在申请专利的过程中发生专利登记费 30 000 元、律师费 8 000 元。该项专利权的入账价值为(　　)元。

A. 228 000　　B. 120 000　　C. 190 000　　D. 158 000

6. 接受投资者投入的无形资产,应按(　　)入账。

A. 同类无形资产的价格

B. 该无形资产可能带来的未来现金流量之和

C. 投资各方确认的价值

D. 投资者无形资产账面价值

7. 关于无形资产的后续计量,下列说法中正确的是(　　)。

A. 使用寿命不确定的无形资产,应该按系统合理的方法摊销

B. 使用寿命不确定的无形资产,应按 10 年摊销

C. 无形资产的摊销方法,应当反映与该项无形资产有关的经济利益的预期实现方式

D. 无形资产的摊销方法只有直线法

8. 乙公司将一项专利权出售,取得价款 30 万元。该专利权原值 50 万元,累计摊销 10 万元,转让交易适用的营业税率为 5%。公司转让该专利形成的净损失为(　　)万元。

A. 20　　B. 30　　C. 10　　D. 11.5

9. 由投资者投资转入的无形资产，应按合同或协议约定的价值（假定该价值是公允的），借记“无形资产”科目，按其在注册资本中所占的份额，贷记“实收资本”科目，按其差额计入（　　）科目。

A. 管理费用　　B. 营业外收入　　C. 盈余公积　　D. 资本公积

10. 某企业自行研究开发一项新产品专利技术，在研发过程中发生材料费300万元、职工薪酬100万元，以及其他费用400万元，总计800万元。其中，符合资本化条件的支出为500万元，该专利技术已经达到预定用途。则无形资产的入账成本为（　　）万元。

A. 500　　B. 800　　C. 0　　D. 400

二、业务题

（一）甲公司自行研究开发一项新产品，在研发过程中发生材料费20 000 000元、人工工资5 000 000元，以及其他费用15 000 000元，总计40 000 000元。其中，符合资本化条件的支出为25 000 000元。期末，该专利技术已经达到预定用途。

要求：对甲公司该项无形资产的研究开发作出账务处理。

（二）某企业购入一项专利权，支付300 000元，该专利权的摊销年限为10年。买入4年后，企业将其所有权转让，收取价款220 000元。转让无形资产应交营业税税率为5%。

要求：根据以上经济业务，编制专利权购入、按月摊销和转让所有权的会计分录。

第九章 负 债

学习要点

- 负债的含义与特征
- 流动负债的概念、特点及分类
- 流动负债的核算
- 非流动负债的概念、特点及分类
- 非流动负债的核算

第一节 负债概述

一、负债的含义与特征

负债是指过去的交易或者事项形成的、预期会导致经济利益流出企业的现时义务。负债具有以下三个特征:(1) 负债是企业过去的交易或事项的一种后果;(2) 负债是企业承担的现时义务,需要偿还;(3) 负债的清偿会导致经济利益流出企业。

未来发生的交易或者事项形成的义务,不属于现时义务,不应当确认为负债。企业要确认一项负债,除了要符合负债的定义之外,还应当同时满足以下两个条件:一是与该业务有关的经济利益很可能流出企业;二是未来流出的经济利益的金额能够可靠地计量。

二、负债的分类

负债按偿还期限的长短,可以分为流动负债和非流动负债。

(一) 流动负债

流动负债是指将在一年或者超过一年的一个营业周期内偿还的债务,包括短期借款、应付票据、应付账款、预收账款、应付职工薪酬、应付股利、应交税费以及一年内到期的长期借款等。

流动负债产生的原因较多,可以是借贷形成,如从银行和其他金融机构借入的短期借款;可以是结算过程中产生,如企业购入商品款项未付前形成的应付账款;可以在经营过程中产生,如产品销售中形成的应交税费等;也可以在利润分配中产生,如应付股利等。

流动负债是企业中广泛存在的负债形式,具有以下特点:

1. 偿还期限短。到期日在一年以内或超过一年的一个营业周期内。

2. 筹资成本低。流动负债主要因企业的日常经营活动而产生,能够在短期内为企业提供资金来源,发生频繁,周转迅速,筹资成本低。

3. 偿还方式灵活。流动负债到期偿还方式一般为货币资金,也可以用商品或劳务方式偿还。

(二) 非流动负债

非流动负债是指偿还期在一年或者超过一年的一个营业周期以上的债务。包括长期借款、应付债券、长期应付款等。

企业因扩大经营规模、增加固定资产或经营资金不足等原因,可以举借长期负债。企业非流动负债通常采用发行长期债券以及向银行或其他金融机构借款等方式取得,企业融资租入固定资产形成的应付款等也属于非流动负债。

非流动负债与流动负债相比,具有以下特点:

1. 偿还期限长。到期日在一年以上。

2. 数额大。举借长期负债主要用于购建固定资产,因而具有数额大的特点。

3. 利息负担重。相对流动负债,长期负债一般利率更高,如果企业经营不善,固定的利息支出会给企业造成沉重的财务负担进而影响企业的持续经营。

4. 有附加条件。举借长期负债,往往附有一定的约束条件,如企业必须提供担保或抵押,或设置偿债基金等。

第二节 流 动 负 债

一、短期借款

短期借款是指企业向银行或其他金融机构等借入的期限在一年以下(含一年)的各种借款。短期借款一般是企业为维持正常的生产经营所需的资金而借入的或者为抵偿某项债务而借入的款项,包括经营周转资金借款、临时借款、结算借款、票据贴现借款等。

企业短期借款的核算主要包括三个方面的内容,即取得短期借款的处理、短期借款利息的处理,以及归还短期借款的处理。

为了核算短期借款的取得、偿还和结存情况,企业应设置“短期借款”账户。该账户贷方登记取得借款的本金数额,借方登记偿还借款的本金数额,余额在贷方,表示尚未偿还的短期借款。“短期借款”账户可按借款种类、贷款人和币种进行明细核算。

(一) 取得短期借款的处理

短期借款期限不长,通常在取得借款日,按取得的金额入账。企业取得短期借款时,借记“银行存款”科目,贷记“短期借款”科目。

(二) 短期借款利息的处理

短期借款期间发生的利息费用属于企业的筹资成本,一般作为账务费用,计入当期损益。短期借款的利息结算方式不同,其会计处理也有所差异。

1. 如果短期借款的利息按月支付,或者利息是在借款到期归还本金时一并支付,且数额不大的,可以直接计入当期损益。在实际支付或收到银行的计息通知时,借记“财务费用”科目,贷记“银行存款”科目。

2. 如果短期借款的利息是按期(季度、半年)支付,或者利息是在借款到期归还本金时一并支付,且数额较大,可以采用预提的办法,按月预提计入当期损益。预提时,借记“财务费用”科目,贷记“应付利息”科目。实际支付时,按已经预提的利息金额,借记“应付利息”科目,按实际支付的利息金额与已经预提的利息金额的差额,借记“财务费用”科目,按实际支付的利息金额,贷记“银行存款”科目。

需要指出的是,如果短期借款属于企业为购建固定资产而专门借入的款项,那么其利息应按借款费用的处理方法处理,即在固定资产达到预定可使用状态之前发生的按照规定应予以资本化的借款费用,计入固定资产的成本。

(三) 归还短期借款的处理

企业归还短期借款时,借记“短期借款”科目,贷记“银行存款”科目。

【例 9-1】 甲公司 2011 年 1 月 1 日借入 60 万元、年利率为 10%、借款期为三个月、到期一次还本付息的短期借款。公司财务处理如下:

(1) 取得借款时

借:银行存款	600 000	
贷:短期借款		600 000

(2) 每月末计提利息时

$$600\,000 \times 10\% \div 12 = 5\,000(元)$$

借:财务费用	5 000	
贷:应付利息		5 000

(3) 归还本息时

借:短期借款	600 000	
财务费用	5 000	
应付利息	10 000	
贷:银行存款		615 000

二、应付票据

应付票据是指企业购买材料、商品或接受劳务供应等而开出、承兑的商业汇票，包括商业承兑汇票和银行承兑汇票。商业汇票尚未到期前，构成企业的一项负债，期末反映在资产负债表上的应付票据项目内。应付票据按是否带息分为带息应付票据和不带息应付票据两种。

企业在商品购销活动中由于采用商业汇票进行采购结算时，应设置“应付票据”账户进行核算。“应付票据”属于负债类账户，贷方登记企业开出、承兑的商业汇票的票面金额和带息票据应计的利息，借方登记实际支付票据的金额，期末余额在贷方，表示尚未归还的票据金额。

（一）不带息应付票据的账务处理

企业开出、承兑的不带息商业汇票，或以不带息商业汇票抵付应付账款时，借记“材料采购”、“原材料”、“库存商品”、“应付账款”、“应交税费——应交增值税（进项税额）”等科目，贷记“应付票据”科目。支付银行承兑汇票的手续费，借记“财务费用”科目，贷记“银行存款”科目。票据到期支付款项时，借记“应付票据”科目，贷记“银行存款”科目。

【例 9-2】 兴达公司赊购一批材料，不含税价格为 50 000 元，增值税税率 17%，企业开出一张等值的三个月期限的不带息商业承兑汇票。

根据上述经济业务，公司账务处理如下：

（1）购货时

借：材料采购	50 000	
应交税费——应交增值税（进项税额）	8 500	
贷：应付票据		58 500

（2）材料验收入库时

借：原材料	50 000	
贷：材料采购		50 000

（3）到期付款时

借：应付票据	58 500	
贷：银行存款		58 500

（4）假如该票据到期，兴达公司无力偿还这笔款项，则应将其转为应付账款

借：应付票据	58 500	
贷：应付账款		58 500

（二）带息应付票据利息的账务处理

经承兑的商业汇票如为带息票据，企业应于期末计算应付利息，计入财务费用。计提利息时借记“财务费用”科目，贷记“应付票据”科目；票据到期支付本

息时,按票据账面余额,借记“应付票据”科目,按未计的利息,借记“财务费用”科目,按实际支付的金额,贷记“银行存款”科目。如果票据期限短,利息金额小,也可以在到期时一次性将利息计入财务费用。

【例 9-3】 甲公司 2011 年 11 月 1 日购入价值为 30 000 元的商品,同时出具一张期限为三个月的带息票据,票据年利率为 10%。

假定不考虑相关税费,相关账务处理如下:

(1) 2011 年 11 月 1 日购入商品时

借:库存商品 30 000

　贷:应付票据 30 000

(2) 2011 年 12 月 31 日,计算两个月的应付利息 500 元(30 000 × 10% ÷ 12 × 2)

借:财务费用 500

　贷:应付票据 500

(3) 2012 年 1 月 1 日到期支付票据本息时

借:应付票据 30 500

　　财务费用 250

　贷:银行存款 30 750

应付票据到期,企业无力支付票款时,应分别不同情况进行处理。如为商业承兑汇票,企业应将应付票据金额转入应付账款,借记“应付票据”科目,贷记“应付账款”科目;如为银行承兑汇票,由于承兑银行对出票人尚未支付的汇票金额转作逾期贷款处理,企业应将应付票据金额视同向银行借款,借记“应付票据”科目,贷记“短期借款”科目。到期不能支付的带息应付票据,转入“应付账款”等科目后,期末不再计提利息。

三、应付账款

应付账款是指企业因购买材料、商品和接受劳务供应等应支付给供应单位的款项。应付账款是购销双方在购销活动中由于取得物资、使用劳务与支付账款在时间上不一致而产生的。应付账款的入账时间,应以与所购买物资所有权有关的主要风险和报酬已经转移或劳务已经接受为标志。

为了及时而准确地记录和报告因购买材料、商品或接受劳务供应等而发生的债务及其偿还情况等方面的信息,企业应设置“应付账款”账户和相关的明细账户。该账户贷方登记应付账款的发生额,借方登记应付账款的偿还和抵减额,期末余额一般在贷方,表示尚未偿还的应付账款。

企业购入材料、商品等验收入库,但货款尚未支付时,应根据有关凭证,借记“原材料”、“材料采购”等科目,按专用发票上注明的增值税额,借记“应交税费——应交增值税(进项税额)”等科目,贷记“应付账款”科目。企业接受供应单位提供劳务而发生的应付未付款项,根据供应单位的发票账单,借记“生产成本”、“管理费用”等科目,贷记“应付账款”科目。企业支付账款时,借记“应付账款”科目,贷记“银行存款”科目。

应付账款附有现金折扣的,企业应付账款按照扣除现金折扣前的总额入账,因在折扣期内付款而获得的现金折扣,视为利息收入,在偿付应付账款时冲减财务费用。

【例9-4】 甲公司向光明公司赊购E材料一批,取得的增值税专用发票上注明的货款为500 000元,增值税额为85 000元,E材料已验收入库。相关账务处理如下:

(1) 购货时

借:原材料——E材料	500 000	
应交税费——应交增值税(进项税额)	85 000	
贷:应付账款——光明公司		585 000

(2) 支付货款时

借:应付账款	585 000	
贷:银行存款		585 000

(3) 如果光明公司给予的付款条件为2/10、n/30,计算现金折扣时不考虑增值税,甲公司在10天内付款,则编制的会计分录为

借:应付账款	585 000	
贷:银行存款		575 000
财务费用		10 000

实务中,若企业赊购的货物已验收入库,发票账单未到,可先不进行处理,待发票账单收到时再登记入账。若月末仍未收到发票账单,则需根据收料凭证,按暂估价登记入账,下月初红字冲回。对确实无法支付的应付账款,企业报经批准后按账面金额计入营业外收入,借记“应付账款”账户,贷记“营业外收入”账户。

四、预收账款

预收账款是指企业按照合同规定向购货单位预收的款项。这笔款项构成企业的一项负债,以后要用商品、劳务等偿付。

企业预收账款的核算,应视具体情况而定。预收账款不多的企业,可以将预收的款项直接计入“应收账款”账户的贷方。如果企业预收账款比较多,可以设置“预收账款”账户核算。该账户贷方反映预收的款项和补付的货款,期末贷方余额,反映尚未结清的预收款项,借方余额反映应收的款项。

单独设置“预收账款”账户的企业,向购货单位预收款项时,借记“银行存

款”科目,贷记“预收账款”科目;销售实现时,按实现的收入和应交的增值税销项税额,借记“预收账款”科目,按实现的营业收入,贷记“主营业务收入”,按专用发票上注明的增值税额,贷记“应交税费——应交增值税(销项税额)”等科目。收到购货单位补付的款项时,借记“银行存款”科目,贷记“预收账款”科目;退回购货单位多付的款项时,作相反的会计处理。

【例 9-5】 甲公司接受一批订货合同,按合同规定,货款金额总计 1 400 000 元,产品预计 6 个月完成。订货方预付货款 30%,另外 70% 待完工发货后再支付。该货物的增值税税率为 17%。甲公司有关账务处理如下:

(1) 收到预付的货款时

借:银行存款	420 000	
贷:预收账款		420 000

(2) 6 个月后产品发出时

借:预收账款	1 638 000	
贷:主营业务收入		1 400 000
应交税费——应交增值税(销项税额)		238 000

(3) 订货单位补付货款时

借:银行存款	1 218 000	
贷:预收账款		1 218 000

五、应付职工薪酬

(一) 职工薪酬的内容

职工薪酬,是指企业为获得职工提供的服务而给予各种形式的报酬以及其他相关支出。企业职工薪酬包括:职工工资、奖金、津贴和补贴;职工福利费;医疗保险费、养老保险费、失业保险费、工伤保险费和生育保险费等社会保险费;住房公积金;工会经费和职工教育经费;非货币性福利;因解除与职工的劳动关系给予的补偿;以及其他与获得职工提供的服务相关的支出。

其中,辞退福利指企业解除与职工的劳动关系而给予的补偿。养老保险费,包括根据国家规定的标准向社会保险经办机构缴纳的基本养老保险费,根据企业年金计划向企业年金基金相关管理人缴纳的补充养老保险费,以及以购买商业保险形式提供给职工的各种保险待遇。非货币性福利,包括企业以自产产品发放给职工作为福利、将企业拥有的资产无偿提供给职工使用,以及为职工无偿提供医疗保健服务等。

企业根据有关规定应支付给职工的各种报酬,在尚未支付之前,构成企业对职工的负债。

（二）应付职工薪酬的确认

企业应当在职工为其提供服务的会计期间，将应付的职工薪酬确认为负债。除因解除与职工的劳动关系给予的补偿外，应当根据职工提供服务的受益对象，将应确认的职工薪酬计入相关资产成本或当期损益。具体而言：

1. 应由生产产品、提供劳务负担的职工薪酬，计入产品成本或劳务成本；

2. 应由在建工程、无形资产开发成本负担的职工薪酬，计入固定资产或无形资产的开发成本；

3. 除上述两项以外的其他职工薪酬，计入当期损益。

（三）应付职工薪酬的核算

为了核算应付职工薪酬的计提、结算和使用等情况，企业应设置“应付职工薪酬”账户。该账户贷方登记已分配计入有关成本费用项目的职工薪酬的数额，借方登记实际发放职工薪酬的数额；期末余额在贷方，反映企业应付未付的职工薪酬。“应付职工薪酬”账户可以根据“工资”、“职工福利”、“社会保险费”、“住房公积金”、“工会经费”、“职工教育经费”、“非货币性福利”等应付职工薪酬项目进行明细核算。

企业分配生产部门人员的职工薪酬时，借记“生产成本”、“制造费用”、“劳务成本”等科目，贷记“应付职工薪酬”科目；分配管理部门人员的职工薪酬时，借记“管理费用”科目，贷记“应付职工薪酬”科目；分配销售人员的职工薪酬时，借记“销售费用”科目，贷记“应付职工薪酬”科目；分配应由在建工程、研发成本负担的职工薪酬，借记“在建工程”、“研发支出”等科目，贷记“应付职工薪酬”科目。

企业按照有关规定向职工支付工资、奖金、津贴和补贴等，借记“应付职工薪酬”科目，贷记“银行存款”、“库存现金”等科目。企业从应付职工薪酬中扣除职工个人所得税等款项时，借记“应付职工薪酬”科目，贷记“应交税费——应交个人所得税”等科目。

【例9-6】 A公司2011年12月结算本月应付职工工资总额为39万元。其中，A产品生产工人工资20万元，B产品生产工人工资10万元，车间管理人员工资5万元，行政管理人员工资4万元。

该公司有关的账务处理为：

借：生产成本——A产品	200 000	
——B产品	100 000	
制造费用	50 000	
管理费用	40 000	
贷：应付职工薪酬——工资		390 000

【例9-7】 A公司月初以银行存款发放工资390 000元,代扣个人所得税3 000元。公司根据有关原始凭证编制的会计分录为:

借:应付职工薪酬——工资　　390 000
　贷:银行存款　　387 000
　　应交税费——应交个人所得税　　3 000

【例9-8】 接例9-6资料,如果企业按工资总额的14%计提职工福利费,该公司计提福利费有关的账务处理为:

借:生产成本——A产品　　28 000
　　　　——B产品　　14 000
　制造费用　　7 000
　管理费用　　5 600
　贷:应付职工薪酬——职工福利　　54 600

六、应交税费

企业在一定时期内取得的营业收入和实现的利润,按照规定应向国家交纳相关税费。这些税费在没有交纳之前暂时停留在企业,形成企业的一项负债。企业依法应交纳的税费,主要包括增值税、消费税、营业税、所得税、资源税、土地增值税、城市维护建设税、房产税、土地使用税、车船使用税、印花税、耕地占用税等。此外,企业还代扣代交个人所得税等,这些代扣代交的税金,在上交国家之前也形成企业的一项负债。

为了总括反映各种税费的交纳情况,企业应设置"应交税费"账户,并在"应交税费"科目下设置有关明细账进行核算。该账户贷方登记应交纳的各种税费,借方登记实际交纳的税费。应交税费期末余额一般在贷方,反映企业尚未交纳的税费。如应交税费期末余额在借方,则反映企业多交或尚未抵扣的税费。需要注意的是,企业交纳的印花税、耕地占用税以及其他不需要预计应交数的税金,不通过"应交税费"科目核算。

(一)应交增值税

增值税是就货物和劳务的增值部分征收的一种税。在我国境内销售货物或者提供加工、修理修配劳务以及进口货物的单位和个人,为增值税的纳税义务人。增值税纳税人按照经营规模和会计核算是否健全分为一般纳税人和小规模纳税人。

企业应交的增值税,在"应交税费"科目下设置"应交增值税"明细科目进行核算。

1. 一般纳税人应交增值税的账务处理

按照我国《增值税暂行条例》,企业购入货物或接受应税劳务支付的增值税

（即进项税额），可以从销售货物或提供劳务按规定收取的增值税（即销项税额）中抵扣。增值税一般纳税人应纳税额采用扣税法计算，即用当期销项税额减除当期进项税额。

应纳税额＝当期销项税额－当期进项税额

当期销项税额＝当期销售额×增值税税率

准予从销项税额中抵扣的进项税额，通常包括：(1) 从销售方取得的增值税专用发票上注明的增值税额；(2) 从海关取得的完税凭证上注明的增值税额。此外，购进免税农产品准予从销项税额中抵扣进项税额，准予抵扣的进项税额按买价的13%的扣除率计算进项税额；购进货物和销售货物所付运输费用也准予从销项税额中抵扣进项税额，准予抵扣的进项税额按运费金额7%的扣除率计算，但购、销免税货物所付运费不能计算进项税额抵扣。

为了核算企业应交增值税的发生、抵扣、交纳及转出等情况，一般纳税人应在"应交增值税"明细账内设置"进项税额"、"已交税金"、"销项税额"、"进项税额转出"等专栏。其中，"进项税额"专栏，记录企业购入货物或接受应税劳务而支付的、准予从销项税额中抵扣的增值税额；"销项税额"专栏，记录企业销售货物或提供应税劳务应收取的增值税额；"进项税额转出"专栏，记录企业的购进货物、在产品、产成品等发生非正常损失以及其他原因导致不应从销项税额中抵扣，按规定转出的进项税额。

(1) 一般购销业务的账务处理

企业采购物资时，按专用发票上注明的增值税，借记"应交税费——应交增值税（进项税额）"科目，按专用发票上记载的应当计入采购成本的金额，借记"材料采购"、"原材料"等科目，按应付或实际支付的金额，贷记"应付账款"、"应付票据"、"银行存款"等科目。

企业销售物资或提供应税劳务时，按实现的营业收入和按规定收取的增值税额，借记"应收账款"、"应收票据"、"银行存款"等科目，按专用发票上注明的增值税额，贷记"应交税费——应交增值税（销项税额）"科目，按实现的营业收入，贷记"主营业务收入"等科目。

企业交纳当月的应交增值税，借记"应交税费——应交增值税（已交税金）"科目，贷记"银行存款"科目。

【例9-9】 甲公司购入一批原材料（企业采用实际成本核算），增值税专用发票上注明的原材料价款为800 000元，增值税额为136 000元。货款已经支付，材料已经到达并验收入库。该企业当期销售产品收入为1 200 000元（不含应向购买者收取的增值税），货款尚未收到。假如该产品的增值税税率为17%。

根据上述经济业务，企业账务处理如下：

借：原材料　　　　　　　　800 000

应交税费——应交增值税(进项税额) 136 000
贷:银行存款 936 000
借:应收账款 1 404 000
贷:主营业务收入 1 200 000
应交税费——应交增值税(销项税额) 204 000

【例 9-10】 甲公司以银行存款交纳本月增值税 12 000 元。有关账务处理为:

借:应交税费——应交增值税(已交税金) 12 000
贷:银行存款 12 000

(2) 进项税额转出的账务处理

企业购进的货物发生非正常损失,以及将购进货物改变用途(如用于非应税项目、免税项目、集体福利以及个人消费等),其进项税额应相应转入有关科目,借记"待处理财产损溢"、"在建工程"、"应付职工薪酬"等科目,贷记"应交税费——应交增值税(进项税额转出)"科目。

【例 9-11】 甲公司因火灾毁损一批材料,该材料实际成本为 10 000 元,增值税进项税额为 1 700 元。企业的账务处理如下:

借:待处理财产损溢——待处理流动资产损溢 11 700
贷:原材料 10 000
应交税费——应交增值税(进项税额转出) 1 700

【例 9-12】 A 公司将购进的一批材料作为福利发给职工,其实际成本为 20 000 元,增值税额为 3 400 元。该企业的账务处理为:

借:应付职工薪酬——职工福利 23 400
贷:原材料 20 000
应交税费——应交增值税(进项税额转出) 3 400

(3) 视同销售的账务处理

按照《增值税暂行条例实施细则》的规定,对于企业将货物交付他人代销;销售代销货物;将自产或委托加工的货物用于非应税项目;将自产、委托加工或购买的货物作为投资,提供给其他单位或个体经营者;将自产、委托加工或购买的货物分配给股东或投资者;将自产、委托加工的货物用于集体福利或个人消费,将自产、委托加工或购买的货物无偿赠送他人等行为,应视同销售货物,要计算交纳增值税。

视同销售业务发生时,企业应借记"在建工程"、"长期股权投资"、"应付职工薪酬"、"营业外支出"等科目,贷记"应交税费——应交增值税(销项税额)"等科目。

【例 9-13】 甲公司将自己生产的产品用于工程项目。产品的成本为

500 000 元,计税价格为 500 000 元。假定该产品的增值税税率为 17%。有关账务处理如下:

用于工程的产品的销项税额 = 500 000 × 17% = 85 000(元)

借:在建工程　　585 000

　贷:库存商品　　500 000

　　应交税费——应交增值税(销项税额)　　85 000

2. 小规模纳税人的账务处理

小规模纳税人是指年销售额在规定标准以下,并且会计核算不健全,不能按规定报送有关税务资料的纳税人。

小规模纳税人的应交增值税采用简化的方法核算,即企业购入货物无论是否取得增值税专用发票,购进货物和接受应税劳务时支付的增值税,直接计入有关货物和劳务的成本,不得从销项税额中抵扣。小规模纳税人的销售收入应按不含税销售额计算。小规模纳税人按照不含税销售额和规定的增值税征收率计算交纳增值税。

$$\text{不含税销售额} = \frac{\text{含税销售额}}{1 + \text{征收率}}$$

$$\text{应纳增值税额} = \text{不含税销售额} \times \text{征收率}$$

小规模纳税人只需在"应交税费"科目下设置"应交增值税"明细科目,不需要在"应交增值税"明细科目中设置专栏。"应交税费——应交增值税"科目贷方登记应交纳的增值税,借方登记已交纳的增值税,期末贷方余额为尚未交纳的增值税,借方余额为多交纳的增值税。

【例 9-14】 A 工业企业为小规模纳税企业,适用的增值税税率为 3%。该企业本期购入原材料,按照增值税专用发票上记载的原材料成本为 100 000 元,支付的增值税额为 17 000 元,企业已开出承兑商业汇票,材料尚未收到。该企业本期销售产品,含税价格为 200 000 元,货款尚未收到。有关账务处理如下:

(1) 购进原材料时

借:材料采购　　117 000

　贷:应付票据　　117 000

(2) 销售货物时

不含税价格 = 200 000 ÷ (1 + 3%) = 194 175(元)

应交增值税 = 194 175 × 3% = 5 825(元)

借:应收账款　　200 000

　贷:主营业务收入　　194 175

　　应交税费——应交增值税　　5 825

(二) 消费税

消费税是对在中国境内生产、委托加工和进口应税消费品的单位和个人征收的一种税。国家在普遍征收增值税的基础上,选择部分消费品再征收消费税,主要是为了正确引导消费导向,调节支付能力,缓解分配不公,保证国家财政收入。应税消费品主要包括烟、酒、贵重首饰、汽油等消费品。

1. 消费税的计税方法

消费税应纳税额的计算主要采用从价定率和从量定额两种征收方式。实行从价定率方法计征消费税应纳税额的计税依据为销售额,实行从量定额方法计征消费税应纳税额的计税依据为销售数量。

实行从价定率方法计算的应纳税额 = 销售额 × 税率

实行从量定额方法计算的应纳税额 = 销售数量 × 单位税额

2. 应交消费税的核算

企业应在“应交税费”科目下设置“应交消费税”明细科目核算按规定应交纳的消费税。“应交消费税”明细科目的借方发生额反映实际交纳的消费税和待扣的消费税,贷方发生额反映按规定应交纳的消费税,期末贷方余额反映尚未交纳的消费税,期末借方余额反映多交或待扣的消费税。

(1) 销售应税消费品的账务处理

企业将生产的产品直接对外销售的,应交纳的消费税实行价内征收,计入“营业税金及附加”科目。企业应根据应交纳的消费税额,借记“营业税金及附加”等科目,贷记“应交税费——应交消费税”科目;退税时,作相反会计处理。

【例 9-15】 甲公司三月份销售应纳消费税化妆品,销售收入为 200 000 元,成本 150 000 元,该产品适用的增值税税率为 17%,消费税税率为 10%,货款未收。甲公司相关账务处理如下:

(1) 销售产品时,根据有关凭证编制的会计分录为:

借:应收账款 234 000

  贷:主营业务收入 200 000

    应交税费——应交增值税(销项税额) 34 000

(2) 计算应交消费税 20 000 元(200 000 × 10%),根据有关凭证编制的会计分录为:

借:营业税金及附加 20 000

  贷:应交税费——应交消费税 20 000

(3) 结转销售成本,根据有关凭证编制的会计分录为:

借:主营业务成本 150 000

  贷:库存商品 150 000

(4) 交纳消费税时,根据有关凭证编制的会计分录为::

借:应交税费——应交消费税 20 000

  贷:银行存款 20 000

(2) 委托加工应税消费品的账务处理

按税法规定,企业委托加工的应税消费品,由受托方在向委托方交货时代收代交税款(除受托加工或翻新改制金银首饰按规定由受托方交纳消费税外)。委托加工的应税消费品收回后用于连续生产应税消费品的,按规定准予抵扣消费税,企业会计核算时,应按代收代交的消费税,借记"应交税费——应交消费税"科目,贷记"应付账款"、"银行存款"等科目。委托加工的应税消费品收回后,直接用于销售的,税法规定不再征收消费税,企业会计核算时,应将代收代交的消费税计入委托加工物资的成本,借记"委托加工物资"等科目,贷记"应付账款"、"银行存款"等科目。

【例 9-16】 甲公司委托 A 企业加工应税消费品,原材料价款为 300 000 元,加工费用为 100 000 元,由受托方代收代交的消费税为 20 000 元,应税消费品已经加工完毕并验收入库,加工费用尚未支付。假定甲公司收回加工后的材料用于继续生产,不考虑其他相关税费,甲公司账务处理如下:

(1) 发出委托加工材料时

借:委托加工物资	300 000	
贷:原材料		300 000

(2) 委托方收回委托加工产品时

借:委托加工物资	100 000	
应交税费——应交消费税	20 000	
贷:应付账款		120 000
借:原材料	400 000	
贷:委托加工物资		400 000

【例 9-17】 接例 9-16 资料,假定委托方甲公司收回加工后的材料直接用于销售,则甲公司账务处理如下:

(1) 发出委托加工材料时

借:委托加工物资	300 000	
贷:原材料		300 000

(2) 收回委托加工产品时

借:委托加工物资	120 000	
贷:应付账款		120 000
借:库存商品	420 000	
贷:委托加工物资		420 000

(三) 营业税

营业税是对提供应税劳务、出售无形资产或者销售不动产的单位和个人征收的一种税。营业税按照营业额和规定的税率计算应纳税额,计算公式为:

应纳营业税额 = 营业额 × 税率

其中，营业额是指企业提供应税劳务、转让无形资产或销售不动产向对方收取的全部价款和价外费用。

企业按规定应交的营业税，在“应交税费”科目下设置“应交营业税”明细科目进行核算。

1. 一般账务处理

企业主营业务应交的营业税通过“营业税金及附加”科目核算。企业按营业额和规定的税率计算应交纳的营业税时，借记“营业税金及附加”等科目，贷记“应交税费——应交营业税”科目。

【例 9-18】 华夏运输公司对外提供运输业务，取得劳务收入 100 000 元，已存入银行，营业税税率 3%。有关账务处理如下：

(1) 取得劳务收入时

借：银行存款	100 000	
贷：主营业务收入		100 000

(2) 计算应交营业税 3 000 元(100 000 × 3%)时

借：营业税金及附加	3 000	
贷：应交税费——应交营业税		3 000

(3) 交纳营业税时

借：应交税费——应交营业税	3 000	
贷：银行存款		3 000

2. 销售不动产的账务处理

企业销售不动产，应当向不动产所在地主管税务机关申报交纳营业税。企业销售不动产按规定应交的营业税，记入“固定资产清理”科目；房地产开发企业经营房屋不动产所交纳的营业税，记入“营业税金及附加”科目。

【例 9-19】 甲公司(非房地产开发企业)出售一栋厂房，原价 2 000 000 元，已使用 6 年，累计已计提折旧 300 000 元，支付清理费用 20 000 元，出售的价格收入为 1 900 000 元，营业税率 5%。

企业账务处理如下：

(1) 固定资产转入清理

借：固定资产清理	1 700 000	
累计折旧	300 000	
贷：固定资产		2 000 000

(2) 支付清理费用

借：固定资产清理	20 000	
贷：银行存款		20 000

(3) 计算应交纳的营业税：1 900 000 × 5% = 95 000(元)

借：固定资产清理　　95 000

　贷：应交税费——应交营业税　　95 000

(4) 取得出售价款

借：银行存款　　1 900 000

　贷：固定资产清理　　1 900 000

(5) 结转固定资产清理后的净收益

借：固定资产清理　　85 000

　贷：营业外收入　　85 000

(四) 其他应交税费

企业的其他应交税费包括房产税、土地使用税、车船使用税、印花税和城市维护建设税等。

房产税是国家以城镇经营性房产为征税客体，按照房屋的价值或房屋租金向产权所有人征收的一种税。房产税以房产价值或租金为房产税的计税依据，按规定税率计算交纳。土地使用税是国家为了合理利用城镇土地，调节土地级差收入，提高土地使用效益，加强土地管理而开征的一种税。土地使用税以纳税人实际占用的土地面积为计税依据，依照规定税额计算征收。车船使用税是由拥有并且使用车船的单位和个人交纳的一种税，车船使用税按照适用税额计算交纳。印花税是对经济活动和经济交往中书立、领受的凭证征收的一种税。应税凭证包括合同或者具有合同性质的凭证、产权转移书据、营业账簿、权利许可证照等。印花税采用比例税率和定额税计征，由纳税人根据规定自行计算应纳税额、自行购买印花税票、自行贴花完税。

企业应交房产税、应交土地使用税和应交车船使用税、印花税等作为期间费用(管理费用)核算。企业按规定计算应交房产税、土地使用税和车船使用税时，借记“管理费用”科目，贷记“应交税费——应交房产税”、“应交税费——应交土地使用税”、“应交税费——应交车船使用税”科目；实际交纳时，借记“应交税费——应交房产税”、“应交税费——应交土地使用税”、“应交税费——应交车船使用税”科目，贷记“银行存款”科目。

企业交纳的印花税不需要进行预计应纳税额，不存在与税务机关结算和清算的情况，因此，不需要通过“应交税费”科目核算。企业购买印花税票时，直接借记“管理费用”科目，贷记“银行存款”科目。

城市维护建设税是国家为了加强城市的维护建设，扩大和稳定城市维护建设资金的来源而开征的一种税。城市维护建设税是一种附加税，该税以纳税人实际交纳的消费税、增值税、营业税为计税依据，按规定税率计算征收。

企业按规定计算应交的城市维护建设税，借记“营业税金及附加”等科目，贷记“应交税费——应交城市维护建设税”科目；实际交纳时，借记“应交税费——应交城市维护建设税”科目，贷记“银行存款”科目。

【例 9-20】 甲公司 2012 年 11 月应交增值税 85 000 元，消费税 24 000 元，营业税 6 000 元。城市维护建设税适用的税率为 7%。则应交的城市维护建设税计算如下：

应交城市维护建设税 =（85 000 + 24 000 + 6 000）× 7% = 8 050（元）

账务处理为：

借：营业税金及附加　　　　　　　　　　　　　　8 050

　贷：应交税费——应交城市维护建设税　　　　　　　　8 050

七、其他流动负债

其他流动负债是指除上述短期借款、应付票据、应付账款、预收账款、应付职工薪酬、应交税费等以外的流动负债，包括应付股利、应付利息和其他应付款等。

（一）应付股利

应付股利，是指企业经股东大会或类似机构审议批准的利润分配方案确定的应分配给股东的现金股利或利润。

企业分配给投资者的现金股利或利润，在未支付给投资者之前形成了一笔负债，会计核算中应设置“应付股利”账户进行核算。该账户的贷方登记应付给投资者的现金股利或利润，借方登记实际支付给投资者的现金股利或利润，期末贷方余额反映企业尚未支付的现金股利或利润。该账户应按照投资者进行明细核算。

企业股东大会或类似机构审议批准利润分配方案时，按应支付的现金股利或利润，借记“利润分配——应付现金股利或利润”科目，贷记“应付股利”科目；实际支付时，借记“应付股利”科目，贷记“银行存款”等科目。

【例 9-21】 华夏公司 2012 年度经股东大会审议，通过向全体股东派发每股 1.5 元的现金股利的分配方案，华夏公司总股本 500 万元。

根据以上资料，公司账务处理如下：

（1）宣告派发股利时

借：利润分配——应付现金股利　　　　　　　　7 500 000

　贷：应付股利　　　　　　　　　　　　　　　　　7 500 000

（2）派发现金股利时

借：应付股利　　　　　　　　　　　　　　　　7 500 000

　贷：银行存款　　　　　　　　　　　　　　　　　7 500 000

（二）应付利息

应付利息是企业按照合同约定应支付的利息，包括分期付息到期还本的长期借款、企业债券等应支付的利息。

企业按照合同约定计提应支付的利息时，借记"在建工程"、"财务费用"等科目，贷记"应付利息"科目；实际支付时，借记"应付利息"科目，贷记"银行存款"等科目。"应付利息"期末贷方余额，反映企业按照合同约定应支付但尚未支付的利息。

【例 9-22】 华夏公司借入三年期借款 100 万元，该借款到期还本，按年付息，合同约定的年利率为 5%。假定借款利息不符合资本化条件。企业的有关账务处理如下：

（1）借入款项时

借：银行存款　　1 000 000

　贷：长期借款　　1 000 000

（2）每年计提利息费用时

借：财务费用　　50 000

　贷：应付利息　　50 000

（3）每年实际支付利息时

借：应付利息　　50 000

　贷：银行存款　　50 000

（三）其他应付款

其他应付款是指企业除应付票据、应付账款、预收账款、应付职工薪酬、应交税费、应付股利等以外的其他各项应付、暂收的款项，包括应付租入包装物租金、存入保证金，以及计算工资过程中的各种代扣应付款项等。

在我国会计实务中，通过设置"其他应付款"账户对应付、暂收的款项进行核算。该账户贷方登记发生的应付、暂收款项，借方登记偿还或转销的各种应付、暂收款项。期末贷方余额，反映企业应付未付的其他应付款项。企业可按其他应付款的项目与对方单位和个人设置明细账户进行明细核算。

【例 9-23】 华夏公司 2012 年 4 月收到购货客户租用周转包装物的押金 3 000 元存入银行。企业的有关账务处理如下：

（1）企业收到包装物押金时

借：银行存款　　3 000

　贷：其他应付款　　3 000

（2）收回包装物，退还押金时

借：其他应付款　　3 000

　贷：银行存款　　3 000

若对方逾期（一般一年以上）未退还包装物，企业没收包装物押金时，则：

借：其他应付款　　3 000

　贷：营业外收入　　2 564

　　应交税费——应交增值税（销项税额）　　436

第三节 非流动负债

一、长期借款

长期借款是指企业从银行或其他金融机构借入的期限在一年以上(不含一年)的各种借款。企业借入的长期借款一般用于固定资产的购建、改扩建工程、大修理工程,以及对外投资等方面。

长期借款可以按借款用途分为固定资产投资借款、更新改造借款等;按提供借款的金融机构性质分为政策性银行借款和商业银行借款;按借款有无担保分为信用借款和抵押借款等。

企业应设置“长期借款”账户,核算向金融机构等借入的长期借款。该账户应按债权人设置明细账,并按借款种类进行明细核算。“长期借款”账户期末贷方余额,反映企业尚未偿还的长期借款。

长期借款所发生的利息支出、汇兑损失等借款费用,属于筹建期间的,计入管理费用; 属于生产经营期间的,计入财务费用;属于与购建固定资产有关的专门借款的借款费用,在所购建固定资产达到预定可使用状态前按规定应予资本化的,计入有关固定资产的购建成本。

企业借入各种长期借款时,应按实际收到的金额,借记“银行存款”科目,贷记“长期借款”科目。长期借款按合同利率计算确定的应付未付利息,计入“应付利息”科目,借记“财务费用”、“在建工程”等科目,贷记“应付利息”科目。企业归还长期借款本息时,借记“长期借款”、“应付利息”科目,贷记“银行存款”科目。

【例 9-24】 甲公司于 2009 年 11 月 30 日从银行借入资金 400 万元,款项已存入银行。该借款期限为 3 年,年利率为 8.4%(到期一次还本付息,不计复利)。假定借款利息不符合资本化条件,企业账务处理如下:

(1) 取得借款时

借:银行存款 4 000 000

　贷:长期借款 4 000 000

(2) 2009 年 12 月 31 日计提长期借款利息

借款利息 = 4 000 000 × 8.4% × 1/12 = 28 000(元)

借:财务费用 28 000

　贷:应付利息 28 000

2010 年 1 月至 2012 年 10 月末计提利息分录同上。

(3) 2012 年 11 月 30 日还本付息

借:长期借款　4 000 000
　财务费用　28 000
　应付利息　980 000
　贷:银行存款　5 008 000

二、应付债券

(一) 应付债券种类及核算内容

债券是企业依照法定程序发行,约定在一定期限内还本付息的有价证券。应付债券是指企业为筹集长期资金而实际发行的债券。

企业发行的债券可以依据不同的标准进行分类,按有无抵押担保可分为信用债券、抵押债券和担保债券;按是否记名可分为记名债券和无记名债券;按是否可转换成股票可分为可转换债券和一般公司债券;按付息方式可分为到期一次付息债券和分期付息债券;按还本方式分为一次还本债券和分期还本债券等。

企业债券发行价格的高低一般取决于债券票面金额、债券票面利率、发行当时的市场利率以及债券期限的长短等因素。债券发行方式包括平价发行、溢价发行和折价发行三种:当债券票面利率等于市场利率时,债券按票面金额发行,称为平价发行(面值发行);当债券票面利率大于市场利率时,债券按超过债券面值的价格发行,称为溢价发行;当债券票面利率小于市场利率时,债券按低于债券面值的价格发行,称为折价发行。

应付债券的核算内容包括债券的发行、债券利息计提、债券溢价和折价摊销、债券还本付息等方面。

为了总括反映债券发行和归还的情况,企业应设置"应付债券"账户,核算实际发行的债券价值及应付的利息。该账户借方登记归还的债券本金和利息,贷方登记应付债券的本金和利息,期末贷方余额反映企业尚未归还的长期债券。由于无论是到期一次付息债券还是分期付息债券,企业均应按权责发生制的要求按期计提应付利息,并进行溢价或折价的摊销,因此,在"应付债券"账户下,企业还应设置"面值"、"利息调整"和"应计利息"等明细账。

(二) 债券发行的账务处理

企业发行债券时,无论是按面值发行,还是溢价发行或折价发行,均按债券面值记入"应付债券"科目的"面值"明细科目,按实际收到的金额与票面价值之间的差额记入"应付债券"科目的"利息调整"明细科目。具体发行时,按实际收到的款项,借记"银行存款"等科目,按债券票面价值,贷记"应付债券——面值"科目,按两者的差额,贷记或借记"应付债券——利息调整"。

【例 9-25】 甲公司发行面值为 100 元、票面利率为 10%、期限为 10 年、每年年末付息的债券 10 000 份。发行时市场利率为 10%,债券按面值发行。甲公司会计处理如下：

借：银行存款　　1 000 000

　贷：应付债券——面值　　1 000 000

【例 9-26】 接例 9-25 资料，如果发行时市场利率为 14%，实际发行价格 791 000 元，则甲公司会计处理如下：

借：银行存款　　791 000

　应付债券——利息调整　　209 000

　贷：应付债券——面值　　1 000 000

【例 9-27】 接例 9-25 资料，如果发行时市场利率为 8%，实际发行价格 1 134 000 元，则甲公司会计处理如下：

借：银行存款　　1 134 000

　贷：应付债券——面值　　1 000 000

　　应付债券——利息调整　　134 000

（三）平价发行债券的利息计提

企业发行的债券应按期计提利息，每期应付利息按票面利率计量确认，即：

应付利息 = 面值 × 票面利率

按面值发行的债券，在每期采用票面利率计提利息时，按照与长期借款相一致的原则计入有关成本账户。计提分期付息、到期一次还本的债券利息时，借记“财务费用”、“在建工程”等科目，贷记“应付利息”科目。如果是一次还本付息的债券，则按票面利率计算确定的应付未付利息计入“应付债券——应计利息”科目。

【例 9-28】 甲公司 2012 年 1 月 1 日按面值发行三年期债券一批，该债券总面值 100 万元，年利率为 9%，每年付息一次，所筹集资金用于生产经营。甲公司每年年末计提利息 9 万元，其会计处理如下：

借：财务费用　　90 000

　贷：应付利息　　90 000

如果该债券为一次还本付息债券，则公司每年年末计提利息的会计处理如下：

借：财务费用　　90 000

　贷：应付债券——应计利息　　90 000

（四）溢价发行债券的利息计提及溢价摊销

溢价发行债券在按期计提利息时，应同时采用实际利率法摊销其溢价。所谓实际利率法，是指按照债券的实际利率计算其摊余成本及各期利息费用的方法。在实际利率法下，企业每期的利息费用按实际利率计算，实际利率计算的利息费用与按票面利率计算的应计利息的差额，即为本期应摊销的溢价。

资产负债表日，对于分期付息、一次还本的债券，企业应按实际利率计算确定的债券利息费用,借记“财务费用”、“在建工程”等科目,按照票面利率计算确定的应付未付利息,贷记“应付利息”科目,按其差额,借记“应付债券——利息调整”科目。

资产负债表日,对于到期一次还本付息的债券,企业应按实际利率计算确定的债券利息费用,借记“财务费用”、“在建工程”等科目,按照票面利率计算确定的应付未付利息,贷记“应付债券——应计利息”科目,按其差额,借记“应付债券——利息调整”科目。

【例 9-29】 A 企业发行 5 年期一次还本付息的企业债券 1 000 000 元,所筹集资金用于生产经营。实际发行价格为 1 079 870 元,票面利率为利率 10%,市场利率为 8%。

A 企业根据上述资料,采用实际利率法计算利息如表 9-1 所示:

表 9-1 债券溢价摊销表 单位:元

计息日期	应付利息	当期利息费用	债券溢价摊销额	期末摊余成本
	① = 面值 × 10%	② = 上期④ × 8%	③ = ① - ②	④ = 上期④ - ③
发行时				1 079 870.00
1	100 000	86 389.60	13 610.40	1 066 259.60
2	100 000	85 300.77	14 699.23	1 051 560.37
3	100 000	84 124.83	15 875.17	1 035 685.20
4	100 000	82 854.82	17 145.18	1 018 540.02
5	100 000	81 459.98	18 540.02	1 000 000.00

根据上述资料,企业编制会计分录如下:

(1) 企业溢价发行债券时

借:银行存款 1 079 870

贷:应付债券——债券面值 1 000 000

——利息调整 79 870

(2) 第一年末计息时

借:财务费用 86 389.6

应付债券——利息调整 13 610.4

贷:应付债券——应计利息 100 000

(3) 第二年末计息时

借:财务费用 85 300.77

应付债券——利息调整 14 699.23

贷:应付债券——应计利息 100 000

(4) 第三年末计息时

借:财务费用 84 124.83

应付债券——利息调整 15 875.17

贷:应付债券——应计利息 100 000

(5) 第四年末计息时

借:财务费用 82 854.82

应付债券——利息调整 17 145.18

贷:应付债券——应计利息 100 000

(6) 第五年末计息时

借:财务费用 81 459.98

应付债券——利息调整 18 540.02

贷:应付债券——应计利息 100 000

(五) 折价发行债券的利息计提及折价摊销

折价发行债券的利息费用计算方法与溢价发行债券的相同。两者不同的是:溢价发行的债券,债券账面价值逐期减少,利息费用随之逐期减少;折价发行的债券,债券账面价值逐期增加,利息费用因而也逐期增加。

对于折价发行的分期付息、一次还本债券,企业应在资产负债表日,按实际利率计算确定的债券利息费用,借记"财务费用"、"在建工程"等科目,按照票面利率计算确定的应付未付利息,贷记"应付利息"科目,按其差额,贷记"应付债券——利息调整"科目。

对于折价发行的到期一次还本付息的债券,企业应在资产负债表日,按实际利率计算确定的债券利息费用,借记"财务费用"、"在建工程"等科目,按照票面利率计算确定的应付未付利息,贷记"应付债券——应计利息"科目,按其差额,贷记"应付债券——利息调整"科目。

【例 9-30】 B 企业发行五年期到期还本、每年年末付息的企业债券 1 000 000 元,所筹集资金用于生产经营。实际发行价格为 927 880 元,票面利率为 10%,市场利率为 12%。

B 企业根据上述资料,采用实际利率法计算利息如表 9-2 所示:

表 9-2 债券折价摊销表

单位:元

计息日期	应付利息	当期利息费用	债券折价摊销额	期末摊余成本
	① = 面值 × 10%	② = 上期④ × 12%	③ = ② - ①	④ = 上期④ + ③
发行时				927 880.00
1	100 000	111 345.60	11 345.60	939 225.60
2	100 000	112 707.07	12 707.07	951 932.67
3	100 000	114 231.92	14 231.92	966 164.59
4	100 000	115 939.75	15 939.75	982 104.34
5	100 000	117 895.66	17 895.66	1 000 000.00

根据上述资料,企业编制会计分录如下:

(1) 企业溢价发行债券时

借:银行存款　927 880

　应付债券——利息调整　72 120

　贷:应付债券——债券面值　1 000 000

(2) 第一年末计息时

借:财务费用　111 345.6

　贷:应付利息　100 000

　　应付债券——利息调整　11 345.6

(3) 第二年末计息时

借:财务费用　112 707.07

　贷:应付利息　100 000

　　应付债券——利息调整　12 707.07

(4) 第三年末计息时

借:财务费用　114 231.92

　贷:应付利息　100 000

　　应付债券——利息调整　14 231.92

(5) 第四年末计息时

借:财务费用　115 939.75

　贷:应付利息　100 000

　　应付债券——利息调整　15 939.75

(6) 第五年末计息时

借:财务费用　117 895.66

　贷:应付利息　100 000

　　应付债券——利息调整　17 895.66

(7) 支付各期利息时

借:应付利息　100 000

　贷:银行存款　100 000

(六) 债券的偿还

企业发行的债券一般都是到期一次还本付息或分期付息、一次还本。采用一次还本付息方式时,企业应于债券到期支付债券本息时,借记"应付债券——债券面值"、"应付债券——应计利息"科目,贷记"银行存款"科目;采用分期付息、一次还本方式时,在每期支付利息时,借记"应付利息"科目,贷记"银行存款"科目;债券到期偿还本金时,借记"应付债券——债券面值"科目,贷记"银行存款"科目。

【例 9-31】 接例 9-29 资料，A 企业发行的债券到期。企业根据有关原始凭证，编制如下会计分录：

借：应付债券——面值	1 000 000	
——应计利息	500 000	
贷：银行存款		1 500 000

三、长期应付款

长期应付款是企业除长期借款和应付债券以外的其他各种长期应付款项，包括融资租入固定资产的租赁费、以分期付款方式购进固定资产发生的应付款项等。

企业应设置"长期应付款"账户，核算各种长期应付款的发生和结转情况。该账户贷方登记发生的长期应付款，借方登记长期应付款的归还数，期末贷方余额表示尚未支付的各种长期应付款。"长期应付款"可按种类设置明细账，进行明细核算。

企业采用融资租赁方式租入固定资产，应在租赁期开始日，将租赁开始日租赁资产公允价值与最低租赁付款现值两者中较低者，加上初始直接费用作为租入资产的入账价值，借记"固定资产"、"在建工程"等科目，按最低租赁付款额，贷记"长期应付款"科目，按发生的初始直接费用，贷记"银行存款"等科目，按其差额，借记"未确认融资费用"科目。每期支付租金时，借记"长期应付款"科目，贷记"银行存款"等科目。

课后练习

一、单项选择题

1. 下列项目中，不属于其他应付款核算范围的有(　　)。

A. 应付管理人员工资　　B. 应付经营租入固定资产租金

C. 应付租入包装物租金　　D. 应付、暂收所属单位、个人的款项

2. 短期借款的主要目的在于解决(　　)。

A. 流动资金不足　　B. 长期资金不足

C. 所有资金不足　　D. 实收资本不足

3. 某企业出售一项固定资产应交的营业税，应借记的会计科目是(　　)。

A. 其他业务成本　　B. 营业税金及附加

C. 固定资产清理　　D. 营业外支出

4. 如果企业不设置"预收账款"账户，应将预收的货款计入(　　)。

A. 应收账款的借方　　B. 应收账款的贷方

C. 应付账款的借方　　　　　　D. 应付账款的贷方

5. 某企业以一张期限为6个月的商业承兑汇票支付货款,票面价值为100万元,票面年利率为6%。该票据到期时,企业应支付的金额为(　　)万元。

A. 106　　　B. 104　　　C. 103　　　D. 100

6. 如果企业到期不能偿付商业承兑汇票,应将"应付票据"转作(　　)。

A. 长期应付款　　　　　　B. 其他应付款

C. 短期借款　　　　　　D. 应付账款

7. 企业计算应交的城市维护建设税应通过(　　)科目核算。

A. 营业税金及附加　　　　　　B. 管理费用

C. 销售费用　　　　　　D. 其他业务成本

8. 下列属于长期负债的是(　　)。

A. 应付债券　　　　　　B. 应付票据

C. 应付账款　　　　　　D. 应付利润

9. 债券若折价发行,则债券发行时的市场利率(　　)债券的票面利率。

A. 低于　　　B. 高于　　　C. 等于　　　D. 等于或低于

10. 就发行溢价债券的企业而言,所获债券溢价收入实质是(　　)。

A. 为以后少付利息而付出的代价　　　　B. 为以后多付利息而得到的补偿

C. 为以后少得利息而得到的补偿　　　　D. 为以后多得利息而付出的代价

二、业务题

(一) 甲公司2012年发生下列经济业务:

1. 从某单位购入材料一批,增值税专用发票上注明货款200 000元,增值税34 000元,材料已验收入库。公司签发了一张商业承兑汇票。

2. 以银行存款购入设备一台,价款140 000元,增值税23 800元,设备不需要安装,已投入使用。

3. 计提本月工资费用104 000元。其中,生产工人工资为60 000元,车间管理人员工资为20 000元,行政部门管理人员工资为12 000元,销售人员工资为7 000元,在建工程人员工资为5 000元。

4. 通过银行向职工发放工资104 000元。

5. 向银行借入三月期到期一次还本付息的短期借款120 000元,年利率为8%,款项收到后存入银行。月末计提应付银行借款利息。

6. 计算当月应上交的城市维护建设税3 600元。

7. 月初向银行借入长期借款500 000元,用于生产用房的建设。

8. 生产用房工程施工期间发生利息2 200元。

要求:编制甲公司2012年相应的会计分录。

（二）乙公司 2012 年发生以下与预收账款相关的经济业务：

1. 10 月 2 日，甲公司与宏远公司签订供货合同，合同价格 500 000 元，增值税额为 85 000 元，10 月 3 日收到宏远公司交来的预付款 200 000 元。

2. 10 月 20 日，甲公司按合同约定，将货物发送到宏远公司，并开出增值税专用发票。发票注明价款 500 000 元，增值税额为 85 000 元。

3. 10 月 21 日，甲公司收到宏远公司补付的货款 385 000 元。

4. 11 月 2 日，收到恒大公司交来的预付款 300 000 元。

5. 11 月 20 日，甲公司将货物发送到恒大公司，并开出增值税专用发票。发票注明价款 250 000 元，增值税额为 42 500 元。

6. 11 月 21 日，甲公司退回恒大公司多付的货款 7 500 元。

要求：编制乙公司 2012 年与预收账款相关经济业务的会计分录。

（三）华夏公司 1 月 1 日发行 5 年期、面值为 1 000 000 元的债券用于日常生产经营活动。票面利率为 6.5%，实际利率为 5%，企业按 1 064 942 元的价格出售，该债券到期一次还本付息。

要求：编制华夏公司相关的会计分录。

第十章　所有者权益

学习要点

- 现代企业的组织形式
- 所有者权益的概念及构成
- 实收资本(或股本)的核算
- 资本公积的核算
- 留存收益的核算

第一节　所有者权益概述

一、企业组织形式

现代企业的组织形式按照财产的组织形式和所承担的法律责任不同,通常分为独资企业、合伙企业和公司制企业三类。

(一) 独资企业

独资企业是指依法设立,由一人投资,财产为投资人个人所有,投资人以其个人财产对企业债务承担无限责任的经营实体。独资企业具有以下特征:一是只有一个出资者;二是出资人对企业债务承担无限责任,出资人直接拥有企业的全部资产并直接承担企业的全部负债;三是独资企业不具有法人资格,不作为企业所得税的纳税主体,其收益纳入所有者的收益一并计算交纳个人所得税。

独资企业一般规模比较小,资金来源有限,适用于生产条件和生产过程比较简单、财产经营规模比较小的生产经营活动,具有较大的局限性。

(二) 合伙企业

合伙企业是由各合伙人订立合伙协议,共同出资、合伙经营、共享收益、共担风险,并对合伙企业债务承担无限连带责任的营利性组织。合伙企业的主要特征体现为:一是有两个以上出资者;二是合伙人对企业债务承担无限连带责任;三是合伙人通常按照他们对合伙企业的出资比例分享利润或分担亏损;四是合伙企业不具有法人资格,企业本身通常不交纳企业所得税,其收益直接分配给合伙人。

相对于独资企业,合伙企业可以吸收更多个人投资,为扩大企业生产经营规模提供了一定的条件,是一种比私人独资企业更为先进的企业组织形式。但是,合伙企业也有较大的局限性,主要是权力分散、决策缓慢以及合伙人对企业的债务要承担无限责任,风险较大。

(三) 公司制企业

公司制企业简称"公司",是依据一定的法律程序申请登记设立,并以营利为目的的具有法人资格的经济组织。公司制企业是随着资本主义制度的发展,伴随着资本集中的过程而兴起的,企业有自己独立的财产,独立地承担责任,同时享有相应的民事权利。这种企业组织形式比较适合于规模大的生产经营活动。

依照我国《公司法》设立的公司,分为有限责任公司和股份有限公司。

1. 有限责任公司

有限责任公司是依法设立,出资人以其出资额为限对公司承担责任,公司以其全部资产对公司的债务承担责任的企业法人。有限责任公司的主要特点是:(1) 出资人在 50 人以下,出资不限于自然人,也可以是法人等;(2) 对公司债务承担有限责任,出资人以其出资额为限承担有限责任,并分享相应的收益;(3) 股权的转让有严格限制,如需转让,应在其他出资人同意的条件下方可进行;(4) 公司交纳企业所得税。

2. 股份有限公司

股份有限公司是依法设立,其全部股本分为等额股份,股东以其所持股份为限对公司承担责任,公司以其全部资产对公司的债务承担责任的企业法人。股份有限公司的主要特点包括:(1) 公司的资本总额平分为金额相等的股份;(2) 股东以其所认购股份对公司承担有限责任,公司以其全部资产对公司债务承担责任;(3) 每一股份有一份表决权,股东以其持有的股份享受权利,承担义务;(4) 公司的股份可以自由转让,股票可以在社会上公开交易。股份公司资本雄厚,实力强大,适合从事较大规模的生产经营活动。

不同的企业组织形式,对资产和负债的会计处理并无重大影响,但涉及所有者权益方面的会计处理则有着显著差异。公司制企业,尤其是股份有限公司,是普遍采用的企业组织形式,因此本章选择公司的所有者权益作为重点介绍。

二、所有者权益

所有者权益是指企业资产扣除负债后由所有者享有的剩余权益,是所有者对企业资产的剩余索取权。公司的所有者权益又称为股东权益。所有者权益通常由实收资本(或股本)、资本公积、盈余公积和未分配利润构成。其中,盈余公积和未分配利润合称为留存收益。

所有者权益和负债都是企业资产的来源,但两者在性质上有本质区别。所有者权益反映了所有者投入资本的保值增值情况,体现了保护债权人权益的理念;负债反映的是企业债权人对企业资产的索取权,而且通常债权人对企业资产的索取权要优先于所有者对企业资产的索取权。二者都对企业资产具有要求权,但所有者权益与债权人权益相比,具有以下显著特点:

(1) 所有者只对净资产部分具有所有权,而不是对全部资产;

(2) 所有者有权参与企业经营管理;

(3) 所有者以获得股利或利润的形式参与企业的利润分配;

(4) 投入的资本没有明确的回收日期。

企业在会计确认、计量和报告中应当严格区分负债和所有者权益,以如实反映企业的财务状况,尤其是企业的偿债能力和产权比率等。

第二节　实收资本

一、实收资本(或股本)概述

实收资本是指投资者按照企业章程或合同、协议的约定,实际投入企业的资本,它是企业注册登记的法定资本总额的来源。实收资本表明所有者对企业的基本产权关系,其构成比例通常是确定投资者在企业所有者权益中所占有份额和参与企业经营管理决策的基础,也是企业进行利润分配的依据,同时还是企业清算时确定所有者对净资产要求权的依据。实收资本一般按投资主体不同,分为国家资本、法人资本、个人资本和外商资本四类。

我国目前实行的是注册资本制度,要求企业的实收资本与其注册资本相一致。相关规定如下:

(1) 公司的实收资本是全体股东或者发起人实际交付并经公司登记机关依法登记的出资额或者股本总额。有限责任公司的注册资本为在公司登记机关依法登记的全体股东认缴的出资额。股份有限公司采取发起设立方式设立的,注册资本为在公司登记机关依法登记的全体发起人认购的股本总额。股份有限公司采取募集设立方式设立的,注册资本为在公司登记机关依法登记的实收股本总额。

(2) 有限责任公司注册资本的最低限额为人民币三万元,一人有限责任公司的注册资本最低限额为人民币十万元,股份有限公司注册资本的最低限额为人民币五百万元。

(3) 股东或者发起人可以用货币出资,也可以用实物、知识产权、土地使用权等非货币财产作价出资。公司全体股东或者发起人的货币出资金额不得低于公司注册资本的30%。

（4）公司全体股东的首次出资额不得低于公司注册资本的20%，也不得低于法定的注册资本最低限额，其余部分由股东自公司成立之日起两年内缴足。其中，投资公司可以在五年内缴足。

（5）股东或者发起人应当按期足额缴纳公司章程中规定的各自所认缴的出资额或者所认购的股份。以货币出资的，应当将货币出资足额存入公司在银行开设的账户；以非货币财产出资的，应当依法办理其财产权的转移手续。股东缴纳出资后，必须经依法设立的验资机构验资，并出具证明。

二、实收资本的核算

实收资本是所有者权益的重要组成部分，是企业设立的必备条件，也是企业从事正常生产经营活动必需的基本资金。企业接受投资，按实际收到的出资额作为实收资本入账。

为了核算企业接受投资者投入企业的实收资本，企业应设置"实收资本"账户。该账户贷记投资者投入的，按规定所占注册资本的份额，借记企业按法定程序报经批准减少的注册资本，期末贷方余额，反映企业实收资本总额。

企业对投资者投入的资本，应根据有关证明（如银行收款通知、投资清单等），分别不同的投资方式进行相应的会计处理。

（一）接受货币资产投资

企业收到投资者投入的货币资产（包括现金、银行存款）时，按实际收到的金额，借记"银行存款"等科目，贷记"实收资本"科目。

【例10-1】 泰山公司收到国家投资5 000 000元，其他法人投资2 000 000元，已全部存入银行。公司根据银行的收款通知等凭证编制如下会计分录：

借：银行存款	7 000 000	
贷：实收资本——国家股		5 000 000
——法人股		2 000 000

（二）接受实物资产投资

投资者可以采用固定资产、材料、库存商品等实物资产形式出资。根据我国《公司法》规定，作为出资的实物，必须进行评估作价，不得高估或低估资产价值。

企业收到投入的实物资产投资时，应按投资合同或协议约定的资产价值（不公允的除外），借记"固定资产"、"原材料"、"库存商品"等科目，按增值税专用发票上注明的增值税额，借记"应交税费——应交增值税（进项税额）"科目，按其在注册资本中所占的份额，贷记"实收资本"科目，按其差额，贷记"资本公积"科目。

【例 10-2】　泰山公司接受华山公司一台不需安装设备的投资，该设备合同约定的价值为 120 000 元，增值税进项税额为 20 400 元，该设备在注册资本中所占份额为 140 400 元。泰山公司根据有关资产评估报告及实物转移凭证等编制如下会计分录：

借：固定资产　120 000
　应交税费——应交增值税（进项税额）　20 400
　贷：实收资本　140 400

【例 10-3】　甲公司接受乙公司投入的原材料一批，合同约定的价值为 80 000 元，增值税进项税额为 13 600 元，该设备在注册资本中所占份额为 70 000 元。甲公司根据收到的增值税专用发票等凭证编制如下会计分录：

借：原材料　80 000
　应交税费——应交增值税（进项税额）　13 600
　贷：实收资本　70 000
　　资本公积　23 600

（三）接受无形资产投资

企业可以接受专利权、土地使用权、非专利技术等无形资产投资。企业收到投入的无形资产时，应按投资合同或协议约定的价值（不公允的除外），借记“无形资产”科目，按其在注册资本中所占份额，贷记“实收资本”科目，按其差额，贷记“资本公积”科目。

【例 10-4】　泰山公司接受丁公司以一项专利的投资，该专利合同约定价值为 700 000 元，合同约定价值与其在注册资本中所占份额相等。公司根据有关的资产评估报告等凭证编制如下会计分录：

借：无形资产——专利权　700 000
　贷：实收资本　700 000

三、股本的核算

为了核算股份有限公司股东投入的资本，企业应设置“股本”账户。该账户贷方登记按核定的股份总额发行的股票面值总额，借方登记依法批准减少的股本数额，余额在贷方，表示实际持有的股本数。“股本”账户应按普通股和优先股的种类及持股人等设置明细账，进行明细分类核算。企业发行股票时，按实际收到的款项，借记“银行存款”科目，按股票面值和核定的股份总额的乘积计算的金额，贷记“股本”科目，按其差额，贷记“资本公积”科目。

【例 10-5】　黄山股份有限公司发行普通股 500 000 股，每股面值 1 元，实际发行价 1 元。假如不考虑发行费，已收到发行款存入银行。根据有关原始凭证编制如下会计分录：

借:银行存款　　　　　　　　　　　　　　　　500 000

　贷:股本　　　　　　　　　　　　　　　　　　500 000

【例 10-6】 黄山股份有限公司通过证券公司发行普通股 300 000 股,每股面值 1 元,发行价 6 元。双方约定,按发行收入的 2 ‰支付证券公司发行费,并从发行溢价中扣除。股票已发行完毕,股款已划入银行存款账户。根据有关原始凭证编制如下会计分录:

　　公司支付股票的发行费 = 300 000 × 6 × 2‰ = 3 600 (元)

　　实际收到的股票款 = 300 000 × 6 − 3 600 = 1 796 400 (元)

借:银行存款　　　　　　　　　　　　　　　　1 796 400

　贷:股本　　　　　　　　　　　　　　　　　　300 000

　　资本公积　　　　　　　　　　　　　　　　1 496 400

第三节　资 本 公 积

资本公积是企业收到的投资者超出其在企业注册资本(或股本)中所占份额的投资,以及直接计入所有者权益的利得和损失等。

资本公积的来源包括资本溢价或股本溢价,以及直接计入所有者权益的利得和损失。资本溢价或股本溢价,是指企业收到投资者超过其在企业注册资本或股本中所占份额的投资;直接计入所有者权益的利得和损失是指不应计入当期损益、会导致所有者权益发生增减变动的、与所有者投入资本或者向所有者分配利润无关的利得或损失。

一、资本溢价或股本溢价

(一) 资本溢价

有限责任公司创立时,出资者认缴的出资额,即公司的注册资本,应全部计入"实收资本"账户。经过一段时期的经营后,公司会吸收新的投资者加入。但为了维护原有投资者的权益,新加入的投资者的出资额,并不一定全部作为实收资本处理。这是因为在企业正常经营过程中投入的资金虽然与企业创立时投入的资金在数量上一致,但其获利能力却不一致。相同数量的投资,若出资时间不同,其对企业的影响程度就不同,由此带给投资者的权利也不同,往往早期出资带给投资者的权利要大于后期出资带给投资者的权利。所以,新加入的投资者要付出大于原投资者的出资额,才能取得与原投资者相同的投资比例。另外,原投资者原有投资在质量上、数量上都可能发生变化,因为企业经营过程中实现的一部分利润留在了企业,所形成的留存收益也属于投资者权益,但其未转入实收资本。新加入的投资者如要与原投资者共享这部分留存收益,也要求付出大于原投资者的出资额,才能取得与原投资者相同的投资比例。

投资者的出资额中,只有按投资者占被投资企业注册资本比例计算的部分,才作为实收资本。如果投资者的出资额大于其在注册资本中所占的份额部分,则作为资本溢价单独核算。即投资者投入的资本中按其投资比例计算的出资额应记入“实收资本”科目,超出部分作为“资本溢价”应记入“资本公积——资本溢价”科目。

【例 10-7】 泰山公司原有华山公司与衡山公司两个股东,公司于2010年12月6日创立时实收资本为400万元。经过一年的经营,公司的留存收益为120万元。2012年1月恒山公司投入泰山公司300万元货币资金,占增资后公司全部资本500万元中的20%。泰山公司的会计业务处理如下:

借:银行存款 3 000 000
　贷:实收资本 1 000 000
　　资本公积——资本溢价 2 000 000

(二) 股本溢价

股份公司股票的发行方式有三种:面值发行、溢价发行、折价发行。按股票面值发行的,称为面值发行;高于面值发行的,称为溢价发行;低于面值发行的,称为折价发行。我国不允许企业折价发行股票。

股本溢价意味着股份公司的股票实际发行价格高于股票的面值,即溢价发行。为准确提供企业股本总额及其注册资本等信息,企业发行股票收入,相当于股票面值的部分,计入“股本”账户,超出股票面值的溢价,计入“资本公积——股本溢价”账户,委托证券商代理发行股票而支付的手续费、佣金等,应从资本公积中扣除。

【例 10-8】 黄山公司通过万国证券公司代理发行普通股3 000万股,证券公司按发行收入的3%收取手续费。股票面值为每股1元,发行价格为每股5元。黄山公司的会计业务处理如下:

股票发行总收入 $=5\times3\,000=15\,000$(万元)

扣除的手续费 $=15\,000\times3\%=450$(万元)

公司实际发行股票收入 $=15\,000-450=14\,550$(万元)

应计入“股本”账户的金额 $=1\times3\,000=3\,000$(万元)

应记入“资本公积”账户的金额 $=14\,550-3\,000=11\,550$(万元)

借:银行存款 14 550
　贷:股本 3 000
　　资本公积——股本溢价 11 550

二、其他资本公积

其他资本公积,是指除资本溢价(或股本溢价)项目以外所形成的资本公积,其中主要包括直接计入所有者权益的利得和损失。

直接计入所有者权益的利得和损失主要由一些特定的交易或事项引起,如采用权益法核算的长期股权投资、以权益核算的股份支付、可供出售金融资产公允价值的变动,以及存货或自用房地产转换为投资性房地产等。

第四节 留存收益

留存收益是企业从历年实现的利润中提取或留存于企业的一种内部积累,包括盈余公积和未分配利润两部分。

一、盈余公积

(一) 盈余公积概述

盈余公积是企业按照规定从净利润中提取的各种积累资金。公司制企业的盈余公积分为法定盈余公积和任意盈余公积。两者的区别在于各自计提的依据不同。前者以国家的法律或行政规章为依据提取,具有强制性,后者则由企业自行决定提取。

根据我国《公司法》的规定,公司制企业的法定公积金按照税后利润 10% 的比例提取。在计算提取法定盈余公积的基数时,不应包括企业年初未分配利润。公司法定公积金累计额达到公司注册资本的 50% 以上时,可以不再提取法定公积金。公司从税后利润中提取法定盈余公积金后,经股东会或股东大会决议,还可以从税后利润中提取任意盈余公积金。

企业提取的盈余公积主要有以下用途:

(1) 弥补亏损。企业发生亏损时,应由企业自行弥补。弥补亏损的途径主要有:一是用以后年度税前利润弥补。按照现行制度规定,企业当年发生亏损时,可以用以后五年内实现的税前利润弥补,即税前利润弥补亏损的期间为五年。二是用以后年度税后利润弥补。企业发生的亏损经过五年期间未弥补足额的,尚未弥补的亏损应用所得税后的利润弥补。三是以盈余公积弥补亏损。企业以提取的盈余公积弥补亏损时,应当由公司董事会提议,并经股东大会批准。

(2) 转增资本。企业将盈余公积转增资本时,必须经股东大会决议通过,在实际将盈余公积转增资本时,要按股东原有持股比例结转。

企业提取的盈余公积,无论用于弥补亏损,还是用于转增资本,都只是在企业所有者权益内部作结构上的调整,不会引起所有者权益总额的变动。

（二）盈余公积的账务处理

为了反映盈余公积的提取和使用情况，企业应设置“盈余公积”账户。该账户属于所有者权益类账户，贷方登记盈余公积的提取数额，借方登记盈余公积用于补亏或转增资本的数额，余额在贷方，反映盈余公积的结余数额。本账户应当分别“法定盈余公积”、“任意盈余公积”进行明细核算。

企业按规定提取法定盈余公积时，借记“利润分配——提取法定盈余公积”科目，贷记“盈余公积——法定盈余公积”科目；按规定提取任意盈余公积时，借记“利润分配——提取任意盈余公积”科目，贷记“盈余公积——任意盈余公积”科目。

【例 10-9】 黄山公司 2012 年实现税后利润 400 000 元，分别按 10% 和 8% 提取法定盈余公积和任意盈余公积。根据有关原始凭证编制会计分录如下：

提取的法定盈余公积 = 400 000 × 10% = 40 000（元）

提取的任意盈余公积 = 400 000 × 8% = 32 000（元）

借：利润分配——提取法定盈余公积　　40 000
　　　　　　——提取任意盈余公积　　32 000
　贷：盈余公积——法定盈余公积　　40 000
　　　　　　　——任意盈余公积　　32 000

企业用盈余公积转增资本时，借记“盈余公积”科目，贷记“实收资本”科目；用盈余公积补亏时，借记“盈余公积”科目，贷记“利润分配——盈余公积补亏”科目；用盈余公积派送新股时，按派送新股计算的金额，借记“盈余公积”科目，按股票面值和派送新股总数计算的股票面值总额，贷记“股本”科目。

【例 10-10】 2012 年 2 月 3 日，泰山公司经股东大会决议，用法定盈余公积弥补以前年度亏损 100 万元，用法定盈余公积转增股本 400 万股，每股面值 1 元。其会计处理如下：

（1）弥补亏损

借：盈余公积　　1 000 000
　贷：利润分配——盈余公积补亏　　1 000 000

（2）转增股本

借：盈余公积　　4 000 000
　贷：股本——普通股　　4 000 000

二、未分配利润

未分配利润是企业留待以后年度进行分配的结存利润，也是企业所有者权益的组成部分。相对于所有者权益的其他部分来讲，企业对于未分配利润的使用分配有较大的自主权。企业未分配利润等于期初未分配利润，加上本期实现的净利润,减去提取的各种盈余公积和分配利润后的余额。

未分配利润通过“利润分配——未分配利润”明细账户核算。企业在年度终了,结转全年实现的净利润时,借记“本年利润”科目,贷记“利润分配——未分配利润”科目,结清“利润分配”账户下的其他明细账户(如应付现金股利或利润、提取法定盈余公积、提取任意盈余公积、转作股本的股利等)余额时,应将这些明细账户的余额全部转入“未分配利润”明细账户。结转后,“未分配利润”明细账户余额如在贷方,反映期末累计未分配利润;余额如在借方,反映期末累计未弥补的亏损。

企业在生产经营过程中既有可能发生盈利,也有可能出现亏损。企业当年发生亏损,应当将发生的亏损自“本年利润”科目,转入“利润分配——未分配利润”科目,借记“利润分配——未分配利润”科目,贷记“本年利润”科目,结转后“利润分配”科目的借方余额,即为未弥补亏损的数额。

【例 10-11】 泰山公司的股本为 2 000 000 元,每股面值 1 元。2012 年年初未分配利润为贷方 800 000 元,2012 年实现净利润 500 000 元。泰山公司按照 2012 年实现净利润的 10% 提取法定盈余公积,5% 提取任意盈余公积。2013 年 3 月 15 日,公司以银行存款支付了全部现金股利。泰山公司的会计业务处理如下:

(1) 2012 年度终了时,企业结转本年实现的净利润

借:本年利润	500 000	
贷:利润分配——未分配利润		500 000

(2) 提取法定盈余公积和任意盈余公积

借:利润分配——提取法定盈余公积	50 000	
——提取任意盈余公积	25 000	
贷:盈余公积——法定盈余公积		50 000
——任意盈余公积		25 000

(3) 结转“利润分配”的明细科目

借:利润分配——未分配利润	75 000	
贷:利润分配——提取法定盈余公积		50 000
——提取任意盈余公积		25 000

经过上述分配处理,“利润分配——未分配利润”账户的贷方余额为 1 225 000 元(800 000 + 500 000 − 75 000),该贷方余额即为企业的累计未分配利润。

课 后 练 习

一、单项选择题

1. 企业所有者权益在数量上等于(　　)。

A. 企业流动负债减长期负债后的差额

B. 企业流动资产减流动负债后的差额

C. 企业长期负债减流动负债后的差额

D. 企业全部资产减全部负债后的差额

2. 下列各项,会引起所有者权益总额发生增减变动的是(　　)。

A. 宣告发放股票股利　　B. 资本公积转增资本

C. 盈余公积转增资本　　D. 接受投资者追加投资

3. 企业吸收投资者出资时,下列余额不发生变化的会计科目是(　　)。

A. 盈余公积　　B. 资本公积

C. 实收资本　　D. 股本

4. 下列将引起所有者权益减少的是(　　)。

A. 宣告股票股利　　B. 宣告分配利润

C. 用盈余公积补亏　　D. 提取盈余公积

5. 公司发行股票支付的手续费、佣金等发行费用,应该(　　)。

A. 计入财务费用　　B. 计入管理费用

C. 从溢价中抵扣　　D. 冲减盈余公积和未分配利润

6. 2012 年 1 月 1 日某企业所有者权益情况如下:实收资本 200 万元,资本公积 17 万元,盈余公积 38 万元,未分配利润 32 万元。则该企业 2012 年 1 月 1 日留存收益为(　　)万元。

A. 32　　B. 38　　C. 70　　D. 87

7. 甲公司收到乙公司作为资本投入的原材料一批,该批原材料投资合同约定的价值(不含进项税额)为 400 000 元,增值税进项税额为 68 000 元。乙公司已开具了增值税专用发票。假设合同约定的价值与公允价值相符,该进项税额允许抵扣,不考虑其他因素,甲公司应计入实收资本的金额为(　　)元。

A. 366 000　　B. 424 000　　C. 468 000　　D. 400 000

8. 企业增资扩股时,投资者实际缴纳的出资额大于按约定比例计算的在注册资本中所占的份额部分,应计入(　　)。

A. 资本公积　　B. 实收资本

C. 盈余公积　　D. 营业外收入

9. 某公司委托证券公司发行股票 1 000 万股,每股面值 1 元,每股发行价格

8 元,向证券公司支付佣金 50 万元。该公司应贷记“资本公积——股本溢价”科目的金额为(　　)万元。

A. 6 900　　B. 7 050　　C. 6 950　　D. 7 000

10. 某企业每月月末将各损益类科目的余额转入“本年利润”科目,该企业 12 月 31 日各损益类科目转账后,“本年利润”科目贷方余额为 55 000 元,该余额反映(　　)。

A. 本年度十二月份实现的净利润　　B. 本年度全年实现的净利润

C. 本年度十二月份实现的利润总额　　D. 本年度全年实现的利润总额

二、业务题

(一) 根据以下经济业务编制会计分录(答案以万元表示):

1. 收到投资者投入资本 1 000 万元,款项已存入开户银行。

2. 接收某投资者投入一项专利技术,协议价值为 120 万元,折合本公司普通股 100 万股,每股面值为 1 元。

3. 用资本公积 150 万元、盈余公积 200 万元转增资本。

4. 公司本年净利润 800 万元,提取法定盈余公积 80 万元,宣告向股东分配现金股利 320 万元。

5. 用银行存款支付已宣告的现金股利 320 万元。

(二) 甲公司为有限责任公司,由投资者 A 和投资者 B 共同出资成立,每人出资 200 000 元,各占 50% 的股份。经营两年后,投资者 A 和投资者 B 决定增加公司资本,此时有一新的投资者 C 要求加入甲公司。经有关部门批准后,甲公司实施增资,将实收资本增加到 900 000 元。经三方协商,一致同意,完成下述投入后,三方投资者各拥有甲公司 300 000 元实收资本,并各占甲公司 1/3 的股份。各投资者的出资情况如下:

1. 投资者 A 以一台设备投入甲公司作为增资,该设备原价 180 000 元,已提折旧 95 000 元,评估确认原价 180 000 元,评估确认净值 126 000 元。(假如不考虑其他相关税费)

2. 投资者 B 以一批原材料投入甲公司作为增资,该批材料账面价值 105 000 元,评估确认价值 110 000 元,税务部门认定应交增值税额为 18 700 元,投资者 B 已开具了增值税专用发票。

3. 投资者 C 以银行存款投入甲公司 390 000 元。

要求:根据以上资料,分别编制甲公司接受投资者 A、投资者 B 增资时以及投资者 C 初次出资时的会计分录。

第十一章　收入、费用与利润

学习要点

- 收入的概念、特征及分类
- 收入的核算
- 费用的概念、特征及分类
- 费用的核算
- 利润及其构成
- 利润的结转与分配

第一节　收　　入

一、收入概述

（一）收入的概念与特征

收入是指企业在日常活动中形成的、会导致所有者权益增加的、与所有者投入资本无关的经济利益的总流入。收入具有以下特征：

1. 收入是企业在日常活动中形成的。日常活动，是指企业为完成其经营目标所从事的经常性活动以及与之相关的活动。比如，商品流通企业销售商品、工业企业制造产品等。除日常活动外，企业的有些活动不是为完成其经营目标所从事的经常性活动，也不属于与经常性活动相关的活动，如处置固定资产、无形资产等。这些活动产生的经济利益的总流入不构成收入。

2. 收入会导致所有者权益的增加。收入可能表现为资产的增加或负债的减少，或者二者兼而有之。但无论表现为资产的增加或负债的减少，收入最终必然导致所有者权益的增加。导致所有者权益的增加是收入的根本特征，不符合这一特征的经济利益的总流入不属于企业的收入，如企业代税务机关收取的税款，代第三方或代客户收取的款项、代收的利息等不是企业的收入。

3. 收入与所有者投入资本无关。所有者权益的增加可能是因收入增加引起的，也可能是由于所有者投入资本等其他原因引起的。由于所有者投入资本而导致企业资产和所有者权益增加的，不能确认为企业收入。

（二）收入的分类

1. 收入按照经济业务性质，分为销售商品收入、提供劳务收入和让渡使用权收入。

（1）销售商品收入。销售商品收入是指企业通过销售产品或商品而取得的收入。可以用于企业销售的商品包括企业为销售而生产的商品以及企业为销售而购入的商品等。

（2）提供劳务收入。提供劳务收入是指企业通过提供劳务作业而取得的收入。提供劳务的行业、种类比较多，如旅游、运输、餐饮、广告、咨询等，这些行业、企业提供劳务所取得的收入，是其现金流入的主要来源。工商企业也会发生一些劳务收入，如产品安装费收入等。

（3）让渡使用权收入。让渡使用权收入是指企业将资产让渡给他人使用所实现的收入，如因他人使用本企业商标权、专利权等无形资产而取得的收入，因出租固定资产而收取的租金收入等。

2. 收入按照企业经营业务的主次，分为主营业务收入和其他业务收入。

（1）主营业务收入。主营业务收入是指企业为完成其经营目标从事的经常性活动实现的收入。不同企业对主营业务收入的划分是不同的，但通常情况下，主营业务收入在企业总收入中所占比重较大，而且其变化对企业的经济效益往往会产生明显的影响。如工业企业的主营业务收入一般指企业销售产品所实现的收入。

（2）其他业务收入。其他业务收入是指与企业为完成其经营目标所从事的经常性活动相关的活动实现的收入。其他业务收入通常在企业总收入中所占的比例较小，其变化不会对企业的经济效益产生明显的影响。工业企业的其他业务收入一般指除销售产品之外的其他销售业务实现的收入，包括销售材料、转让技术、出租固定资产等所取得的收入。

二、销售商品收入

（一）销售商品收入的确认

商品包括企业为销售而生产的产品和为转售而购进的商品，如工业企业生产的产品、商业企业购进的商品等。企业销售的其他存货，如原材料、包装物等，也视同商品。根据我国《企业会计准则第 14 号——收入》的规定，销售商品收入同时满足以下条件的，才能予以确认：

1. 企业已将商品所有权上的主要风险和报酬转移给购货方。企业已将商品所有权上的主要风险和报酬转移给购货方，是指与商品所有权有关的主要风险和报酬同时转移给了购货方。其中，与商品所有权有关的风险，是指商品可能发生减值或者毁损等形成的损失；与商品所有权有关的报酬，是指商品价值增值或者通过使用商品等形成的经济利益。如果某商品发生的任何损失都不需要销货方承担，带来的任何利益也不归销货方所有，则意味商品所有权上的主要风险和报酬转移给了购货方。如大多数商品零售，在企业转移商品所有权凭证或者交付实物后，商品所有权上的主要风险和报酬随之转移。

2. 企业既没有保留通常与所有权相联系的继续管理权，也没有对已售出的商品实施有效的控制。通常情况下，企业售出商品后不再保留与商品所有权相联系的继续管理权，也不再对售出商品实施有效控制，表明商品所有权上的主要风险和报酬已经转移给购货方，应在发出商品时确认收入。如果企业售出商品后，仍然保留与商品所有权联系的继续管理权，或仍然可以对该商品实施有效控制，则说明销售没有完成，不能确认相应的收入。

3、收入金额能够可靠地计量。收入的金额能够可靠地计量，是指收入的金额能够合理地估计。如果收入的金额不能够合理估计，就无法确认收入。通常情况下，企业在销售商品时，商品销售价格已经确定，企业应当按照从购货方已收或应收的合同或者协议价款确定收入金额。

4. 相关的经济利益很可能流入企业。相关的经济利益很可能流入企业，是指销售商品价款收回的可能性大于不能收回的可能性，即销售商品价款收回的可能性超过50%。如果企业在销售商品时，对方发生巨额亏损，资金周转十分困难，企业估计价款收回的可能性不大，则不应当确认收入。

5. 相关的已发生或将发生的成本能够可靠地计量。与同一销售相关的收入和成本应在同一会计期间予以确认。如果成本不能可靠地计量，相关的收入也不能予以确认，企业应将收到的价款确认为负债。

（二）账户设置

为了核算企业日常活动中所产生的收入，企业应设置“主营业务收入”和“其他业务收入”等账户。根据收入与费用相配比的原则，企业在确定一定时期收入的同时，必须确定为取得收入而发生的必要的支出。为了准确核算这些支出，企业还应设置“主营业务成本”、“其他业务成本”、“营业税金及附加”等账户，期末应将这些账户的余额转入“本年利润”账户，结转后各账户无余额。

1. 主营业务收入

“主营业务收入”用于核算企业在销售商品、提供劳务等日常活动中所产生的收入。该账户的贷方反映企业实现的收入，借方反映销售退回以及期末转入“本年利润”账户的收入的净额，期末结转后无余额。“主营业务收入”账户应按照主营业务的种类设置明细账，进行明细核算。

2. 其他业务收入

“其他业务收入”用于核算企业除主营业务以外的其他经济业务，如原材料销售、包装物出租和出售等所取得的收入。该账户贷记企业实现的销售材料收入、手续费收入等,借记结转至“本年利润”账户的其他业务收入,期末结转后无余额。“其他业务收入”应按其他业务的种类,如“材料销售”、“包装物出租”等设置明细账,进行明细核算。

3. 主营业务成本

“主营业务成本”核算的内容为企业销售产品发生的成本。“主营业务成本”账户的借方反映企业销售产品的成本,贷方反映销售退回以及期末转入“本年利润”账户的产品的销售成本,期末结转“本年利润”账户后无余额。该账户应按主营业务的种类设置明细账。

4. 其他业务成本

“其他业务成本”核算企业除主营业务成本以外的其他销售或者其他业务所发生的支出,包括销售材料的成本、出租固定资产的累计折旧、出租无形资产的累计摊销、出租包装物的成本或摊销额等。该账户借记已销材料成本等,贷记结转至“本年利润”账户的成本,期末结转后无余额。

(三) 销售商品收入的一般账务处理

企业确认销售商品收入时,应当按已收或者应收的合同或者协议价款,加上应收取的增值税税额,借记“银行存款”、“应收账款”、“应收票据”等科目,按确定的收入金额,贷记“主营业务收入”、“其他业务收入”等科目,按应收取的增值税税额,贷记“应交税费——应交增值税(销项税额)”科目。同时,企业需结转相应的成本,借记“主营业务成本”科目,贷记“库存商品”等科目。

如果售出商品不符合收入确认条件,则不应确认收入,已经发出的商品,应当通过“发出商品”科目进行核算。

【例 11-1】 A 企业为增值税一般纳税人,2012 年 4 月 6 日销售产品一批,共 40 件,每件售价 250 元(不包含应向购买者收取的增值税),企业已经按照合同发货,银行通知已收讫货款。该产品单位成本为 150 元,增值税税率为 17%。企业会计处理如下:

借:银行存款	11 700	
贷:主营业务收入		10 000
应交税费——应交增值税(销项税额)		1 700
借:主营业务成本	6 000	
贷:库存商品		6 000

【例 11-2】 接例 11-1 资料,假定 2012 年 4 月销售时,A 企业已知购货方资金周转发生暂时困难,货款近期难以收回,但为了维持长期以来建立的商业关系,仍将产品发运给对方并开出发票账单。2012 年 7 月,购货方经营情况好转,承诺近期付款。A 企业 2012 年 4 月销售时暂不确认收入,会计处理如下:

借:发出商品	6 000	

贷:库存商品　　6 000

借:应收账款　　1 700

贷:应交税费——应交增值税(销项税)　　1 700

2012 年 7 月,购货方经营情况好转,承诺近期付款时,A 企业确认收入,会计处理如下:

借:应收账款　　10 000

贷:主营业务收入　　10 000

借:主营业务成本　　6 000

贷:发出商品　　6 000

【例 11-3】　2013 年 3 月 1 日,甲公司出售不需用的原材料一批,售价 50 000 元,专用发票上注明的增值税 8 500 元,该批原材料的实际成本 36 000 元,款项已全部收到存入银行。

借:银行存款　　58 500

贷:其他业务收入　　50 000

应交税费——应交增值税(销项税额)　　8 500

借:其他业务成本　　36 000

贷:原材料　　36 000

(四) 销售折让与销售退回

1. 销售折让

销售折让,是指企业因售出商品的质量不合格等原因而在售价上给予的减让。销售折让如发生在确认销售收入之前,企业应按扣除销售折让后的金额确认收入;销售折让如发生在确认销售收入之后,应当在发生时冲减当期销售商品收入。如果销售折让属于资产负债表日后事项的,应当按照资产负债表日后事项的规定进行处理。

【例 11-4】　A 公司销售给乙公司产品一批,增值税发票上注明货款 800 000 元,增值税额 136 000 元,款项已收到存入银行。乙公司验货时发现产品存在质量问题,双方协商同意给予 10% 折让。退回给乙公司折让的货款时,A 公司会计处理如下:

借:主营业务收入　　80 000

应交税费——应交增值税(销项税额)　　13 600

贷:银行存款　　93 600

2. 销售退回

销售退回,是指企业售出的商品由于质量、品种不符合要求等原因而发生的退货。销售退回的会计处理应区分不同情况。

企业未确认收入的售出商品发生销售退回的,企业应按已记入“发出商品”科目的商品的成本金额,借记“库存商品”科目,贷记“发出商品”科目。

企业已经确认销售商品收入的售出商品发生销售退回的,应当在发生时冲减当期销售商品的收入,同时冲减当期销售商品的成本。如果该项销售退回已经发生现金折扣的,应同时调整相关财务费用的金额;如果该项销售退回允许扣减增值税税额的,应当同时调整“应交税费——应交增值税(销项税额)”科目。

已确认收入的售出商品发生的销售退回属于资产负债表日后事项的,应当按照有关资产负债表日后事项的相关规定进行会计处理。

【例 11-5】 乙企业于 2012 年 11 月销售商品一批给 C 企业,增值税发票上注明货款 20 000 元,增值税额 3 400 元,乙企业收到对方签发的转账支票一张,商品已发出,商品销售成本 17 000 元。当年 12 月,该批商品质量严重不合格,被买方退回。乙企业收到退回商品,并签转账支票一张退回货款及税款。乙企业会计处理如下:

(1) 十一月份销售实现时

借:银行存款	23 400	
贷:主营业务收入		20 000
应交税费——应交增值税(销项税额)		3 400

(2) 十一月份结转销售成本时

借:主营业务成本	17 000	
贷:库存商品		17 000

(3) 12 月底销售退回时

借:主营业务收入	20 000	
贷:应交税费——应交增值税(销项税额)		3 400
银行存款		23 400
借:库存商品	17 000	
贷:主营业务成本		17 000

三、提供劳务收入

(一) 提供劳务收入的确认与计量原则

根据我国企业会计准则的规定,劳务收入的确认与计量应区分“提供劳务交易的结果能够可靠估计”和“提供劳务交易的结果不能可靠估计”两种情况,分别采用不同的方法。

1. 提供劳务交易的结果能够可靠估计

企业在资产负债表日提供劳务交易的结果能够可靠估计的,应当采用完工百分比法确认提供劳务收入。

(1) 提供劳务交易的结果能够可靠估计的条件

提供劳务交易的结果能够可靠估计,是指同时满足下列条件:

① 收入的金额能够可靠计量。收入的金额能够可靠计量,是指提供劳务收入的总额能够合理地估计。通常情况下,企业应当按照从接受劳务方已收或者应收的合同或者协议价款确定提供劳务收入总额。随着劳务的不断提供,可能会根据实际情况增加或者减少已收或者应收的合同或者协议价款,企业应据此调整提供劳务收入的总额。

② 相关的经济利益很可能流入企业。相关的经济利益很可能流入企业,是指提供劳务收入总额收回的可能性大于不能收回的可能性。企业在确定提供劳务收入总额能否收回时,应当结合接受劳务方的信誉、以前的经验以及双方就结算方式和期限达成的合同或者协议条款等因素,综合进行判断。如果确定提供劳务收入总额收回的可能性大于不能收回的可能性,就可以认为提供劳务收入的总额很可能流入企业。

③ 交易的完工进度能够可靠地确定。交易的完工进度能够可靠地确定,是指交易的完工进度能够合理地估计。企业确定提供劳务交易的完工进度,可以选用已完工作的测量、已经提供的劳务占应提供劳务总量的比例、已经发生的成本占估计总成本的比例等方法。已完工作的测量,是指由专业测量师对已经提供的劳务进行测量,并按一定方法计量确定提供劳务交易的完工程度;已经提供的劳务占应提供劳务总量的比例,是以劳务量为标准确定提供劳务交易的完工程度;已经发生的成本占估计总成本的比例,是以成本为标准确定提供劳务交易的完工程度。

④ 交易中已发生和将发生的成本能够可靠地计量。交易中已发生和将发生的成本能够可靠地计量,是指交易中已经发生和将要发生的成本能够合理地估计。

(2) 完工百分比法

完工百分比法是指按照提供劳务交易的完工进度确认收入和费用的方法。在这种方法下,企业应在资产负债表日,按照提供劳务收入总额乘以完工进度扣除以前会计期间累计已确认提供劳务收入后的金额,确认当期提供劳务的收入。同时,按照提供劳务估计总成本乘以完工进度扣除以前会计期间累计已确认劳务成本后的金额,结转当期劳务成本。用公式表示如下:

本期确认的收入 = 劳务总收入 × 本期末止劳务的完工进度 − 以前期间已经确认的收入

本期确认的费用 = 劳务总成本 × 本期末止劳务的完工进度 − 以前期间已经确认的费用

2. 提供劳务交易的结果不能可靠估计

企业在资产负债表日提供劳务交易结果不能够可靠估计的,应当正确预计已经发生的劳务成本能够得到补偿和不能得到补偿两种情况,分别进行处理:

(1) 已经发生的劳务成本预计能够得到补偿的,应按已经发生的能够得到补偿的劳务成本金额确认提供劳务收入,并结转已经发生的劳务成本。

(2) 已经发生的劳务成本预计全部不能得到补偿的,应将已经发生的劳务成本计入当期损益,不确认劳务收入。

(二) 提供劳务收入的账务处理

企业对外提供的装修、装饰等劳务,一般不依附于某一生产产品或者生产过程,为一项独立的活动。为了核算企业对外提供劳务作业而发生的成本,企业应设置“劳务成本”账户,该账户的借方反映企业发生的各项劳务成本,贷方反映企业结转的各项劳务成本,期末借方余额,反映尚未完成劳务的成本,或者按完工百分比法确认收入时尚未结转的劳务成本。

企业采用完工百分比法确认提供劳务收入时,应按计算确定的提供劳务收入金额,借记“应收账款”、“银行存款”等科目,贷记“主营业务收入”等科目。结转提供劳务成本时,借记“主营业务成本”等科目,贷记“劳务成本”科目。

【例 11-6】 环球公司于 2012 年 5 月接受一项设备安装项目,该项目可一次完成,合同总收入 80 万元,实际发生成本 50 万元。公司会计处理如下:

(1) 确认所提供劳务收入时

借:应收账款	800 000	
贷:主营业务收入		800 000

(2) 发生并确认有关成本费用时

借:主营业务成本	500 000	
贷:银行存款		500 000

【例 11-7】 环宇公司于 2012 年 12 月 1 日接受一项设备安装任务,安装期为三个月,合同总收入 600 000 元,至年底已预收安装费 440 000 元,实际发生安装费用 280 000 元(均为安装人员薪酬),估计还会发生 120 000 元。公司按实际发生的成本占估计总成本的比例确定劳务的完工进度。环宇公司年末账务处理如下:

实际发生的成本占估计总成本的比例

=280 000÷(280 000+120 000)=70%

2012 年 12 月 31 日确认的提供劳务收入

=600 000×70% -0=420 000(元)

2012 年 12 月 31 日结转的提供劳务成本

=(280 000+120 000)×70% -0=280 000(元)

(1) 预收劳务款时

借:银行存款　440 000

　贷:预收账款　440 000

(2) 实际发生劳务成本时

借:劳务成本　280 000

　贷:应付职工薪酬　280 000

(3) 年末确认提供劳务收入并结转劳务成本时

借:预收账款　420 000

　贷:主营业务收入　420 000

借:主营业务成本　280 000

　贷:劳务成本　280 000

四、让渡资产使用权收入

让渡资产使用权收入主要包括利息收入和使用费收入。利息收入,主要是指金融企业对外贷款形成的利息收入,以及同业之间发生往来形成的利息收入等。使用费收入,主要是指企业转让无形资产等资产的使用权形成的使用费收入。

让渡资产使用权同时满足下列条件的,才能予以确认:(1) 相关的经济利益很可能流入企业;(2) 收入的金额能够可靠地计量。

企业应在资产负债表日按照他人使用本企业货币资金的时间和实际利率计算确定利息收入金额。使用费收入应当按照有关合同或者协议约定的收费时间和方法计算确定。合同或者协议规定一次性收取使用费,且不提供后续服务的,应当视同销售该项资产一次性确认收入;提供后续服务的,应在合同或者协议规定的有效期内分期确认收入。如果合同或者协议规定分期收取使用费的,通常应按合同或者协议规定的收款时间和金额或者规定的收费方法计算确定的金额分期确认收入。

企业确定利息收入和使用费收入时,借记“应收利息”、“银行存款”等科目,贷记“利息收入”、“其他业务收入”等科目。

【例 11-8】　公司出租闲置机器设备一台,当期收取租金 5 000 元,存入银行。公司会计处理如下：

借：银行存款 5 000

贷：其他业务收入 5 000

第二节 费 用

一、费用概述

（一）费用的概念与特征

费用是指企业在日常活动中发生的、会导致所有者权益减少的、与向所有者分配利润无关的经济利益的总流出。费用具有以下特征：

1. 费用是企业在日常活动中形成的。日常活动所产生的费用通常包括营业成本、营业税金及附加、投资损失和期间费用等。企业非日常活动所形成的经济利益的流出不能确认为费用，而应当计入损失。

2. 费用最终会导致企业资源的减少。费用可能表现为资产的减少或负债的增加，或者二者兼而有之，其本质是一种资源流出企业。

3. 费用会导致所有者权益的减少。费用的增加会减少所有者权益。不会导致所有者权益减少的经济利益的流出不符合费用的定义，不应确认为费用，如企业偿债性支出和向投资者分配利润等。

（二）费用的分类

1. 按照经济内容分类

费用按照经济内容可以分为劳动对象方面的费用、劳动手段方面的费用和活劳动方面的费用。具体一般由以下项目组成：

（1）外购材料。指企业为进行生产而耗用的从外部购入的原材料及主要材料、半成品、辅助材料、包装物、修理用备件和低值易耗品等。

（2）外购燃料。指企业为进行生产而耗用的从外部购入的各种燃料，包括固体燃料、液体燃料和气体燃料。

（3）外购动力。指企业为进行生产而耗用的从外部购入的各种动力，包括热力、电力和蒸汽等。

（4）职工薪酬。指企业所有应计入生产经营费用的职工工资，以及按照工资总额的一定比例计提的职工福利费、社会保险费、住房公积金、工会经费和职工教育经费等。

（5）折旧费。指企业所有或控制的固定资产按照使用情况计提的折旧费。

（6）利息支出。指企业计入成本费用的利息支出减利息收入后的净额。

（7）税金。指应计入企业成本费用的各种税金。

（8）其他费用。指除上述内容以外的其他各种费用支出。

2．按照经济用途分类

企业的费用按其经济用途可分为生产费用和期间费用两大类。

（1）生产费用。生产费用是指企业在一定时期内为生产产品和提供劳务而发生的各种耗费，包括直接材料、直接人工和制造费用。

① 直接材料指企业在生产产品和提供劳务过程中所消耗的，直接用于产品生产，构成产品实体的原料及主要材料、外购半成品（外购件）、修理用备件（备品配件）、包装物、有助于产品形成的辅助材料以及其他直接材料。

② 直接人工指企业在生产产品和提供劳务过程中，直接从事产品生产的工人工资，以及按生产工人工资总额和规定的比例计算提取的职工福利费、社会保险费、住房公积金、工会经费和职工教育经费等。

③ 制造费用是指企业在车间范围内，为组织和管理生产而发生的各项间接费用。

（2）期间费用。期间费用是指与企业的产品生产无直接关系，不能计入产品成本，而应直接计入当期损益，从当期收入得到补偿的费用，包括管理费用、财务费用和销售费用。

二、费用的核算

（一）营业税金及附加

营业税金及附加，是指企业经营活动应负担的税金及附加，包括营业税、消费税、城市维护建设税、资源税和教育费附加等。企业应设置“营业税金及附加”账户对发生的营业税、消费税等进行核算。该账户借方登记按照规定计算的企业应负担的营业税金及附加。期末，该账户余额应从贷方转出，结转到“本年利润”账户的借方，结转后无余额。

【例11-9】 2012年8月，公司根据本月实现的营业收入300000元，计算应交的营业税为15000元，城市维护建设税为1050元，教育费附加为600元。公司会计处理如下：

借：营业税金及附加	16650	
贷：应交税费——应交营业税		15000
——应交城市维护建设税		1050
——应交教育费附加		600

（二）管理费用

管理费用，是指企业为组织和管理企业生产经营所发生的费用，包括企业在筹建期间内发生的开办费、董事会和行政管理部门在企业的经营管理中发生的或者应由企业统一负担的公司经费（包括行政管理部门职工薪酬、物料消耗、低值易耗品摊销、办公费和差旅费等)、工会经费、董事会费(包括董事会成员津贴、会议费和差旅费等)、聘请中介机构费、咨询费(含顾问费)、诉讼费、业务招待费、房产税、车船使用税、土地使用税、印花税、技术转让费、矿产资源补偿费、研究费用、排污费等。

企业发生各项管理费用时,借记"管理费用"科目,贷记"库存现金"、"银行存款"、"应付职工薪酬"、"应交税费"等科目。期末,将该科目借方归集的管理费用全部由贷方转入"本年利润"科目的借方,计入当期损益。结转后,"管理费用"科目期末无余额。

【例 11-10】 A 企业 2012 年 12 月发生经济业务及会计处理如下:

(1) 用现金支付业务招待费 2 000 元

借:管理费用 2 000

贷:库存现金 2 000

(2) 计提厂部固定资产折旧费 3 000 元

借:管理费用 3 000

贷:累计折旧 3 000

(3) 根据工资计算分配表,本月管理人员的职工工资为 5 000 元,提取的职工福利费为 700 元

借:管理费用 5 700

贷:应付职工薪酬——工资 5 000

——职工福利 700

(三) 销售费用

销售费用是指企业在销售商品和材料、提供劳务的过程中发生的各种费用,包括保险费、包装费、展览费和广告费、商品维修费、预计产品质量保证损失、运输费、装卸费等,以及为销售本企业商品而专设的销售机构(含销售网点、售后服务网点等)的职工薪酬、业务费、折旧费等经营费用。

企业在销售商品过程中发生的运输费、装卸费、包装费、保险费、展览费和广告费,借记"销售费用"科目,贷记"库存现金"、"银行存款"等科目;企业发生的为销售本企业商品而专设的销售机构的职工工资、福利费、业务费等费用,借记"销售费用"科目,贷记"应付职工薪酬"、"银行存款"等科目。期末,将借方归集的销售费用全部由本科目的贷方转入"本年利润"科目,计入当期损益。结转后,"销售费用"科目无余额。

【例 11-11】 B 企业 2012 年 12 月发生经济业务及会计处理如下:

(1) 用现金支付广告宣传费 1 000 元

借:销售费用 1 000

贷:库存现金 1 000

(2) 用银行存款支付产品展览费5 000元

借:销售费用　　5 000

　贷:银行存款　　5 000

(3) 根据工资计算分配表,本月专设销售机构人员的职工工资为8 000元,提取的职工福利费为1 200元

借:销售费用　　9 120

　贷:应付职工薪酬——工资　　8 000

　　　　　　　——职工福利　　1 120

(四) 财务费用

财务费用,是指企业为筹集生产经营所需资金等而发生的筹资费用,包括利息支出(减利息收入)、汇兑差额以及相关的手续费、企业发生的现金折扣或收到的现金折扣等。

企业发生各项财务费用时,借记"财务费用"科目,贷记"银行存款"、"应付利息"等科目;发生应冲减财务费用的利息收入、现金折扣时,借记"银行存款"等科目,贷记"财务费用"科目。期末,应将本科目余额转入"本年利润"科目,结转后本科目无余额。

【例11-12】 C企业2012年12月发生经济业务及会计处理如下:

(1) 用银行存款支付金融机构手续费1 000元

借:财务费用　　1 000

　贷:银行存款　　1 000

(2) 计提本月负担的短期借款利息500元

借:财务费用　　500

　贷:应付利息　　500

(3) 接银行通知,已转来银行存款利息收入1 000元

借:银行存款　　1 000

　贷:财务费用　　1 000

第三节 利　　润

利润是指企业在一定会计期间的经营成果,包括收入减去费用后的净额、直接计入当期利润的利得和损失等。其中,直接计入当期利润的利得和损失,是指应当计入当期损益、会导致所有者权益发生增减变动的、与所有者投入资本或者向所有者分配利润无关的利得或损失。

一、利润的构成

在利润表中,利润分为营业利润、利润总额和净利润三个层次。

(一) 营业利润

营业利润是指企业在销售商品、提供劳务等日常活动中所产生的利润。营业利润的具体构成可用公式表示如下:

营业利润 = 营业收入 - 营业成本 - 营业税金及附加
- 销售费用 - 管理费用 - 财务费用 - 资产减值损失
+ 公允价值变动收益(- 公允价值变动损失)
+ 投资收益(- 投资损失)

其中,营业收入是指企业经营业务所确认的收入总额,包括主营业务收入和其他业务收入。营业成本是指企业经营业务所发生的实际成本总额,包括主营业务成本和其他业务成本。

(二) 利润总额

利润总额,是指企业在一定会计期间的营业利润与营业外收支净额的合计额,即税前利润。其计算公式如下:

利润总额 = 营业利润 + 营业外收入 - 营业外支出

其中,营业外收入是指企业发生的与其日常经营活动无直接关系的各项利得;营业外支出是指企业发生的与其日常经营活动无直接关系的各项损失。

(三) 净利润

净利润,是指企业在一定会计期间的利润总额减去所得税费用后的净额。其计算公式如下:

净利润 = 利润总额 - 所得税费用

其中,所得税费用,是指根据企业会计准则的要求确认的应从当期利润总额中扣除的所得税费用。

二、营业外收支的核算

(一) 营业外收入的核算

营业外收入是指企业发生的与其日常经营活动无直接关系的各项利得,主要包括处置非流动资产利得、非货币性资产交换利得、债务重组利得、罚没利得、政府补助利得、确实无法支付而按规定程序经批准后转作营业外收入的应付款项、捐赠利得、盘盈利得等。

企业应设置“营业外收入”账户,核算营业外收入的取得及结转情况。该账户贷方登记企业确认的各项营业外收入,借方登记期末结转至“本年利润”账户的金额,结转后账户应无余额。“营业外收入”账户应按照营业外收入的项目进行明细核算。

企业确认营业外收入时，借记“固定资产清理”、“银行存款”、“库存现金”、“应付账款”等科目，贷记“营业外收入”科目。期末，应将“营业外收入”科目余额转入“本年利润”科目，借记“营业外收入”科目，贷记“本年利润”科目。

【例 11-13】 甲企业结转固定资产报废清理的净收益 7 000 元。企业会计分录如下：

借：固定资产清理　　7 000

　贷：营业外收入　　7 000

【例 11-14】 2012 年 12 月 31 日，乙企业确定一笔金额为 5 000 元的应付账款无法支付，予以转销。企业会计分录如下：

借：应付账款　　5 000

　贷：营业外收入　　5 000

【例 11-15】 B 公司收到罚款收入 800 元，存入银行。公司会计分录编制如下：

借：银行存款　　800

　贷：营业外收入　　800

（二）营业外支出的核算

营业外支出是指企业发生的与其经营活动无直接关系的各项净支出，包括处置非流动资产损失、非货币性资产交换损失、债务重组损失、罚款支出、捐赠支出、非常损失等。

企业应设置“营业外支出”账户，核算营业外支出的发生及结转情况。该账户借方登记企业发生的各项营业外支出，贷方登记期末结转至“本年利润”的营业外支出，结转后该账户应无余额。“营业外支出”应按照支出的项目进行明细核算。

企业发生营业外支出时，借记“营业外支出”科目，贷记“固定资产清理”、“待处理财产损溢”、“库存现金”、“银行存款”等科目。期末，应将“营业外支出”科目余额转入“本年利润”科目，借记“本年利润”科目，贷记“营业外支出”科目。

【例 11-16】 长江公司将已经发生的原材料意外灾害损失 700 000 元转作营业外支出。会计处理如下：

借：营业外支出　　700 000

　贷：待处理财产损溢　　700 000

【例 11-17】 黄河公司用银行存款支付税款滞纳金 20 000 元。会计处理如下：

借：营业外支出　　20 000

贷:银行存款 20 000

【例 11-18】 丙企业将拥有的一项无形资产出售,取得价款 800 000 元,应交营业税为 40 000 元,该项资产账面余额为 900 000 元,累计摊销 90 000 元,未计提减值准备。丙公司的会计处理如下:

借:银行存款 800 000

累计摊销 90 000

营业外支出 50 000

贷:无形资产 900 000

应交税费——应交营业税 40 000

三、所得税费用的核算

所得税费用是企业根据会计准则的要求确认的应从当期利润总额中扣除的所得税费用。

所得税费用的确认包括当期所得税的确认和递延所得税费用(或收益)的确认。其中,当期所得税,是企业根据所得税法的要求,按一定期间的应纳税所得额和适用税率计算的当期应交所得税。当期所得税用公式表示如下:

$$当期所得税 = 当期应纳税所得额 \times 适用税率$$

企业应设置“所得税费用”账户,用于核算应从当期利润总额中扣除的所得税费用,并按照“当期所得税费用”、“递延所得税费用”进行明细核算。

资产负债表日,企业按照税法计算确定的当期应交所得税金额,借记“所得税费用(当期所得税费用)”科目,贷记“应交税费——应交所得税”;根据递延所得税资产和递延所得税负债的计算金额,借记或贷记“所得税费用(递延所得税费用)”。期末,应将“所得税费用”科目的余额转入“本年利润”科目,结转后本科目无余额。

【例 11-19】 甲公司 2012 年末利润总额为 5 240 000 元,按照 25% 的税率计提所得税。假定无纳税调整项目,公司会计处理如下:

$$所得税费用 = 5\,240\,000 \times 25\% = 1\,310\,000 元$$

借:所得税费用 1 310 000

贷:应交税费——应交所得税 1 310 000

四、利润的结转与分配

(一) 账户设置

1. “本年利润”账户。企业应设置“本年利润”账户,核算企业当期实现的净利润(或发生的净亏损)。该账户借方登记期末从“主营业务成本”、“其他业务成本”、“营业税金及附加”、“销售费用”、“管理费用”、“财务费用”、“资产减值损失”、“营业外支出”、“所得税费用”等账户贷方转入的各种费用、成本和损失，贷方登记期末从“主营业务收入”、“其他业务收入”、“营业外收入”、“投资收益”等账户借方转入的各种收入和收益。结转后的贷方余额为当期实现的净利润，借方余额为当期发生的净亏损。年度终了，应将本年收入和支出相抵后结出的本年实现的净利润，转入“利润分配”账户，结转后本账户无余额。

2. “利润分配”账户。企业对实现的利润进行分配，就意味着利润的减少。为了全面地反映整个会计年度利润的完成情况，以便与利润预算的执行情况进行对比分析，因此在利润分配时，不直接冲减“本年利润”账户，而是设置“利润分配”账户。

“利润分配”账户核算企业利润的分配（或亏损的弥补）和历年分配（或弥补）后的积存余额。该账户借方登记企业提取的盈余公积、分配给投资者的现金股利或利润，以及从“本年利润”账户转入的净亏损，贷方登记从“本年利润”账户转入的净利润以及盈余公积补亏数。年末余额，反映企业的未分配利润（或未弥补亏损）。“利润分配”账户应当分别“提取法定盈余公积”、“提取任意盈余公积”、“应付现金股利或利润”、“转作股本的股利”、“盈余公积补亏”和“未分配利润”等进行明细核算。

（二）利润的结转

企业结转本年利润的方法有两种：一是表结法，二是账结法。

表结法即用“利润表”结转期末损益类项目。在表结法下，企业平时不将各损益类账户余额转入“本年利润”，每月的月末只结出损益类科目的月末余额，只有在年末结转时才使用“本年利润”科目。这种方法的工作量小，但平时各月末的累计净利润（或净亏损）不能直接在账上反映。

账结法下，企业每月月末均需编制转账凭证，将各损益类账户的余额转入“本年利润”账户。结转后“本年利润”账户的余额，反映本年累计实现的利润或发生的亏损。账结法各月均可通过“本年利润”账户提供其当期利润额，记账业务程序完整，但增加了编制结转损益分录的工作量。

采用账结法结转本年利润时，企业应将“主营业务收入”、“其他业务收入”和“营业外收入”等科目的余额分别转入“本年利润”科目的贷方；将“主营业务成本”、“其他业务成本”、“营业税金及附加”、“销售费用”、“管理费用”、“财务费用”、“资产减值损失”、“营业外支出”、“所得税费用”等科目的余额分别转入“本年利润”科目的借方。企业还应将“公允价值变动损益”、“投资收益”科目的净收益转入“本年利润”科目的贷方，或将“公允价值损益”、“投资收益”科目的净损失转入“本年利润”科目的借方。年度终了，企业还应将“本年利润”科目的本年累计余额转入“利润分配——未分配利润”科目。如“本年利润”科目为贷方余额，借记“本年利润”科目，贷记“利润分配——未分配利润”科目；如为借方余额,作相反的会计分录。结转后,“本年利润”科目应无余额。

【例 11-20】 2012 年末,甲公司各损益类账户余额为:主营业务成本 300 000 元,管理费用 140 000 元,销售费用 20 000 元,营业外支出 250 000 元,营业税金及附加 40 000 元,其他业务成本 8 000 元,财务费用 90 000 元,主营业务收入 1 900 000 元,其他业务收入 180 000 元,营业外收入 120 000 元,所得税费用 338 000。公司会计处理如下:

借:本年利润	1186 000	
贷:主营业务成本		300 000
管理费用		140 000
销售费用		20 000
营业外支出		250 000
营业税金及附加		40 000
其他业务成本		8 000
财务费用		90 000
所得税费用		338 000
借:主营业务收入	1 900 000	
其他业务收入	180 000	
营业外收入	120 000	
贷:本年利润		2 200 000
借:本年利润	1 014 000	
贷:利润分配——未分配利润		1 014 000

(三) 利润分配与亏损弥补

1. 利润分配的顺序

企业取得的净利润,除另有规定外,应当按照以下顺序进行分配:

(1) 弥补以前年度亏损。

(2) 提取法定盈余公积金。公司制企业的法定公积金按照税后利润 10% 的比例提取。在计算提取法定盈余公积的基数时,不应包括企业年初未分配利润。公司法定公积金累计额达到公司注册资本的 50% 以上时,可以不再提取法定公积金。

(3) 提取任意公积金。公司从税后利润中提取法定盈余公积金后,经股东大会或董事会决议,还可以从税后利润中提取任意盈余公积金。

(4) 向投资者分配利润或股利。企业实现的净利润在扣除上述项目后,加上以前年度未分配利润,即为可供向投资者分配的利润。有限责任公司股东按照实缴的出资比例分取红利;股份有限公司按照股东持有的股份比例分配。

2．利润分配的会计处理

企业按规定提取的盈余公积，借记“利润分配——提取法定盈余公积、提取任意盈余公积”科目，贷记“盈余公积——法定盈余公积、任意盈余公积”科目；在股东大会通过股利分配方案时，按分配的现金股利，借记“利润分配——应付现金股利”科目，贷记“应付股利”科目。

年终，企业应将“利润分配”所属其他明细科目的余额转入“未分配利润”明细科目。转后除“未分配利润”明细科目外，“利润分配”其他明细科目应无余额。年末，“利润分配——未分配利润”余额反映的是企业历年积存的未分配利润（或未弥补亏损）。

【例 11-21】　乙公司 2012 年实现净利润 700 000 元，按 10% 提取法定盈余公积，并分配给普通股股东现金股利 150 000 元。公司相关的账务处理如下：

（1）结转本年利润

借：本年利润　　700 000

　贷：利润分配——未分配利润　　700 000

（2）提取法定盈余公积

借：利润分配——提取法定盈余公积　　70 000

　贷：盈余公积　　70 000

（3）分配现金股利

借：利润分配——应付普通股利　　150 000

　贷：应付股利　　150 000

（4）结转“利润分配”科目的明细科目

借：利润分配——未分配利润　　220 000

　贷：利润分配——提取法定盈余公积　　70 000

　　　　　　——应付普通股股利　　150 000

3．弥补亏损的会计处理

企业在生产经营过程中既有可能发生盈利，也有可能出现亏损。会计期末，企业应当将本期发生的亏损自“本年利润”科目转入“利润分配——未分配利润”科目，借记“利润分配——未分配利润”科目，贷记“本年利润”科目，结转后“利润分配”科目的借方余额即为未弥补亏损的数额。

按照现行制度规定，企业当年发生亏损时，可以用以后五年内实现的税前利润弥补，即税前利润弥补亏损的期间为五年，五年后则需用税后利润弥补。以当年实现的利润弥补以前年度亏损，不需要进行专门的账务处理。企业应将当年实现的利润自“本年利润”科目转入“利润分配——未分配利润”科目的贷方，其贷方发生额与“利润分配——未分配利润”的借方余额自然抵补。无论是以税前利润还是以税后利润弥补亏损，其会计处理方法均相同。但是，两者在计算缴纳所得税时的处理是不同的。在以税前利润弥补亏损的情况下,其弥补的数额可以抵减当期企业应纳税所得额,而以税后利润弥补的数额,则不能作为纳税所得扣除处理。

课 后 练 习

一、单项选择题

1. 企业收到的违约者交付的罚款收入应计入(　　)。

A. 其他业务收入　　B. 营业外收入

C. 营业外支出　　D. 投资收益

2. 下列税金中,不通过“营业税金及附加”科目核算的是(　　)。

A. 消费税　　B. 印花税

C. 城市维护建设税　　D. 营业税

3. 企业专设销售机构人员的工资应计入(　　)账户。

A. 管理费用　　B. 销售费用

C. 主营业务成本　　D. 其他业务支出

4. 下列各项目中,属于工业企业的主营业务收入的是(　　)。

A. 产品销售收入　　B. 原材料销售收入

C. 包装物出租收入　　D. 购买债券取得的收入

5. 下列各项业务,在进行会计处理时应计入管理费用的是(　　)。

A. 支付诉讼费　　B. 销售用固定资产计提折旧

C. 分配生产车间管理人员的工资　　D. 计提坏账准备

6. 企业对外销售商品时,若安装或检验劳务是销售合同的重要组成部分,则确认该商品销售收入的时点是(　　)。

A. 发出商品时　　B. 开出销售发票账单时

C. 收到商品销售货款时　　D. 商品安装完毕并检验合格时

7. 下列各项业务处理中,应计入其他业务收入的是(　　)。

A. 出售无形资产取得的利得　　B. 出售库存商品取得的收入

C. 出租原材料取得的收入　　D. 出售固定资产取得的利得

8. 长河公司 2012 年 9 月主营业务收入 200 万元,主营业务成本 150 万元,管理费用 10 万元,资产减值损失 5 万元,投资收益 15 万元,营业外收入 18 万元,营业外支出 11 万元。假定不考虑其他因素,该企业当月的营业利润为(　　)万元。

A. 55　　B. 50　　C. 40　　D. 52

9. 甲企业于 2011 年 12 月 1 日以 25 000 元的价格购入一项摊销期限为五

年的专利权。2012 年 12 月 1 日，该企业将其转让，取得转让收入 30 000 元，交纳营业税 1 500 元。则转让该项专利权应计入“营业外收入”的金额为(　　)元。

A. 20 000　　B. 10 000　　C. 8 500　　D. 6 500

10. 企业年初未分配利润贷方余额为 200 万元，本年利润总额为 1 000 万元，该企业适用的所得税税率为 25%，按净利润的 10% 提取法定盈余公积，提取任意盈余公积 50 万元，向投资者分配利润 50 万元。不考虑纳税调整事项，该企业年末分配利润贷方余额为(　　)万元。

A. 875　　B. 925　　C. 775　　D. 750

二、业务题

(一) A 公司 12 月发生以下经济业务：

1. 12 月 1 日，向乙公司销售一批商品，开出的增值税专用发票上注明的销售价款为 50 000 元，增值税额为 8 500 元。该批商品成本为 26 000 元，款项未收到。

2. 12 月 9 日，向乙公司销售一批材料，开出的增值税专用发票上注明的销售价款为 10 000 元，增值税额为 1 700 元。该批材料的成本为 5 000 元，款项未收到。

3. 12 月 20 日，收到乙公司支付的商品和材料款 70 200 元。

4. 12 月 27 日，商品因质量问题被乙公司退回，A 公司当日支付有关款项。

要求：编制 A 公司 12 月发生经济业务的会计分录。

(二) B 公司 8 月发生下列经济业务：

1. 以现金购买印花税票 300 元。

2. 厂部职工小张出差回来报销差旅费 2 800 元，以现金付讫。

3. 支付本月应负担的短期借款利息 1 000 元。

4. 支付本月业务招待费 1 500 元。

5. 以银行存款支付广告费 35 000 元。

6. 以银行存款支付行政管理部门办公费 5 000 元。

7. 因客户违反合同，通过索赔，取得 26 000 元的赔偿费，已收存入银行。

8. 缴纳滞纳金及罚款共计 12 000 元，已开出转账支票支付。

要求：编制 B 公司有关的会计分录。

(三) 枫叶股份有限公司本年有关损益类账户的余额如下：

主营业务收入 2 355 000 元，其他业务收入 470 000 元，营业外收入 820 000 元，主营业务成本 950 000 元，管理费用 200 000 元，销售费用 41 000 元，营业外支 690 000 元，营业税金及附加 54 000 元，其他业务成本 77 000 元，财务费用 18 000 元。

该公司按利润额的25%计提所得税(假设无纳税调整项目),按税后利润的10%和5%分别计提法定盈余公积和任意盈余公积,并宣告发放现金股利300 000 元。

要求:计算枫叶股份有限公司本期营业利润、利润总额、净利润和未分配利润。

(四) 信达企业2月发生如下经济业务:

1. 收到投资人追加投入的银行存款500 000元。

2. 从银行借款200 000元,期限三年,已存入银行。

3. 购入材料一批,价款50 000元,税率17%,材料已验收入库,款项以银行存款支付。

4. 赊购材料一批,价款20 000元,税率17%,材料验收入库。

5. 从银行提取现金1 000元备用。

6. 经理王平出差,预借差旅费5 000元,以现金支付。

7. 本月材料仓库发出材料如下:生产甲产品领用材料40 000元,车间一般消耗领用材料5 000元,企业行政管理部门领用2 000元。

8. 以银行存款偿付上述赊购材料款23 400元。

9. 销售甲产品,销货款100 000元,税率17%,价税款均未收到。

10. 购入设备一台,价款35 000元,税款5 950元,运杂费500元,均以银行存款支付。

11. 收到上述销售甲产品的货款117 000元,存入银行。

12. 计算分配本月职工工资,其中生产甲产品工人工资20 000元,车间管理人员工资3 000元,企业行政管理人员工资8 000元。

13. 计提本月固定资产折旧,其中生产车间使用的固定资产折旧费3 000元,企业行政管理部门使用的固定资产折旧费4 200元。

14. 经理王平报销差旅费3 800元,余款1 200元退回现金。

15. 计提企业本月应负担的银行借款利息800元。

16. 月末,将本月制造费用11 000元计入所生产甲产品的生产成本。

17. 公司本月生产的甲产品全部完工,验收入库。结转已完工甲产品的全部生产成本71 000元。

18. 销售甲产品,售价150 000元,增值税税率17%,收回货款100 000元存入银行,余款尚未收到。

19. 用银行存款20 000元支付产品广告费。

20. 计算应交纳的消费税4 500元。

21. 结转已销售甲产品的实际生产成本65 000元。

22. 以现金支付违约罚款500元。

23. 将上述损益类账户结转到“本年利润”账户。

24. 按规定税率25%计算应交纳的企业所得税,结转所得税费用。

25. 将本期实现的净利润转入“利润分配——未分配利润”账户。

26. 按企业本期实现净利润的10%提取法定盈余公积。

27. 宣告向投资者分配现金股利20 000元。

28. 将“利润分配”所属其他明细账户的余额,转入未分配利润明细账户。

要求:编制信达企业2月有关的会计分录。

第十二章　财务会计报告

学习要点

- 财务会计报告的概念、目标、内容及编制要求
- 资产负债表的概念及填制方法
- 利润表的概念、内容及填制方法
- 现金流量表的概念及填制方法
- 会计报表附注应披露的主要内容

第一节　财务会计报告概述

一、财务会计报告的概念与目标

（一）财务会计报告的概念

财务会计报告又称财务报告，是指单位反映其某一特定日期的财务状况和某一期间的经营成果、现金流量等会计信息的文件。财务会计报告是单位财务会计确认、计量结果的最终体现，它把分散在各账簿上的资料进行分类、计算和汇总，形成了一套全面、综合地反映单位财务会计信息的系统文件。

（二）财务会计报告的目标

财务报告属于通用的对外会计报告，其使用者主要是企业外部的有关方面。财务会计报告使用者的身份不同，对会计信息的需求也不一样。

企业提供的财务会计报告的使用者包括投资者、债权人、政府及相关机构企业管理人员、职工和社会公众等。股东主要关注投资的内在风险和投资报酬；债权人主要关注的是其所提供给企业的资金是否安全；政府机关最关心的是国家资源的分配和运用情况、政策的制定和国民收入的统计等；企业管理人员最关注的是企业财务状况的好坏、经营业绩大小以及现金的流动情况；企业职工最关注的是企业为其所提供的就业机会及其稳定性、劳动报酬高低和职工福利好坏等；社会公众主要关注企业的兴衰及其发展情况。

财务会计报告的目标是向外部会计信息使用者提供与企业财务状况、经营成果和现金流量有关的信息，反映企业管理层受托责任履行情况，以有助于财务

会计报告使用者作出经济决策。

二、财务会计报告的内容

财务会计报告包括会计报表及其附注和其他应当在财务会计报告中披露的相关信息的资料。

（一）会计报表

会计报表是对企业财务状况、经营成果和现金流量的结构性表述，一套完整的财务报表至少应当包括“四表一注”，即资产负债表、利润表、现金流量表、所有者权益（或股东权益，下同）变动表以及附注。

会计报表可以按照不同的标准进行分类：

1. 会计报表按编报期间的不同，可分为年度报表和中期报表。中期报表是指以短于一个完整的会计年度的报告期间为基础编制的会计报表，包括月报、季报和半年报等。

2. 会计报表按编报的会计主体不同，可分为个别报表和合并报表。个别报表是由企业在自身会计核算基础上通过对账簿记录进行加工而编制的会计报表，主要用于反映企业自身的财务状况、经营成果和现金流量情况；合并报表是以母公司和子公司组成的企业集团为会计主体，以母公司和子公司单独编制的个别报表为基础，由母公司编制的综合反映企业集团经营成果、财务状况及其资金变动情况的会计报表。

（二）会计报表附注

会计报表附注是对资产负债表、利润表、现金流量表等报表中列示项目所作的进一步说明，以及对未能在这些报表中列示项目的说明等。单位编制附注的目的是通过对会计报表本身作补充说明，以更加全面、系统地反映单位财务状况、经营成果和现金流量的全貌，从而有助于向使用者提供更为有用的决策信息，帮助其作出更加科学合理的决策。

三、会计报表的编制要求

企业编制的会计报表应当真实可靠、相关可比、全面完整、编报及时、便于理解，符合国家统一的会计制度和会计准则的有关规定。其基本要求如下：

（一）真实可靠

如果会计报表所提供的资料不真实或者可靠性很差，则会致使报表使用者作出错误的决策。企业会计准则规定，会计核算应当以实际发生的交易或事项为依据，如实反映企业的财务状况、经营成果和现金流量。

（二）相关可比

企业会计报表所提供的财务会计信息必须与报表使用者的决策需要相关，

满足报表使用者的需要，并且会计报表各项目的数据应当口径一致、相互可比，便于报表使用者在不同企业之间及同一企业前后各期之间进行比较。

（三）全面完整

企业会计报表应当全面地披露企业的财务状况、经营成果和现金流动情况，完整地反映企业财务活动的过程和结果，以满足各有关方面对财务会计信息资料的需要。

（四）编报及时

企业会计报表所提供的信息资料具有很强的时效性。只有及时编制和报送会计报表，才能为使用者提供决策所需的信息资料。

（五）便于理解

可理解性是指会计报表提供的信息可以为使用者所理解。因此，企业编制的会计报表应当清晰明了，便于理解和利用。

第二节　资产负债表

资产负债表是反映企业某一特定时点的财务状况的会计报表，它是根据“资产 = 负债 + 所有者权益”的恒等式，按照一定的分类标准和一定的顺序编制而成的。资产负债表表明企业在某一特定时点所拥有或控制的经济资源、所承担的全部义务和责任以及所有者对净资产的要求权。

一、资产负债表的格式

按照报表各项目排列的方式不同，资产负债表可分为报告式（垂直式）和账户式两种。

1. 报告式（垂直式）资产负债表。报告式（垂直式）资产负债表是将资产、负债和所有者权益采取垂直分列的方式反映，即自上而下排列。首先，列出资产的各项目及数额；其次，列出负债的各项目及数额；最后，列出所有者权益的各项目及数额。

2. 账户式资产负债表。账户式资产负债表是将资产负债表分为左右两边，左方列示资产项目，右方列示负债与所有者权益项目，左右两方的合计数保持平衡。

根据我国企业会计准则的规定，我国企业的资产负债表的格式是账户式，采用左右结构，左边列示资产项目，右边列示负债和所有者权益项目，左右两方总额相等，该格式所反映的资产和权益的关系一目了然。

二、资产负债表的编制方法

资产负债表是一种静态的会计报表，是根据企业的期末余额编制的，通过资产、负债和所有者权益的期末余额反映企业的财务状况。

（一）编制方法概要

资产负债表的各项目均需填列“年初余额”和“期末余额”两栏数字。其中，“年初余额”栏内各项目的数字，可根据上年末资产负债表“期末余额”栏相应项目的数字填列。“期末余额”栏一般应根据资产、负债和所有者权益类科目的期末余额填列，具体方法如下：

1. 根据总账科目期末余额直接填列

资产负债表中有些项目的“期末余额”可以根据有关总账账户的期末余额直接填列，如“交易性金融资产”、“固定资产清理”、“递延所得税资产”、“短期借款”、“交易性金融负债”、“应付票据”、“应付职工薪酬”、“应交税费”、“递延所得税负债”、“预计负债”、“实收资本”、“资本公积”、“盈余公积”等项目。这些项目中，“应交税费”等负债项目，如果其相应账户出现借方余额，应以“-”号填列；“固定资产清理”等资产项目，如果其相应的账户出现贷方余额，也应以“-”号填列。

2. 根据总账科目期末余额计算填列

资产负债表中有些项目的“期末余额”需要根据有关总账科目的期末余额计算填列。如“货币资金”项目，应根据“库存现金”、“银行存款”和“其他货币资金”等科目的期末余额合计填列；“未分配利润”项目，应根据“本年利润”科目和“利润分配”科目的期末余额计算填列，如为未弥补亏损，则在本项目内以“-”号填列。

3. 根据明细科目期末余额分析计算填列

资产负债表中有些项目的“期末余额”需要根据有关明细账户的期末余额分析计算填列。

如“应付账款”项目，应根据“应付账款”科目和“预付账款”科目所属明细科目的期末贷方余额合计数填列；“预收款项”项目，应根据“预收账款”科目和“应收账款”科目所属明细科目的期末贷方余额合计数填列。

4. 根据总账科目和明细科目余额分析计算填列

如“长期待摊费用”项目，根据“长期待摊费用”科目期末余额扣除其中将于一年内摊销的数额后的金额填列；“长期借款”和“应付债券”项目，应根据“长期借款”和“应付债券”科目的期末余额，扣除其中在资产负债表日起一年内到期的部分后的金额填列。

5. 根据总账科目余额减去其备抵科目后的净额填列

如“固定资产”项目,应根据“固定资产”科目的期末余额减去“累计折旧”、“固定资产减值准备”科目期末余额后的净额填列;“无形资产”项目,应根据“无形资产”科目的期末余额减去“累计摊销”、“无形资产减值准备”科目期末余额后的净额填列;“在建工程”、“长期股权投资”和“持有至到期投资”等项目,均应根据其相应总账科目的期末余额减去其相应减值准备后的净额填列。

6. 综合运用上述方法填列

如“存货”项目,应根据“材料采购(或在途物资)”、“原材料”、“周转材料”、“库存商品”、“委托加工物资”、“生产成本”等科目的期末余额之和,减去“存货跌价准备”科目期末余额后的金额填列;“应收账款”项目,应根据“应收账款”科目和“预收账款”科目所属明细科目的期末借方余额合计数,减去“坏账准备”科目中有关应收账款计提的坏账准备期末余额后的金额填列;“预付款项”项目,应根据“预付账款”科目和“应付账款”科目所属明细科目的期末借方余额合计数,减去“坏账准备”科目中有关预付款项计提的坏账准备期末余额后的金额填列。

(二)资产负债表各项目的填列方法

1. 资产项目的填列方法

(1)“货币资金”项目。本项目应根据“库存现金”、“银行存款”、“其他货币资金”科目期末余额的合计数填列。

(2)“交易性金融资产”项目。本项目应当根据“交易性金融资产”科目的期末余额填列。

(3)“应收票据”项目。本项目应根据“应收票据”科目的期末余额,减去“坏账准备”科目中有关应收票据计提的坏账准备期末余额后的金额填列。

(4)“应收账款”项目。本项目应根据“应收账款”和“预收账款”科目所属各明细科目的期末借方余额合计减去“坏账准备”科目中有关应收账款计提的坏账准备期末余额后的金额填列。如“应收账款”科目所属明细科目期末有贷方余额的,应在资产负债表“预收款项”项目内填列。

(5)“预付款项”项目。本项目应根据“预付账款”和“应付账款”科目所属各明细科目的期末借方余额合计数,减去“坏账准备”科目中有关预付款项计提的坏账准备期末余额后的金额填列。如“预付账款”科目所属各明细科目期末有贷方余额的,应在资产负债表“应付账款”项目内填列。

(6)“应收利息”项目。本项目应根据“应收利息”科目的期末余额,减去“坏账准备”科目中有关应收利息计提的坏账准备期末余额后的金额填列。

(7)“应收股利”项目。本项目应根据“应收股利”科目的期末余额,减去“坏账准备”科目中有关应收股利计提的坏账准备期末余额后的金额填列。

(8)“其他应收款”项目。本项目应根据“其他应收款”科目的期末余额,减去“坏账准备”科目中有关其他应收款计提的坏账准备期末余额后的金额填列。

(9)“存货”项目。本项目应根据“材料采购”、“原材料”、“库存商品”、“周转材料”、“委托加工物资”、“委托代销商品”、“生产成本”等科目的期末余额合计,减去“受托代销商品款”、“存货跌价准备”科目期末余额后的金额填列。

(10)“一年内到期的非流动资产”项目,反映企业将于一年内到期的非流动资产项目金额。

(11)“长期股权投资”项目。本项目应根据“长期股权投资”科目的期末余额,减去“长期股权投资减值准备”科目的期末余额后的金额填列。

(12)“固定资产”项目。本项目应根据“固定资产”科目的期末余额,减去“累计折旧”和“固定资产减值准备”科目期末余额后的金额填列。

(13)“在建工程”项目。本项目应根据“在建工程”科目的期末余额,减去“在建工程减值准备”科目期末余额后的金额填列。

(14)“工程物资”项目。本项目应根据“工程物资”科目的期末余额填列。

(15)“固定资产清理”项目。本项目应根据“固定资产清理”科目的期末借方余额填列,如“固定资产清理”科目期末为贷方余额,以“-”号填列。

(16)“无形资产”项目。本项目应根据“无形资产”的期末余额,减去“累计摊销”和“无形资产减值准备”科目期末余额后的金额填列。

(17)“开发支出”项目。本项目应当根据“研发支出”科目中所属的“资本化支出”明细科目期末余额填列。

(18)“长期待摊费用”项目,反映企业已经发生但应由本期和以后各期负担的分摊期限在一年以上的各项费用。长期待摊费用中在一年内(含一年)摊销的部分,在资产负债表“一年内到期的非流动资产”项目填列。本项目应根据“长期待摊费用”科目的期末余额减去将于一年内(含一年)摊销的数额后的金额填列。

(19)“其他非流动资产”项目,反映企业除长期股权投资、固定资产、在建工程、工程物资、无形资产等以外的其他非流动资产。本项目应根据有关科目的期末余额填列。

2. 负债项目的填列方法

(1)“短期借款”项目,反映企业向银行或其他金融机构等借入的期限在一年以下(含一年)的各种借款。本项目应根据“短期借款”科目的期末余额填列。

(2)“应付票据”项目,反映企业购买材料、商品和接受劳务供应等而开出、承兑的商业汇票,包括银行承兑汇票和商业承兑汇票。本项目应根据“应付票据”科目的期末余额填列。

(3)“应付账款”项目,反映企业因购买材料、商品和接受劳务供应等经营活动应支付的款项。本项目应根据“应付账款”和“预付账款”科目所属各明细科目的期末贷方余额合计数填列。如“应付账款”科目所属明细科目期末有借方余额的，应在资产负债表“预付款项”项目内填列。

（4）“预收款项”项目，反映企业按照购货合同规定预收购货单位的款项。本项目应根据“预收账款”和“应收账款”科目所属各明细科目的期末贷方余额合计数填列。如“预收账款”科目所属各明细科目期末有借方余额，应在资产负债表“应收账款”项目内填列。

（5）“应付职工薪酬”项目，反映企业根据有关规定应付给职工的工资、职工福利、社会保险费、住房公积金、工会经费、职工教育经费、非货币性福利、辞退福利等各种薪酬。本项目应根据“应付职工薪酬”科目的期末余额填列。

（6）“应交税费”项目，反映企业按照税法规定计算应交纳的各种税费，包括增值税、消费税、营业税、所得税、资源税、土地增值税、城市维护建设税、房产税、土地使用税、车船税、教育费附加、矿产资源补偿费等。企业代扣代交的个人所得税，也通过本项目列示。企业所交纳的税金不需要预计应交数的，如印花税、耕地占用税等，不在本项目列示。本项目应根据“应交税费”科目的期末贷方余额填列。如“应交税费”科目期末为借方余额，应以“-”号填列。

（7）“应付利息”项目，反映企业按照规定应当支付的利息，包括分期付息到期还本的长期借款应支付的利息、企业发行的企业债券应支付的利息等。本项目应当根据“应付利息”科目的期末余额填列。

（8）“应付股利”项目，反映企业分配的现金股利或利润。企业分配的股票股利，不通过本项目列示。本项目应根据“应付股利”科目的期末余额填列。

（9）“其他应付款”项目，反映企业除应付票据、应付账款、预收款项、应付职工薪酬、应付股利、应付利息、应交税费等经营活动以外的其他各项应付、暂收的款项。本项目应根据“其他应付款”科目的期末余额填列。

（10）“一年内到期的非流动负债”项目，反映企业非流动负债中将于资产负债表后一年内到期部分的金额，如将于一年内偿还的长期借款。本项目应根据有关科目的期末余额填列。

（11）“长期借款”项目，反映企业向银行或其他金融机构借入的期限在一年以上（不含一年）的各项借款。本项目应根据“长期借款”科目的期末余额填列。

（12）“应付债券”项目，反映企业为筹集长期资金而发行的债券本金和利息。本项目应根据“应付债券”科目的期末余额减去将于一年内到期偿还数后的余额填列。

（13）“其他非流动负债”项目，反映企业除长期借款、应付债券等项目以外的其他非流动负债。本项目应根据有关科目的期末余额填列。其他非流动负债项目应根据有关科目期末余额减去将于一年内（含一年）到期偿还数后的余额填列。非流动负债各项目中将于一年内(含一年)到期的非流动负债,应在“一年内到期的非流动负债”项目内单独反映。

3. 所有者权益项目的填列方法

(1)“实收资本(或股本)”项目,反映企业各投资者实际投入的资本(或股本)总额。本项目应根据“实收资本或股本”科目的期末余额填列。

(2)“资本公积”项目,反映企业资本公积的期末余额。本项目应根据“资本公积”科目的期末余额填列。

(3)“盈余公积”项目,反映企业盈余公积的期末余额。本项目应根据“盈余公积”科目的期末余额填列。

(4)“未分配利润”项目,反映企业尚未分配的利润。本项目应根据“本年利润”科目和“利润分配”科目的余额计算填列。未弥补的亏损在本项目内以“-”号填列。

三、资产负债表编制举例

【例 12-1】 通州公司 2012 年 12 月 31 日有关账户的余额如表 12-1 所示。

表 12-1　账户余额表　　单位:元

账户名称	借方余额	账户名称	贷方余额
库存现金	23 000	短期借款	100 000
银行存款	300 000	应付票据	50 000
其他货币资金	16 000	应付账款	150 000
应收票据	220 000	其他应付款	16 000
应收账款	180 000	应付职工薪酬	60 000
坏账准备	-900	应交税费	50 000
预付账款	30 900	长期借款	1 000 000
其他应收款	0	应付债券	800 000
原材料	100 000	长期应付款	500 000
包装物	50 000	递延所得税负债	10 000
低值易耗品	40 000	股本	1 000 000
库存商品	320 000	资本公积	1 000 000
长期股权投资	400 000	盈余公积	500 000
固定资产	2 200 000	未分配利润	-477 000
累计折旧	-160 000	合计	4 759 000
固定资产减值准备	-40 000		
在建工程	800 000		
无形资产	140 000		
长期待摊费用	120 000		
递延所得税资产	20 000		
合计	4 759 000		

根据上述资料，编制通州公司2012年12月31日资产负债表（年初数为已知数），结果见表12-2。

表12-2 资产负债表

编制单位：通州公司　　2012年12月31日　　单位：元

资产	期末余额	年初余额	负债和所有者权益（或股东权益）	期末余额	年初余额
流动资产：			流动负债：		
货币资金	339 000	325 000	短期借款	100 000	100 000
交易性金融资产			交易性金融负债		
应收票据	220 000	230 000	应付票据	50 000	50 000
应收账款	179 100	145 000	应付账款	150 000	110 000
预付款项	30 900	30 000	预收款项		
应收利息			应付职工薪酬	60 000	105 000
应收股利			应交税费	50 000	55 000
其他应收款			应付利息		
存货	510 000	495 000	应付股利		
一年内到期的非流动资产			其他应付款	16 000	80 000
其他流动资产			一年内到期的非流动负债		
流动资产合计	1279 000	1 225 000	其他流动负债		
非流动资产：			流动负债合计	426 000	500 000
可供出售金融资产			非流动负债：		
持有至到期投资			长期借款	1 000 000	1 000 000
长期应收款			应付债券	800 000	800 000
长期股权投资	400 000	400 000	长期应付款	500 000	500 000
投资性房地产			专项应付款		
固定资产	2 000 000	1 680 000	预计负债		
在建工程	800 000	500 000	递延所得税负债	10 000	
工程物资		300 000	其他非流动负债		
固定资产清理			非流动负债合计	2 310 000	2 300 000
生产性生物资产			负债合计	2 736 000	2 800 000
油气资产			所有者权益（或股东权益）：		
无形资产	140 000	390 000	实收资本（或股本）	1 000 000	1 000 000
开发支出			资本公积	1 000 000	1 000 000

（续表）

资产	期末余额	年初余额	负债和所有者权益（或股东权益）	期末余额	年初余额
商誉			减：库存股		
长期待摊费用	120 000	120 000	盈余公积	500 000	450 000
递延所得税资产	20 000		未分配利润	-477 000	-635 000
其他非流动资产			所有者权益（或股东权益）合计	2 023 000	1 815 000
非流动资产合计	3 480 000	3 390 000			
资产总计	4 759 000	4 615 000	负债和所有者权益（或股东权益）总计	4 759 000	4 615 000

第三节　利　润　表

利润表又称为损益表，是反映企业在一定期间的经营成果（盈利或亏损）的报表。这种盈利或亏损是通过营业收入与营业成本的对比来体现的。

一、利润表的格式

利润表的格式主要有单步式利润表和多步式利润表两种。

单步式利润表是将当期所有的收入列在一起，然后将所有的费用列在一起，两者相减得出当期净损益；多步式利润表是通过对当期的收入、费用按性质加以归类，按利润形成的主要环节列示一些中间性利润指标，分步计算当期净损益。单步式利润表的报告格式直观、简单，避免了项目分类上的困难，但是提供的信息量比多步式利润表大为减少，不利于报表使用者分析单位经营业绩的主要来源和构成以及在不同单位之间进行比较，也不利于预测单位未来的盈利能力。

我国企业的利润表采用多步式。将不同性质的收入和费用类别进行对比，从而可以得出一些中间性的利润数据，便于使用者理解单位经营成果的不同来源。

多步式下，企业分以下三个步骤编制利润表：

第一步，以营业收入为基础，计算营业利润。

营业利润 = 营业收入 - 营业成本 - 营业税金及附加 - 销售费用
- 管理费用 - 财务费用 - 资产减值损失
+ 公允价值变动收益（ - 公允价值变动损失）
+ 投资收益（ - 投资损失）

第二步，以营业利润为基础，计算利润总额。

利润总额 = 营业利润 + 营业外收入 - 营业外支出

第三步,以利润总额为基础,计算出净利润(或净亏损)。

净利润 = 利润总额 - 所得税费用

二、利润表的编制方法

利润表各项目的数字来源,主要是根据各损益类科目的发生额分析填列。

(一) 上期金额栏的填列方法

利润表中的"上期金额"栏各项数字,应根据上年该期利润表"本期金额"栏内所列数字填列。

(二) 本期金额栏的填列方法

利润表中"本期金额"栏各项数字一般应根据损益类各科目的发生额分析填列。具体包括:

(1)"营业收入"项目,反映企业经营主要业务和其他业务所确认的收入总额。本项目应根据"主营业务收入"和"其他业务收入"科目的发生额计算填列。

(2)"营业成本"项目,反映企业经营主要业务和其他业务所结转的成本总额。本项目应根据"主营业务成本"和"其他业务成本"科目的发生额计算填列。

(3)"营业税金及附加"项目,反映企业日常经营活动应负担的消费税、营业税、城市维护建设税、资源税、土地增值税和教育费附加等。本项目应根据"营业税金及附加"科目发生额分析填列。

(4)"销售费用"项目,反映企业在销售商品过程中发生的包装费、广告费等费用和为销售本企业商品而专设的销售机构的职工薪酬、业务费等经营费用。本项目应根据"销售费用"科目的发生额分析填列。

(5)"管理费用"项目,反映企业为组织和管理生产经营发生的管理费用。本项目应根据"管理费用"科目的发生额分析填列。

(6)"财务费用"项目,反映企业筹集生产经营所需资金而发生的筹资费用。本项目应根据"财务费用"科目的发生额分析填列。

(7)"资产减值损失"项目,反映企业各项资产发生的减值损失。本项目应根据"资产减值损失"科目发生额分析填列。

(8)"公允价值变动收益"项目,反映企业发生的应计入当期损益的资产或负债公允价值变动收益。本项目应根据"公允价值变动损益"科目发生额分析填列,如为净损失,则应以"-"号填列。

(9)"投资收益"项目,反映企业以各种方式对外投资所取得的收益。本项目应根据"投资收益"科目发生额分析填列,如为投资损失,则应以"-"号填列。

(10)"营业利润"项目,反映企业实现的营业利润。如为亏损,本项目以"-"号填列。

（11）“营业外收入”项目，反映企业发生的与经营业务无直接关系的各项收入。本项目应根据“营业外收入”科目发生额分析填列。

（12）“营业外支出”项目，反映企业发生的与经营业务无直接关系的各项支出。本项目应根据“营业外支出”科目发生额分析填列。

（13）“利润总额”项目，反映企业实现的利润。如为亏损，本项目以“－”号填列。

（14）“所得税费用”项目，反映企业应从当期利润总额中扣除的所得税费用。本项目应根据“所得税费用”科目的发生额分析填列。

（15）“净利润”项目，反映企业实现的净利润。如为亏损，本项目以“－”号填列。

（16）“基本每股收益”和“稀释每股收益”项目，反映普通股股东每持有一股所能享有的企业利润或需承担的企业亏损。

三、利润表的编制举例

【例 12-2】　通州公司 2012 年 12 月有关账户资料如下：主营业务收入 1 100 000 元，主营业务成本 590 000 元，营业税金及附加 23 000 元，销售费用 39 000 元，管理费用 25 700 元，本年提取坏账准备 300 元，财务费用 47 000 元，固定资产减值 40 000 元，投资收益 127 000 元，其他业务收入 100 000 元，其他业务成本 230 000 元，营业外收入 57 000 元，营业外支出 54 000 元，所得税 127 000 元。

根据上述资料，编制该公司 2012 年 12 月利润表见表 12-3。

表 12-3　利润表

编制单位：通州公司　　2012 年 12 月　　单位：元

项目	本期金额	上期金额
一、营业收入	1 200 000	略
减：营业成本	820 000	
营业税金及附加	23 000	
销售费用	39 000	
管理费用	25 700	
财务费用	47 000	
资产减值损失	40 300	
加：公允价值变动收益（损失以“－”填列）		
投资收益（损失以“－”填列）	127 000	
其中：对联营企业和合营企业的投资收益		

（续表）

项目	本期金额	上期金额
二、营业利润（亏损以“－”填列）	332 000	
加：营业外收入	57 000	
减：营业外支出	54 000	
其中：非流动资产处置损失		
三、利润总额（亏损总额以“－”号填列）	335 000	
减：所得税费用	127 000	
四、净利润（净亏损以“－”号填列）	208 000	
五、每股收益：		
（一）基本每股收益		
（二）稀释每股收益		

第四节 现金流量表

一、现金流量表概述

（一）现金流量表的概念

现金流量表是指反映企业一定会计期间内的现金和现金等价物的流入和流出情况的报表。

现金是指企业的库存现金以及可以随时用于支付的存款，包括库存现金、银行存款和其他货币资金。

现金等价物，是指企业持有的期限短（一般指从购买日起，三个月内到期）、流动性强、易于转换为已知金额现金、价值变动风险很小的投资。

判断一项投资是否属于现金等价物主要从以下四个条件出发：一是期限短；二是流动性强；三是易于转换为已知金额的现金；四是价值变动风险很小。其中，期限短、流动性强，强调了变现能力；而易于转换为已知金额的现金、价值变动风险很小，则强调了支付能力的大小。现金等价物通常包括三个月内到期的短期债券投资。权益性投资变现的金额通常不确定，因而不属于现金等价物。

（二）现金流量的分类

企业的现金流量可分为三大类：经营活动产生的现金流量、投资活动产生的现金流量和筹资活动产生的现金流量。

1. 经营活动产生的现金流量

经营活动，是指企业投资活动和筹资活动以外的所有交易和事项，主要包括销售商品或提供劳务、购买商品或接受劳务、收到税费返还、支付企业职工薪酬、支付各项税费等。通过经营活动产生的现金流量,可以说明企业的经营活动对现金流入和流出的影响程度,判断企业在不动用对外筹得资金的情况下,是否足以维持生产经营、偿还债务、支付股利、对外投资等。

2．投资活动产生的现金流量

投资活动,是指企业长期资产的购建和不包括在现金等价物范围内的投资及其处置活动。现金流量表所指的"投资"既包括对外投资,又包括长期资产的购建与处置。投资活动主要包括取得和收回投资、购建和处置固定资产、购买和处置无形资产等。通过投资活动产生的现金流量,可以判断投资活动对企业现金流量净额的影响程度。

3．筹资活动产生的现金流量

筹资活动,是指导致企业资本及债务规模和构成发生变化的活动。筹资活动主要包括发行股票或接受投入资本、分派现金股利、取得和偿还银行借款、发行和偿还公司债券等。通过筹资活动产生的现金流量,可以分析企业获取现金的能力,判断筹资活动对企业现金流量净额的影响程度。

二、现金流量表的结构

我国企业现金流量表采用报告式结构,分类反映经营活动产生的现金流量、投资活动产生的现金流量和筹资活动产生的现金流量,最后汇总反映企业某一期间现金及现金等价物的净增加额。现金流量表结构如表12-4。

表12-4　现金流量表

编制单位:　　　　　　　　　　　__年__月　　　　　　　　　　　单位:元

项目	本期金额	上期金额
一、经营活动产生的现金流量		
销售商品、提供劳务收到的现金		
收到的税费返还		
收到其他与经营活动有关的现金		
经营活动现金流入小计		
购买商品、接受劳务支付的现金		
支付给职工以及为职工支付的现金		
支付的各项税费		
支付其他与经营活动有关的现金		
经营活动现金流出小计		
经营活动产生的现金流量净额		

（续表）

项目	本期金额	上期金额
二、投资活动产生的现金流量		
收回投资收到的现金		
取得投资收益收到的现金		
处置固定资产、无形资产和其他长期资产收回的现金净额		
处置子公司及其他营业单位收到的现金净额		
收到其他与投资活动有关的现金		
投资活动现金流入小计		
购建固定资产、无形资产和其他长期资产支付的现金		
投资支付的现金		
取得子公司及其他营业单位支付的现金净额		
支付其他与投资活动有关的现金		
投资活动现金流出小计		
投资活动产生的现金流量净额		
三、筹资活动产生的现金流量		
吸收投资收到的现金		
取得借款收到的现金		
收到其他与筹资活动有关的现金		
筹资活动现金流入小计		
偿还债务支付的现金		
分配股利、利润或偿付利息支付的现金		
支付其他与筹资活动有关的现金		
筹资活动现金流出小计		
筹资活动产生的现金流量净额		
四、汇率变动对现金及现金等价物的影响		
五、现金及现金等价物净增加额		
加：期初现金及现金等价物余额		
六、期末现金及现金等价物余额		

三、现金流量表的编制方法

编制现金流量表时，列报经营活动现金流量的方法有两种：一是直接法，二是间接法。

直接法是指通过现金收入和现金支出的主要类别列示经营活动的现金流量。在直接法下，一般是以利润表中的营业收入为起算点，调节与经营活动有关的项目的增减变动,然后计算出经营活动产生的现金流量。

间接法是指以净利润为起算点,调整不涉及现金的收入、费用、营业外收支等有关项目,剔除投资活动、筹资活动对现金流量的影响,据此计算出经营活动产生的现金流量。在间接法下,将净利润调节为经营活动现金流量,实际上就是将按权责发生制原则确定的净利润调整为现金净流入,并剔除投资活动和筹资活动对现金流量的影响。

我国企业会计准则规定,企业应当采用直接法编报现金流量表,同时要求在附注中披露将净利润调节为经营活动现金流量的信息。采用直接法编报的现金流量表,便于分析企业经营活动产生的现金流量的来源和用途,预测企业现金流量的未来前景。

1. 经营活动产生的现金流量

(1)"销售商品、提供劳务收到的现金"项目

该项目反映企业销售商品、提供劳务实际收到的现金(包括应向购买者收取的增值税销项税额),包括本期销售商品、提供劳务收到的现金,以及前期销售和前期提供劳务本期收到的现金和本期预收的账款,扣除本期退回本期销售的商品和前期销售本期退回的商品支付的现金。企业销售材料和代购代销业务收到的现金,也在本项目反映。

【例 12-3】 某企业本期商品销售收入为 280 万元,以银行存款收讫,应收票据期初余额为 27 万元,期末余额为 6 万元,应收账款期初余额为 100 万元,期末余额为 40 万元,年度内发生的坏账损失为 2 万元。另外,当期因商品质量问题发生退货价款 3 万元,货款已通过银行转账支付(本例中的各项数据均含增值税销项税额)。

销售商品、提供劳务收到的现金 = 280 + (27 - 6) + (100 - 40) - 3 - 2
= 356(万元)

(2)"收到的税费返还"项目

该项目反映企业收到返还的各种税费,包括收到返还的所得税、增值税、消费税、营业税、关税、教育费附加等。

(3)"收到其他与经营活动有关的现金"项目

该项目反映企业除了上述各项目以外所收到的其他与经营活动有关的现金,如罚款收入、流动资产损失中由个人赔偿的现金收入、经营租赁租金收入等。其他与经营活动有关的现金,如果价值较大的,应单列项目反映。

(4)"购买商品、接受劳务支付的现金"项目

该项目反映企业购买商品、接受劳务实际支付的现金(包括增值税进项税额),包括本期购入商品、接受劳务支付的现金,以及本期支付前期购入商品、接受劳务的未付款项和本期预付款项。本期发生的购货退回收到的现金应从本项

目内扣除。企业代购代销业务支付的现金,也在本项目反映。

【例 12-4】 某公司当期购买原材料,货款为15万元,增值税为2.55万元,价款用银行转账支票支付;本期支付应付票据10万元(不含增值税);用银行汇票支付材料价款,材料及运费9.98万元,其相应的增值税为1.6696万元;购买工程用物资15万元(含增值税),该货款已用银行存款支付。

$$\text{购买商品、接受劳务所支付的现金} = 15 + 2.55 + 10 + 9.98 + 1.6966 = 39.2266(\text{万元})$$

(5)"支付给职工以及为职工支付的现金"项目

该项目反映企业实际支付给职工,以及为职工支付的现金,包括本期实际支付给职工的工资、奖金、各种津贴和补贴等,以及为职工支付的其他费用。企业代扣代缴的职工个人所得税,也在本项目反映。

【例 12-5】 某企业本期实际支付工资50万元,各种奖金20万元,其中经营人员工资30万元,奖金15万元,在建工程人员工资20万元,奖金5万元。

$$\text{本期支付的职工工资} = 50 + 20 - 20 - 5 = 45(\text{万元})$$

(6)"支付的各项税费"项目

该项目反映企业按规定支付的各种税费,包括企业本期发生并支付的税费,以及本期支付以前各期发生的税费和本期预交的税费,包括所得税、增值税、营业税、消费税、印花税、房产税、土地增值税、车船使用税、教育费附加、矿产资源补偿费等。

(7)"支付其他与经营活动有关的现金"项目

该项目反映企业除上述各项目所支付的其他与经营活动有关的现金,如经营租赁支付的租金、支付的罚款、差旅费、业务招待费、保险费等。其他与经营活动有关的现金,如果金额较大的,应单列项目反映。

2. 投资活动产生的现金流量

(1)"收回投资收到的现金"项目

该项目反映企业出售、转让或到期收回除现金等价物以外的交易性金融资产,持有至到期投资、可供出售金融资产、长期股权投资等而收到的现金。但处置子公司及其他营业单位收到的现金净额不包括在本项目内。

(2)"取得投资收益收到的现金"项目

该项目反映企业因股权性投资而分得的现金股利,因债权性投资而取得的利息收入。股票股利由于不产生现金流量,不在本项目反映。

(3)"处置固定资产、无形资产和其他长期资产收回的现金净额"项目

该项目反映企业出售、报废固定资产、无形资产和其他长期资产收到的现金(包括因资产毁损收到的保险赔偿款),减去为处置这些资产而支付的有关费用后的净额。

【例 12-6】 企业将一台原值 100 万,累计折旧 40 万,净值 60 万的固定资产出售,收到现金 80 万,发生相关税费 5 万,则在"处置固定资产、无形资产以及其他长期资产而收到的现金净额"项目中反映的金额为 75 万。

(4)"处置子公司及其他营业单位收到的现金净额"项目

该项目反映企业处置子公司及其他营业单位所取得的现金,减去相关处置费用以及子公司及其他营业单位持有的现金和现金等价物后的净额。

(5)"收到其他与投资活动有关的现金"项目

该项目反映企业除了上述各项目以外,所收到的其他与投资活动有关的现金流入。若流入金额较大,应单列项目反映。

(6)"购建固定资产、无形资产和其他长期资产支付的现金"项目

该项目反映企业本期购买、建造固定资产、取得无形资产和其他长期资产实际支付的现金(含增值税款等),以及用现金支付的应由在建工程和无形资产负担的职工薪酬。不包括为购建固定资产、无形资产和其他长期资产而发生的借款利息资本化部分。

【例 12-7】 某企业本期发生下列有关业务:

① 购买固定资产价款为 50 000 元,进项税额为 8 500 元,款项已付;

② 购买工程物资价款为 10 000 元,进项税额为 1 700 元,款项已付;

③ 支付工程人员工资 6 000 元;

④ 预付工程价款 80 000 元;

⑤ 交付使用前长期借款利息 78 900 元,本年已支付;

⑥ 支付申请专利权的注册费、律师费等 68 000 元;

购建固定资产、无形资产和其他长期资产而支付的现金

$$=58\,500+11\,700+6\,000+80\,000+68\,000=224\,200(\text{元})$$

(7)"投资支付的现金"项目

该项目反映企业进行权益性投资和债权性投资所支付的现金,包括企业取得的除现金等价物以外的交易性金融资产、持有至到期投资、可供出售金融资产而支付的现金,以及支付的佣金、手续费等交易费用。

(8)"取得子公司及其他营业单位支付的现金净额"项目

该项目反映企业取得子公司及其他营业单位购买出价中以现金支付的部分,减去子公司及其他营业单位持有的现金和现金等价物后的净额。

(9)"支付其他与投资活动有关的现金"项目

该项目反映企业除上述各项以外,支付的其他与投资活动有关的现金。其他与投资活动有关的现金,如果价值较大的,应单列项目反映。

3. 筹资活动产生的现金流量

(1)“吸收投资收到的现金”项目

该项目反映企业以发行股票等方式筹集资金实际收到的款项净额(发行收入减去支付的佣金等发行费用后的净额)。

(2)“取得借款收到的现金”项目

该项目反映企业举借各种短期、长期借款收到的现金,以及发行债券实际收到的款项净额(发行收入减去直接支付的佣金等发行费用后的净额)

(3)“收到其他与筹资活动有关的现金”项目

该项目反映企业除上述各项目外,收到的其他与筹资活动有关的现金。其他与筹资活动有关的现金,如果价值较大的,应单列项目反映。

(4)“偿还债务支付的现金”项目

该项目反映企业偿还债务本金所支付的现金。

(5)“分配股利、利润或偿付利息支付的现金”项目

该项目反映企业实际支付的现金股利、支付给其他投资单位的利润或用现金支付的借款利息、债券利息等。

【例 12-8】 某企业本期发生有关经济业务:

① 偿还短期借款,本金 90 000 元,利息 300 元;

② 偿还长期借款,本金 500 000 元,利息 6 600 元;

③ 支付到期一次还本付息的应付债券,面值 100 000 元,三年期,利率 11%。

偿还债务所支付的现金 = 90 000 + 500 000 + 100 000 = 690 000(元)

分配股利、利润或偿付利息所支付的现金 = 300 + 6 600 + 33 000

= 39 900(元)

(6)“支付其他与筹资活动有关的现金”项目

该项目反映企业除上述各项目外,支付的其他与筹资活动有关的现金。其他与筹资活动有关的现金,如果价值较大的,应单列项目反映。

4. 汇率变动对现金及现金等价物的影响

该项目反映企业外币现金流量以及境外子公司的现金流量折算为人民币时,所采用的现金流量发生日的即期汇率或近似汇率折算的人民币金额与“现金及现金等价物净增加额”中的外币现金净增加额按期末汇率折算的人民币金额之间的差额。

第五节 所有者权益变动表

所有者权益变动表又称股东权益变动表,是反映构成所有者权益的各组成部分当期的增减变动情况的报表。

一、所有者权益变动表的内容

所有者权益变动表应当全面反映一定时期所有者权益变动的情况,不仅包括所有者权益总量的增减变动,还包括所有者权益增减变动的重要结构性信息,特别是要反映直接计入所有者权益的利得和损失,让报表使用者准确理解所有者权益增减变动的根源。

在所有者权益变动表中,企业至少应当单独列示反映下列信息的项目:

(1) 净利润;

(2) 直接计入所有者权益的利得和损失项目及其总额;

(3) 会计政策变更和差错更正的累积影响金额;

(4) 所有者投入资本和向所有者分配利润等;

(5) 按照规定提取的盈余公积;

(6) 实收资本(或股本)、资本公积、盈余公积、未分配利润的期初和期末余额及其调节情况。

二、所有者权益变动表的列报格式

为了清楚地表明构成所有者权益的各组成部分当期的增减变动情况,所有者权益变动表应当以矩阵的形式列示:一方面,列示导致所有者权益变动的交易或事项,从所有者权益变动的来源对一定时期所有者权益变动情况进行全面反映;另一方面,按照所有者权益各组成部分(包括实收资本、资本公积、盈余公积、未分配利润和库存股)及其总额列示交易或事项对所有者权益的影响。此外,由于需要提供比较信息,所有者权益变动表还就各项目再分为“本年金额”和“上年金额”两栏分别填列。其具体格式如表 12-5 所示。

表 12-5 所有者权益(股东权益)变动表

编制单位: ____年度 单位:元

项目	行次	本年金额						上年金额					
		实收资本(或股本)	资本公积	减:库存股	盈余公积	未分配利润	所有者权益合计	实收资本(或股本)	资本公积	减:库存股	盈余公积	未分配利润	所有者权益合计
一、上年年末余额													
加:会计政策变更													
前期差错更正													

（续表）

项目	行次	本年金额						上年金额					
		实收资本（或股本）	资本公积	减：库存股	盈余公积	未分配利润	所有者权益合计	实收资本（或股本）	资本公积	减：库存股	盈余公积	未分配利润	所有者权益合计
二、本年年初余额													
三、本年增减变动金额（减少以“－”号填列）													
（一）净利润													
（二）其他综合收益													
上述（一）和（二）小计													
（三）所有者投入和减少资本													
1. 所有者投入资本													
2. 股份支付计入所有者权益的金额													
3. 其他													
（四）利润分配													
1. 提取盈余公积													
2. 对所有者（或股东）的分配													
3. 其他													
（五）所有者权益内部结转													
1. 资本公积转增资本（或股本）													
2. 盈余公积转增资本（或股本）													
3. 盈余公积弥补亏损													
4. 其他													
四、本年年末余额													

第六节 附 注

附注是对会计报表的补充说明，是财务会计报告体系的重要组成部分。随着经济环境的复杂化以及人们对相关信息要求的提高，附注在整个报告体系中的地位日益突出。

一、附注的重要性

附注的重要性主要体现在以下几个方面：

1. 提高会计信息的相关性和可靠性。会计信息既要相关又要可靠，相关性和可靠性是会计信息的两个基本质量特征。由于财务会计本身的局限，相关性和可靠性的选择犹如鱼与熊掌的选择，很多时候都是不可兼得的。附注披露可以在不降低会计信息可靠性的前提下提高信息的相关性，如或有事项的处理。或有事项由于发生的不确定性而不能直接在主表中进行确认，但等到完全可靠或基本能够预期的时候，又可能因为及时性的丧失而损伤了信息的相关性。为此，可以通过在财务报表附注中进行披露，揭示或有事项的类型和影响，以此来提高信息的相关性。

2. 增强不同行业和行业内部不同企业之间信息的可比性。会计信息是由多种因素综合促成的，经济环境的不确定性、不同行业的不同特点，以及各个企业前后各期情况的变化，都会降低不同企业之间会计信息的可比性，以及企业前后各期会计信息的一贯性。会计报表附注可以通过披露企业的会计政策和会计估计的变更等情况，向投资者传递相关信息，使投资者能够"看透"会计方法的实质，而不被会计方法所误导。

3. 与会计报表主表的不可分割性。会计报表主表与附注的关系可概括为：主表是根，附注是补充。没有主表的存在，附注就失去了依靠；而没有附注恰当的补充，会计报表主表的功能就难以有效地实现。

二、附注的主要内容

附注应当按照如下顺序披露有关内容：

（一）企业的基本情况

包括企业注册地、组织形式和总部地址，企业的业务性质和主要经营活动，母公司和集团最终母公司的名称，以及财务报告的批准报出者和财务报告批准报出日等。

（二）财务报表的编制基础

（三）遵循企业会计准则的声明

企业应当声明编制的财务报表符合企业会计准则的要求，真实、完整地反映了企业的财务状况、经营成果和现金流量等有关信息，以此明确企业编制财务报表所依据的制度基础。如果企业编制的财务报表只是部分地遵循了企业会计准则，附注中不得作出这种表述。

（四）重要会计政策和会计估计

根据财务报表列报准则的规定，企业应当披露采用的重要会计政策和会计估计,不重要的会计政策和会计估计可以不披露。

(五) 会计政策和会计估计变更以及差错更正的说明

企业应当按照《企业会计准则第 28 号——会计政策、会计估计变更和差错更正》及其应用指南的规定,披露会计政策和会计估计变更以及差错更正的有关情况。

(六) 报表重要项目的说明

企业应当以文字和数字描述相结合,尽可能以列表形式披露报表重要项目的构成或当期增减变动情况,并且报表重要项目的明细金额合计应当与报表项目金额相衔接。在披露顺序上,一般应当遵循资产负债表、利润表、现金流量表、所有者权益变动表的顺序及其项目列示的顺序。

(七) 其他需要说明的重要事项

主要包括或有和承诺事项、资产负债表日后非调整事项、关联方关系及其交易等。

课后练习

一、单项选择题

1. (　　)是指企业对外提供的反映企业某一特定日期财务状况和某一会计期间经营成果、现金流量情况的书面文件。

A. 资产负债表　　B. 利润表

C. 会计报表附注　　D. 财务会计报告

2. 在下列各个会计报表中,属于企业对外提供的静态报表是(　　)。

A. 利润表　　B. 所有者权益变动表

C. 现金流量表　　D. 资产负债表

3. 在资产负债表中,资产按照其流动性排列时,下列排列顺序正确的是(　　)

A. 存货、无形资产、货币资金、交易性金融资产

B. 交易性金融资产、存货、无形资产、货币资金

C. 无形资产、货币资金、交易性金融资产、存货

D. 货币资金、交易性金融资产、存货、无形资产

4. "应收账款"科目所属明细科目如有贷方余额,应在资产负债表(　　)项目中反映。

A. 预付款项　　B. 预收款项

C. 应收账款　　D. 应付账款

5. 某企业"应付账款"明细账期末余额情况如下:X 企业贷方余额为

200 000 元,Y 企业借方余额为 180 000 元,Z 企业贷方余额为 300 000 元。假如该企业“预付账款”明细账均为借方余额,则根据以上数据计算的反映在资产负债表上“应付账款”项目的数额为(　　)元。

A. 680 000　　B. 320 000　　C. 500 000　　D. 80 000

6. 资产负债表中的“存货”项目,应根据(　　)。

A. “存货”账户的期末借方余额直接填列

B. “原材料”账户的期末借方余额直接填列

C. “原材料”、“生产成本”和“库存商品”等账户的期末借方余额之和填列

D. “原材料”、“在产品”和“库存商品”等账户的期末借方余额之和填列

7. 下列各项中,不会影响营业利润金额增减的是(　　)。

A. 资产减值损失　　B. 财务费用

C. 投资收益　　D. 营业外收入

8. 企业本月利润表中的营业收入为 450 000 元,营业成本为 216 000 元,营业税金及附加为 9 000 元,管理费用为 10 000 元,财务费用为 5 000 元,销售费用为 8 000 元,则其营业利润为(　　)元。

A. 217 000　　B. 225 000　　C. 234 000　　D. 202 000

9. 资产负债表中的“未分配利润”项目,应根据(　　)填列。

A. “利润分配”科目余额

B. “本年利润”科目余额

C. “本年利润”和“利润分配”科目的余额计算后

D. “盈余公积”科目余额

10. 下列各项中,不会影响利润总额增减变化的是(　　)。

A. 销售费用　　B. 管理费用

C. 所得税费用　　D. 营业外支出

二、业务题

(一) 甲企业 2012 年 3 月末部分总分类账户的期末余额如下:

账户名称	借方余额	账户名称	贷方余额
库存现金	1 600	累计折旧	60 000
银行借款	120 000	利润分配	300 000
应收账款	2 000	预收账款	5 000
原材料	18 000	应付账款	4 500
库存商品	35 000	长期借款	800 000
固定资产	760 000	实收资本	1 128 000

该企业3月份末部分明细账户的期末余额如下：

应收账款——光明厂借方余额5 500元；

应收账款——大东厂贷方余额1 000元；

应收账款——东方厂贷方余额2 500元；

应付账款——忠详厂贷方余额6 000元；

应付账款——新力厂借方余额1 500元；

预收账款——希望厂贷方余额5 000元；

长期借款——民生银行金额为150 000元的一笔贷款，剩余还款年限为11个月。

要求：根据以上材料，计算确定企业三月份资产负债表中的以下项目金额：

项目名称	期末余额	账户名称	期末余额
货币资金		应付账款	
应收账款		预收账款	
预付账款		长期借款	
存货		实收资本	
固定资产		未分配利润	

（二）星光公司2012年1月各损益类账户的本期发生额合计如下表所示（单位：元），公司所得税税率为25%：

账户名称	借方	贷方
主营业务收入		672 000
主营业务成本	450 320	
营业税金及附加	70 910	
其他业务收入		30 000
其他业务成本	23 050	
销售费用	30 400	
管理费用	33 000	
财务费用	12 200	
投资收益		50 300
营业外收入		9 490
营业外支出	6 100	

要求：根据上述资料编制星光公司2012年一月份利润表。

（三）乙公司2012年有关资料如下：

1. 本期产品销售收入80 000元；应收账款期初余额10 000元，期末余额

34 000 元;本期预收的货款 4 000 元。

2. 本期用银行存款支付购买原材料货款 40 000 元;用银行存款支付工程用物资货款 81 900 元;本期购买原材料预付货款 15 000 元。

3. 本期从银行提取现金 33 000 元,用于发放工资。

4. 本期实际支付工资 30 000 元,各种奖金 3 000 元。其中经营人员工资 18 000 元,奖金 2 000 元,在建工程人员工资 12 000 元,奖金 1 000 元。

5. 期初未交所得税为 1 600 元,本期发生的应交所得税 6 600 元,期末未交所得税为 600 元。

要求:根据上述资料,计算乙公司现金流量表中下列项目的金额,并列出计算过程(不考虑增值税):

(1)"销售商品、提供劳务收到的现金"项目;

(2)"购买商品、接受劳务支付的现金"项目;

(3)"支付给职工以及为职工支付的现金"项目;

(4)"支付的各种税费"项目;

(5)"购建固定资产、无形资产和其他长期资产所支付的现金"项目。

(四)丙企业为增值税一般纳税企业,适用的增值税率为 17%,2011 年有关资料如下:

1. 资产负债表有关账户年初、年末余额和部分账户发生额如下表(单位:万元):

账户	年初余额	本年增加	本年减少	年末余额
应收账款	2 340			4 680
应收票据	585			351
交易性金融资产	300		50(出售)	250
应收股利	20	10		5
坏账准备	200	200(计提)		400
存货	2 500			2 400
长期股权投资	500	100(以无形资产投资)		600
应付账款	1 755			2 340
应交税费				
——应交增值税	250		308(已交) 272(进项税额)	180
——应交所得税	30	100		40
长期借款	600	300	200(偿还本金)	700

2. 利润表有关账户本年发生额如下(单位:万元):

账户名称	借方发生额	贷方发生额
主营业务收入		3 000
主营业务成本	1 700	
投资收益:		
——现金股利		10
——出售交易性金融资产收益		20

3. 其他有关资料如下:

(1) 交易性金融资产均为非现金等价物;

(2) 出售交易性金融资产已收到现金;

(3) 应收、应付款项均以现金结算;

(4) 不考虑该企业本年度发生的其他交易和事项。

要求:计算丙公司以下现金流入和流出金额(答案中的金额单位用万元表示):

(1) 销售商品、提供劳务收到的现金;

(2) 购买商品、接受劳务支付的现金;

(3) 支付的各项税费;

(4) 收回投资所收到的现金;

(5) 取得投资收益所收到的现金;

(6) 取得借款所收到的现金;

(7) 偿还债务所支付的现金。

各章参考答案

第一章　总　　论

一、单项选择题

1. C　2. B　3. B　4. A　5. B　6. B　7. D　8. C　9. A　10. D

二、业务题

（一）计算公司 2012 年度的有关数据

（1）公司期初所有者权益 = 860 000 − 340 000 = 520 000（元）

公司期末所有者权益 = 950 000 − 260 000 = 690 000（元）

（2）公司本年度实现的利润 = 690 000 − 520 000 = 170 000（元）

公司本年度实际发生的费用 = 275 000 − 170 000 = 105 000（元）

（3）公司本年度实现的利润 = 690 000 − 520 000 − 50 000 = 120 000（元）

公司本年度实现的收入 = 120 000 + 43 000 = 163 000（元）

（二）计算权责发生制下企业十月份的收入与费用金额

企业十月份的收入 = 40 000 + 10 000 = 50 000（元）

企业十月份的费用 = 1 000 + 2 000 = 3 000（元）

第二章　账户与借贷记账法

一、单项选择题

1. B　2. A　3. C　4. A　5. C　6. A　7. A　8. A　9. B　10. D

二、业务题

（一）计算并填写有关空格

230；86 740；687 000；450 500；90 600；980 000；221 200

（二）根据 A 企业发生的经济业务编制会计分录

1. 借：银行存款	500 000	
贷：实收资本		500 000
2. 借：银行存款	60 000	
贷：短期借款		60 000
3. 借：原材料	51 000	
贷：应付账款		51 000

4. 借:库存现金 5 000
 贷:银行存款 5 000
5. 借:管理费用 620
 贷:库存现金 620
6. 借:固定资产 350 000
 贷:银行存款 350 000
7. 借:生产成本 28 000
 贷:原材料 28 000
8. 借:银行存款 20 000
 贷:预收账款 20 000
9. 借:银行存款 78 000
 贷:主营业务收入 78 000
10. 借:应付账款 51 000
 贷:银行存款 51 000
11. 借:管理费用 1 000
 贷:银行存款 1 000
12. 借:其他应收款 4 000
 贷:库存现金 4 000

(三)(1)根据资料编制会计分录

① 借:原材料 7 000
 贷:银行存款 7 000
② 借:应交税费 33 600
 贷:银行存款 33 600
③ 借:银行存款 200 000
 贷:实收资本 200 000
④ 借:短期借款 60 000
 贷:银行存款 60 000
⑤ 借:库存现金 12 000
 贷:银行存款 12 000
⑥ 借:应付职工薪酬 11 000
 贷:库存现金 11 000
⑦ 借:银行存款 30 000
 贷:应收账款 30 000
⑧ 借:固定资产 200 000
 贷:应付账款 200 000

(2) 编制 B 公司 2012 年八月份的发生额与余额试算平衡表

B 公司发生额与余额试算平衡表

2012 年 8 月

账户名称	期初余额		本期发生额		期末余额	
	借方	贷方	借方	贷方	借方	贷方
库存现金	4 600		12 000	11 000	5 600	
银行存款	340 000		230 000	112 600	457 400	
应收账款	50 000			30 000	20 000	
原材料	80 000		7 000		87 000	
固定资产	200 000		200 000		400 000	
库存商品	50 000				50 000	
短期借款		80 000	60 000			20 000
应付账款		90 000		200 000		290 000
应付职工薪酬		21 000	11 000			10 000
应缴税费		33 600	33 600			0
实收资本		500 000		200 000		700 000
合计	724 600	724 600	553 600	553 600	1 020 000	1 020 000

第三章 会计核算程序

一、单项选择题

1. A 2. D 3. C 4. D 5. A 6. B 7. B 8. B 9. D 10. D

二、业务题

(一) 指出经济业务需要使用哪种记账凭证,并编制会计分录

1. 应编制银行付款凭证,会计分录如下:

借:库存现金 800

贷:银行存款 800

2. 应编制现金付款凭证,会计分录如下:

借:管理费用 350

贷:库存现金 350

3. 应编制现金付款凭证,会计分录如下:

借:其他应收款 1 000

贷:库存现金 1 000

4. 应编制银行收款凭证,会计分录如下:

借:银行存款 57 200

贷:应收账款 57 200

5. 应编制银行收款凭证,会计分录如下:

借:银行存款 42 000

　贷:主营业务收入 42 000

6. 报销差旅费应编制转账凭证,退回多余现金应编制现金收款凭证,会计分录如下:

借:管理费用 850

　贷:其他应收款 850

借:库存现金 150

　贷:其他应收款 150

7. 应编制转账凭证和银行收款凭证,会计分录如下:

借:应收账款 72 000

　贷:主营业务收入 72 000

借:银行存款 70 000

　贷:应收账款 70 000

8. 应编制银行付款凭证,会计分录如下:

借:销售费用 5 700

　贷:银行存款 5 700

9. 应编制银行收款凭证,会计分录如下:

借:银行存款 85 000

　贷:短期借款 85 000

10. 应编制银行付款凭证,会计分录如下:

借:材料采购 35 000

　贷:银行存款 35 000

11. 应编制转账凭证,会计分录如下:

借:原材料 35 000

　贷:材料采购 35 000

(二)(1)根据上述经济业务编制会计分录

① 借:银行存款 30 000

　　贷:短期借款 30 000

② 借:库存现金 5 000

　　贷:银行存款 5 000

③ 借:其他应收款 1 000

　　贷:库存现金 1 000

④ 借:银行存款 50 000

　　贷:应收账款 50 000

⑤ 借:销售费用 10 000

贷:银行存款 10 000

⑥ 借:库存现金 700

贷:其他应收款 700

⑦ 借:管理费用 8 000

贷:银行存款 8 000

⑧ 借:应交税费 2 000

贷:银行存款 2 000

(2) 计算企业九月份银行存款日记账和库存现金日记账的余额

银行存款日记账余额 = 200 000 + 30 000 - 5 000 + 50 000 - 10 000 - 8 000 - 2 000

= 255 000(元)

库存现金日记账余额 = 3 000 + 5 000 - 1 000 + 700 = 7 700(元)

(三) 分析错账性质,并用正确的方法进行更正

1. 属于会计科目用错,且已过账,应用红字冲销法,更正如下:

借:制造费用 200

贷:原材料 200

借:管理费用 200

贷:原材料 200

2. 会计科目无误但少记金额,且已过账,应用补充登记法,更正如下:

借:应收账款 18 000

贷:主营业务收入 18 000

3. 应采用画线更正法,更正如下:

在管理费用账户中的登记错误的借方发生额 230 上画一条单红线,然后在该金额上方用蓝字填写 320,再加盖经办会计人员私章。

4. 会计科目无误但金额多记,且已过账,应采用红字冲销法,更正如下:

借:库存现金 18 000

贷:银行存款 18 000

5. 会计科目名称和金额无误,但借贷方向错误,且已过账,应用红字冲销法,更正如下:

借:累计折旧 3 500

贷:制造费用 3 500

借:制造费用 3 500

贷:累计折旧 3 500

（四）（1）根据资料编制银行存款余额调节表：

银行存款余额调节表

2012 年 11 月 30 日　　单位：元

项目	金额	项目	金额
企业银行存款日记账余额	277 280	银行对账单余额	279 550
加：银行已记增加，企业未记增加的款项 减：银行已记减少，企业未记减少的款项	7 700 4 200	加：企业已记增加，银行未记增加的款项 减：企业已记减少，银行未记减少的款项	4 380 3 150
调节后的存款余额	280 780	调节后的存款余额	280 780

（2）月末企业可以动用的银行存款实有数额为 280 780 元。

第四章　货币资金与应收项目

一、单项选择题

1. A　2. B　3. C　4. A　5. D　6. C　7. A　8. D　9. C　10. B

二、业务题

（一）编制相关的会计分录

1. 借：库存现金　2 000
　贷：银行存款　2 000
2. 借：其他应收款　2 000
　贷：库存现金　2 000
3. 借：银行存款　5 850
　贷：主营业务收入　5 000
　　应交税费——应交增值税（销项税额）　850
4. 借：应收账款　5 000
　贷：银行存款　5 000
5. 借：其他货币资金——银行汇票存款　10 000
　贷：银行存款　10 000
6. 借：原材料　6 000
　应交税费——应交增值税（进项税额）　1 020
　贷：其他货币资金——银行汇票存款　7 020
7. 借：短期借款　30 000
　贷：银行存款　30 000
8. 借：银行存款　50 000
　贷：实收资本　50 000

9. 借:应收账款 23 400
　　贷:主营业务收入 20 000
　　　应交税费——应交增值税(销项税额) 3 400

10. 借:管理费用 1 800
　　　库存现金 200
　　贷:其他应收款 2 000

(二)(1)各年年末应补提或冲减的坏账准备的金额

2011 年年末,"坏账准备"账户余额 = 1 200 000 × 3% = 36 000(元)

2011 年年末,应补提的坏账准备:

$$1\ 200\ 000 \times 3\% - (24\ 000 - 12\ 500) = 24\ 500(\text{元})$$

2012 年年末,"坏账准备"账户余额 = 1 000 000 × 3% = 30 000(元)

2012 年年末,应冲减的坏账准备:

$$1\ 000\ 000 \times 3\% - (36\ 000 + 3\ 000) = -9\ 000(\text{元})$$

(2)编制 2011 年、2012 年有关会计分录

2011 年有关会计分录:

借:坏账准备 12 500
　贷:应收账款 12 500

借:资产减值损失 24 500
　贷:坏账准备 24 500

2012 年有关会计分录:

借:应收账款 3 000
　贷:坏账准备 3 000

借:银行存款 3 000
　贷:应收账款 3 000

借:坏账准备 9 000
　贷:资产减值损失 9 000

(三)贴现利息 = 23 400 × 8% × (30 ÷ 360) = 156(元)

　　贴现净额 = 23 400 - 156 = 23 244(元)

相应的会计分录:

(1)收到商业承兑汇票时

借:应收票据 23 400
　贷:主营业务收入 20 000
　　应交税费——应交增值税(销项税额) 3 400

(2)票据贴现时

借:银行存款 23 244

财务费用 156
贷:应收票据 23 400

第五章 存 货

一、单项选择题

1. A 2. C 3. C 4. D 5. D 6. B 7. C 8. D 9. A 10. A

二、业务题

(一) 编制相应的会计分录

1. 借:在途物资——甲材料 21 600
    应交税费——应交增值税(进项税额) 3 672
    贷:应付账款 25 272
2. 借:在途物资——乙材料 3 700
    应交税费——应交增值税(进项税额) 510
    贷:银行存款 4 210
3. 借:应付账款 25 272
    贷:银行存款 25 272
4. 借:原材料——甲材料 21 600
    ——乙材料 3 700
    贷:在途物资——甲材料 21 600
    ——乙材料 3 700
5. 借:生产成本 18 000
    制造费用 1 200
    管理费用 500
    贷:原材料 19 700

(二) 1. 先进先出法下:

发出存货 = 1 000 × 4.00 + (2 000 × 4.00 + 2 000 × 3.00 + 1 000 × 3.50) + 5 000 × 3.50 = 4 000 + 17 500 + 17 500 = 39 000(元)

结存存货 = 9 500 × 3.00 = 28 500(元)

2. 月末一次加权平均法下:

加权平均单价 = (12 000 + 55 500)/(3 000 + 17 500) = 3.3(元)

发出存货 = 11 000 × 3.3 = 36 300(元)

结存存货 = 67 500 − 36 300 = 31 200(元)

3. 移动加权平均法下:

2 日购货后的加权平均单价 = (12 000 + 6 000)/(3 000 + 2 000) = 3.6(元)

8 日发出存货成本 = 3.6 × 1 000 = 3 600 (元)

8 日结存存货成本 =（12 000 +6 000）-3 600 =14 400(元)

11 日购货后的加权平均单价 =（14 400 +21 000）/(4 000 +6 000) =3.54(元)

12 日发出存货成本 =3.54 ×5 000 =17 700(元)

12 日结存存货成本 =（14 400 +21 000）-17 700 =17 700(元)

14 日购货后的加权平均单价 =（17 700 +16 500）/(5 000 +5 500) =3.257(元)

20 日购货后的加权平均单价 =（17 700 +16 500 +12 000）/(5 000 +5 500 +4 000) =3.186(元)

29 日发出存货成本 =5 000 ×3.186 =15 930(元)

29 日结存存货成本 =（17 700 +16 500 +12 000）-15 930 =30 270(元)

本期发出存货成本 =3 600 +17 700 +15 930 =37 230(元)

本期结存存货成本 =30 270(元)

（三）（1）购入原材料分录

借:材料采购　　28 000

　应交税费——应交增值税(进项税额)　　4 760

　贷:银行存款　　32 760

(2) 验收入库时

借:原材料　　30 000

　贷:材料采购　　28 000

　　材料成本差异　　2 000

(3) 发出原材料投入生产

借:生产成本　　27 000

　贷:原材料　　27 000

(4) 计算材料成本差异率

　材料成本差异率 =(3 200 -2 000)/(30 000 +30 000) =2%

　发出材料应负担的成本差异 =27 000 ×2% =540(元)

借:生产成本　　540

　贷:材料成本差异　　540

第六章　金 融 资 产

一、单项选择题

1. D　2. B　3. D　4. B　5. C　6. C　7. D　8. B　9. C　10. C

二、业务题

（一）编制 A 公司经济业务的相关会计分录

(1) 2010 年 11 月 30 日

借:交易性金融资产——成本　　98 000

应收股利 2 000

投资收益 1 000

贷:银行存款 101 000

(2) 2010 年 12 月 3 日

借:银行存款 2 000

贷:投资收益 2 000

(3) 2010 年 12 月 31 日

借:交易性金融资产——公允价值变动 22 000

贷:投资收益 22 000

(4) 2011 年 2 月 18 日

借:银行存款 30 000

贷:交易性金融资产——成本 19 600

——公允价值变动 4 400

投资收益 6 000

借:公允价值变动损益 4 400

贷:投资收益 4 400

(二) 编制甲公司经济业务的相关会计分录

(1) 2010 年 1 月 2 日

借:持有至到期投资——成本 10 000 000

贷:银行存款 9 675 000

持有至到期投资——利息调整 325 000

(2) 2010 年 12 月 31 日

应确认的投资收益 = 967.50 × 5% = 48.38(万元)

持有至到期投资——利息调整的摊销金额 = 48.38 - 1 000 × 4% = 8.38(万元)

借:持有至到期投资——应计利息 400 000

——利息调整 83 800

贷:投资收益 483 800

(3) 2011 年 12 月 31 日

应确认的投资收益 = (967.50 + 48.38) × 5% = 50.79(万元)

持有至到期投资——利息调整的摊销金额 = 50.79 - 1 000 × 4% = 10.79(万元)

借:持有至到期投资——应计利息 400 000

——利息调整 107 900

贷:投资收益 507 900

(4) 2012 年 12 月 31 日

持有至到期投资——利息调整的摊销金额 = 32.50 - 8.38 - 10.79 = 13.33(万元)

应确认的投资收益 = 40 + 13.33 = 53.33(万元)

借:持有至到期投资——应计利息 400 000

——利息调整 133 300

贷:投资收益 533 300

(5) 2013 年 1 月 1 日

借:银行存款 11 200 000

贷:持有至到期投资——成本 10 000 000

——应计利息 1 200 000

(三) 编制 ABC 公司经济业务的会计分录

(1) 2010 年 5 月购入时

借:可供出售金融资产——成本 10 050 000

贷:银行存款 10 050 000

(2) 2010 年 6 月 30 日

借:可供出售金融资产——公允价值变动 950 000

贷:资本公积——其他资本公积 950 000

(3) 2010 年 8 月 10 日宣告分派股利时

借:应收股利 1 000 000

贷:投资收益 1 000 000

(4) 2010 年 8 月 20 日收到股利时

借:银行存款 1 000 000

贷:应收股利 1 000 000

(5) 2010 年 12 月 31 日

借:可供出售金融资产——公允价值变动 1 000 000

贷:资本公积——其他资本公积 1 000 000

(6) 2011 年 1 月 3 日处置

借:银行存款 13 000 000

贷:可供出售金融资产——成本 10 050 000

——公允价值变动 1 950 000

投资收益 1 000 000

借:资本公积——其他资本公积 1 950 000

贷:投资收益 1 950 000

第七章 固 定 资 产

一、单项选择题

1. C 2. B 3. B 4. C 5. B 6. C 7. A 8. D 9. C 10. A

二、业务题

（一）编制有关固定资产增加业务的会计分录

1. 借:固定资产 9 000
   应交税费——应交增值税(进项税额) 1 530
   贷:银行存款 10 530

2. 借:在建工程 20 300
   应交税费——应交增值税(进项税额) 3 400
   贷:银行存款 23 700
   借:在建工程 1 900
   贷:原材料 1 400
   应付职工薪酬 500
   借:固定资产 22 200
   贷:在建工程 22 200

3. 借:在建工程 210 000
   贷:工程物资 210 000
   借:在建工程 30 200
   贷:原材料 30 200
   借:在建工程 50 000
   贷:应付职工薪酬 50 000
   借:固定资产 290 200
   贷:在建工程 290 200

4. (1) 预付工程款
   借:预付账款 600 000
   贷:银行存款 600 000
   (2) 结算工程,补付工程余款
   借:在建工程 754 000
   贷:预付账款 600 000
   银行存款 154 000
   (3) 工程完工达到预定可使用状态,经验收后交付使用
   借:固定资产 754 000
   贷:在建工程 754 000

5. 借:固定资产 450 000
   贷:实收资本 450 000

6. 借:固定资产 4 000 000
   贷:实收资本 3 400 000

资本公积 600 000

（二）分别用双倍余额递减法、年数总和法计算该设备各年折旧额

1．双倍余额递减法

采用双倍余额递减法计提折旧时折旧率 = 2/5 = 40%

第 1 年应提取的折旧额 = 100 000 × 40% = 40 000（元）

第 2 年应提取的折旧额 =（100 000 − 40 000）× 40% = 24 000（元）

第 3 年应提取的折旧额 =（60 000 − 24 000）× 40% = 14 400（元）

第 4 年年初账面净值 = 100 000 − 40 000 − 24 000 − 14 400 = 21 600（元）

第 4、5 年提取的折旧额 =（21 600 − 2 980）/2 = 9 310（元）

2．年数总和法

年数总和 = 1 + 2 + 3 + 4 + 5 = 15

固定资产计提折旧基数 = 100 000 − 2 980 = 97 020（元）

第 1 年计提折旧金额 = 97 020 × 5/15 = 32 340（元）

第 2 年计提折旧金额 = 97 020 × 4/15 = 25 872（元）

第 3 年计提折旧金额 = 97 020 × 3/15 = 19 404（元）

第 4 年计提折旧金额 = 97 020 × 2/15 = 12 936（元）

第 5 年计提折旧金额 = 97 020 × 1/15 = 6 468（元）

（三）（1）计算车间生产用设备和销售部门运输车辆八月份的折旧额

车间生产用设备年折旧率 =（1 − 4%）÷ 10 = 9.6%

月折旧率 = 9.6% ÷ 12 = 0.8%

月折旧额 = 540 000 × 0.8% = 4 320（元）

销售部门运输车辆单位工作量折旧额

= 340 000 ×（1 − 5%）÷ 500 000 = 0.646（元/公里）

本月折旧额 = 4 000 × 0.646 = 2 584（元）

（2）计算八月份各部门应计提的折旧额，编制企业八月份计提折旧的会计分录

车间计提折旧额 = 18 000 + 4 320 = 22 320（元）

管理部门计提折旧额 = 15 000（元）

销售部门计提折旧额 = 12 000 + 2 584 = 14 584（元）

借：制造费用 22 320

管理费用 15 000

销售费用 14 584

贷：累计折旧 51 904

（四）编制有关固定资产处置业务的会计分录

1. 借:固定资产清理 207
　　累计折旧 90
　　固定资产减值准备 3
　贷:固定资产 300
借:银行存款 257.4
　贷:固定资产清理 220
　　应交税费——应交增值税(销项税额) 37.4
借:固定资产清理 2
　贷:银行存款 2
借:固定资产清理 11
　贷:营业外收入 11

2. 借:固定资产清理 12 000
　　累计折旧 10 000
　贷:固定资产 22 000
借:其他应收款 4 000
　贷:固定资产清理 4 000
借:营业外支出 8 000
　贷:固定资产清理 8 000

3. 借:固定资产清理 8 350
　　累计折旧 13 650
　贷:固定资产 22 000
借:固定资产清理 200
　贷:银行存款 200
借:营业外支出 8 550
　贷:固定资产清理 8 550

第八章　无 形 资 产

一、单项选择题

1. D　2. D　3. B　4. B　5. D　6. C　7. C　8. D　9. D　10. A

二、业务题

（一）对甲公司无形资产的研究开发作出账务处理

借:研发支出——费用化支出 15 000 000
　　　　——资本化支出 25 000 000
　贷:原材料 20 000 000

应付职工薪酬 5 000 000
银行存款 15 000 000

期末：

借：管理费用 15 000 000
无形资产 25 000 000
贷：研发支出——费用化支出 15 000 000
——资本化支出 25 000 000

（二）编制专利权购入、按月摊销和转让所有权的会计分录

1. 购入专利权

借：无形资产——专利权 300 000
贷：银行存款 300 000

2. 按月摊销

借：管理费用 2 500
贷：累计摊销 2 500

3. 转让所有权

借：银行存款 220 000
累计摊销 120 000
贷：无形资产 300 000
应交税费——应交营业税 11 000
营业外收入 29 000

第九章 负 债

一、单项选择题

1. A 2. A 3. C 4. B 5. C 6. D 7. A 8. A 9. B 10. B

二、业务题

（一）编制甲公司2012年相应的会计分录

1. 借：原材料 200 000
应交税费——应交增值税（进项税额） 34 000
贷：应付票据 234 000

2. 借：固定资产 140 000
应交税费——应交增值税（进项税额） 23 800
贷：银行存款 163 800

3. 借：生产成本 60 000
制造费用 20 000
管理费用 12 000

销售费用 7 000

在建工程 5 000

贷:应付职工薪酬——工资 104 000

4. 借:应付职工薪酬——工资 104 000

贷:银行存款 104 000

5. 借:银行存款 120 000

贷:短期借款 120 000

借:财务费用 800

贷:应付利息 800

6. 借:营业税金及附加 3 600

贷:应交税费——应交城建税 3 600

7. 借:银行存款 500 000

贷:长期借款 500 000

8. 借:在建工程 2 200

贷:应付利息 2 200

(二) 编制乙公司 2012 年与预收账款相关经济业务的会计分录

1. 借:银行存款 200 000

贷:预收账款 200 000

2. 借:预收账款 585 000

贷:主营业务收入 500 000

应交税费——应交增值税(销项税额) 85 000

3. 借:银行存款 385 000

贷:预收账款 385 000

4. 借:银行存款 300 000

贷:预收账款 300 000

5. 借:预收账款 292 500

贷:主营业务收入 250 000

应交税费——应交增值税(销项税额) 42 500

6. 借: 预收账款 7 500

贷:银行存款 7 500

(三) 编制华夏公司相关的会计分录

1. 1月1日企业溢价发行债券时

借:银行存款 1 064 942

贷:应付债券——债券面值 1 000 000

——利息调整 64 942

2. 第一年末计息时

借:财务费用	53 247	
应付债券——利息调整	11 753	
贷:应付债券——应计利息		65 000

3. 第二年末计息时

借:财务费用	52 659	
应付债券——利息调整	12 341	
贷:应付债券——应计利息		65 000

4. 第三年末计息时

借:财务费用	52 042	
应付债券——利息调整	12 958	
贷:应付债券——应计利息		65 000

5. 第四年末计息时

借:财务费用	51 395	
应付债券——利息调整	13 605	
贷:应付债券——应计利息		65 000

6. 第五年末计息时

借:财务费用	50 715	
应付债券——利息调整	14 285	
贷:应付债券——应计利息		65 000

7. 还本付息时

借:应付债券——面值	1 000 000	
——应计利息	325 000	
贷:银行存款		1 325 000

第十章　所有者权益

一、单项选择题

1. D　2. D　3. A　4. B　5. C　6. C　7. C　8. A　9. C　10. B

二、业务题

(一) 根据以下经济业务编制会计分录(答案以万元表示)

1. 借:银行存款	1 000	
贷:实收资本		1 000
2. 借:无形资产	120	
贷:股本		100
资本公积		20

3. 借:资本公积 150
 盈余公积 200
 贷:实收资本 350
4. 借:利润分配 80
 贷:盈余公积 80
 借:利润分配 320
 贷:应付股利 320
5. 借:应付股利 320
 贷:银行存款 320

(二) 编制甲公司接受投资者A、投资者B增资时以及投资者C初次出资时的会计分录

1. 借:固定资产 126 000
 贷:实收资本 100 000
 资本公积 26 000
2. 借:原材料 110 000
 应交税费——应交增值税(进项税额) 18 700
 贷:实收资本 100 000
 资本公积 28 700
3. 借:银行存款 390 000
 贷:实收资本 300 000
 资本公积 90 000

第十一章 收入、费用与利润

一、单项选择题

1. B 2. B 3. B 4. A 5. A 6. D 7. C 8. B 9. C 10. C

二、业务题

(一) 编制A公司12月发生经济业务的会计分录

1. 12月1日销售实现,按销售总价确认收入

借:应收账款 58 500
 贷:主营业务收入 50 000
 应交税费——应交增值税(销项税额) 8 500
借:主营业务成本 26 000
 贷:库存商品 26 000

2. 12月9日销售实现,按销售总价确认收入

借:应收账款 11 700

贷:其他业务收入 10 000

应交税费——应交增值税(销项税额) 1 700

借:其他业务成本 5 000

贷:原材料 5 000

3. 12 月 20 日收到货款时

借:银行存款 70 200

贷:应收账款 70 200

4. 12 月 27 日发生销售退回时

借:主营业务收入 50 000

应交税费——应交增值税(销项税额) 8 500

贷:银行存款 58 500

借:库存商品 26 000

贷:主营业务成本 26 000

(二) 编制 B 公司有关的会计分录

1. 借:管理费用 300

贷:库存现金 300

2. 借:管理费用 2 800

贷:库存现金 2 800

3. 借:财务费用 1 000

贷:银行存款 1 000

4. 借:管理费用 1 500

贷:库存现金 1 500

5. 借:销售费用 35 000

贷:银行存款 35 000

6. 借:管理费用 5 000

贷:银行存款 5 000

7. 借:银行存款 26 000

贷:营业外收入 26 000

8. 借:营业外支出 12 000

贷:银行存款 12 000

(三) 计算枫叶股份有限公司本期营业利润、利润总额、净利润和未分配利润

1. 营业利润 = 2 355 000 + 470 000 - 950 000 - 200 000 - 41 000 - 54 000 - 77 000 - 18 000 = 1 485 000(元)

2. 利润总额 = 1 485 000 + 820 000 - 690 000 = 1 615 000(元)

3. 所得税费用 = 1 615 000 × 25% = 403 750(元)

利润净额 = 1 615 000 − 403 750 = 1 211 250(元)

4. 法定盈余公积 = 1 211 250 × 10% = 121 125(元)

任意盈余公积 = 1 211 250 × 5% = 60 562.5(元)

未分配利润 = 1 211 250 − 121 125 − 60 562.5 − 300 000 = 729 562.5(元)

(四) 编制信达企业 2 月有关的会计分录

1. 银行存款	500 000	
贷:实收资本		500 000
2. 借:银行存款	200 000	
贷:长期借款		200 000
3. 借:原材料	50 000	
应交税费——应交增值税(进项税额)	8 500	
贷:银行存款		58 500
4. 借:原材料	20 000	
应交税费——应交增值税(进项税额)	3 400	
贷:应付账款		23 400
5. 借:库存现金	1 000	
贷:银行存款		1 000
6. 借:其他应收款	5 000	
贷:库存现金		5 000
7. 借:生产成本——甲产品	40 000	
制造费用	5 000	
管理费用	2 000	
贷:原材料——甲材料		47 000
8. 借:应付账款	23 400	
贷:银行存款		23 400
9. 借:应收账款	117 000	
贷:主营业务收入		100 000
应交税费——应交增值税(销项税额)		17 000
10. 借:固定资产	35 500	
应交税费——应交增值税(进项税额)	5 950	
贷:银行存款		41 450
11. 借:银行存款	117 000	
贷:应收账款		117 000

12. 借:生产成本——甲产品 20 000
    制造费用 3 000
    管理费用 8 000
    贷:应付职工薪酬 31 000
13. 借:制造费用 3 000
    管理费用 4 200
    贷:累计折旧 7 200
14. 借:管理费用 3 800
    库存现金 1 200
    贷:其他应收款 5 000
15. 借:财务费用 800
    贷:应付利息 800
16. 借:生产成本——甲产品 11 000
    贷:制造费用 11 000
17. 借:库存商品 71 000
    贷:生产成本——甲产品 71 000
18. 借:银行存款 100 000
    应收账款 75 500
    贷:主营业务收入 150 000
    应交税费——应交增值税(销项税额) 25 500
19. 借:销售费用 20 000
    贷:银行存款 20 000
20. 借:营业税金及附加 4 500
    贷:应交税费——应交消费税 4 500
21. 借:主营业务成本 65 000
    贷:库存商品 65 000
22. 借:营业外支出 500
    贷:库存现金 500
23. 借:主营业务收入 250 000
    贷:本年利润 250 000
    借:本年利润 108 800
    贷:主营业务成本 65 000
    财务费用 800
    管理费用 18 000
    销售费用 20 000

营业外支出 500

营业税金及附加 4 500

24. 借:所得税费用 35 300

贷:应交税费——应交所得税 35 300

借:本年利润 35 300

贷:所得税费用 35 300

25. 净利润 = 250 000 - 108 800 - 35 300 = 105 900(元)

借:本年利润 105 900

贷:利润分配——未分配利润 105 900

26. 法定盈余公积金 = 105 900 × 10% = 10 590(元)

借:利润分配——提取法定盈余公积 10 590

贷:盈余公积 10 590

27. 借:利润分配——应付现金股利 20 000

贷:应付股利 20 000

28. 借:利润分配——未分配利润 30 590

贷:利润分配——提取法定盈余公积 10 590

——应付现金股利 20 000

第十二章 财务会计报告

一、单项选择题

1. D 2. D 3. D 4. B 5. C 6. C 7. D 8. D 9. C 10. C

二、业务题

(一)计算确定企业三月份资产负债表项目

项目名称	期末余额	项目名称	期末余额
货币资金	121 600	应付账款	6 000
应收账款	5 500	预收账款	8 500
预付账款	1 500	长期借款	650 000
存货	53 000	实收资本	1 128 000
固定资产	700 000	未分配利润	300 000

（二）编制星光公司 2012 年一月份利润表

利润表

编制单位:星光公司　　2012 年 1 月　　单位:元

项目	本期金额	上期金额
一、营业收入	702 000	（略）
减:营业成本	473 370	
营业税金及附加	70 910	
销售费用	30 400	
管理费用	33 000	
财务费用	12 200	
资产减值损失		
加:公允价值变动收益(损失以"-"号填列)		
投资收益(损失以"-"号填列)	50 300	
其中:对联营企业和合营企业的投资收益		
二、营业利润(亏损以"-"号填列)	132 420	
加:营业外收入	9 490	
减:营业外支出	6 100	
其中:非流动资产处置损失		
三、利润总额(亏损以"-"号填列)	135 810	
减:所得税费用	33 952.5	
四、净利润(净亏损以"-"号填列)	101 857.5	

（三）计算乙公司现金流量表中下列项目的金额

（1）"销售商品、提供劳务收到的现金"项目

=80 000 +（10 000 - 34 000）+4 000 = 60 000(元)

（2）"购买商品、接受劳务支付的现金"项目

=40 000 +15 000 = 55 000(元)

（3）"支付给职工以及为职工支付的现金"项目

=18 000 +2 000 = 20 000(元)

（4）"支付的各种税费"项目

=1 600 +6 600 -600 = 7 600(元)

（5）"购建固定资产、无形资产和其他长期资产所支付的现金"项目

=12 000 +1 000 +81 900 = 94 900(元)

(四) 计算丙公司以下现金流入和流出金额

(1) 销售商品、提供劳务收到的现金

$=3\,000+3\,000\times17\%+(2\,340-4\,680)+(585-351)=1\,404$(万元)

(2) 购买商品、接受劳务支付的现金

$=1\,700+272-(2\,500-2\,400)+(1\,755-2\,340)=1\,287$(万元)

(3) 支付的各项税费

$=308+(30+100-40)=398$(万元)

(4) 收回投资所收到的现金 $=50+20=70$(万元)

(5) 取得投资收益所收到的现金 $=20+10-5=25$(万元)

(6) 取得借款所收到的现金 $=300$(万元)

(7) 偿还债务所支付的现金 $=200$(万元)

主要参考文献

1. 财政部会计司编写组:《企业会计准则讲解:2010》, 人民出版社 2010 年版。
2. 李列东主编:《会计学》,清华大学出版社 2011 年版。
3. 刘永泽、陈立军主编:《中级财务会计》,东北财经大学出版社 2009 年版。
4. 程腊梅、王吉凤主编:《会计学》,机械工业出版社 2009 年版。
5. 李海波主编:《新编会计学原理——基础会计》,立信会计出版社 2008 年版。
6. 赵书和主编:《会计学》,南开大学出版社 2008 年版。
7. 中国注册会计师协会编:《会计》,中国财政经济出版社 2012 年版。
8. 杜兴强主编:《会计学原理》,高等教育出版社 2007 年版。
9. 杨亚娥、程安林主编:《基础会计学》,上海财经大学出版社 2009 年版。
10. [美] 怀尔德等:《会计学原理》,王丽、陈艳利译,中国人民大学出版社 2009 年版。
11. 陈信元主编:《会计学》,上海财经大学出版社 2008 年版。
12. 陆辉主编:《会计学基础》,北京理工大学出版社 2009 年版。
13. 王霞、姚婕、金思毅主编:《中级财务会计》,上海财经大学出版社 2009 年版。
14. 李相志编著:《财务会计》,清华大学出版社 2007 年版。
15. 牟文编著:《财务会计》,经济管理出版社 2009 年版。

后　记

随着经济的发展和管理水平的提高，会计已成为现代经济管理的重要组成部分。从事经济管理类专业的学生尤其应该了解、掌握会计的基本理论、基本方法和基本技能。

本书主要适用于高等院校非会计学专业的会计学教学，同时也可以作为企业财务人员及从事经济管理工作的非财务会计人员的参考用书。全书在编写中力求充分考虑学生的学习特点和需要，在介绍基本理论的同时突出会计的实用性和操作性。为了便于学习及教学，每章都配有课后练习，并附有参考答案。

本书由熊玉莲担任主编，负责全书写作大纲的拟定、总纂和定稿。具体编写分工如下：第一、二、七章由熊玉莲编写；第三、四、六、八、十一章由熊玉莲、任明、周洋、沈吟秋编写；第五、九章由汪建平编写；第十、十二章由杨勇编写。

本书在编写过程中参考了许多同类文献资料，在此表示感谢。由于水平有限，书中难免有错误和不足之处，恳请广大读者批评指正。

编者

2013 年 6 月